高等职业院校数智商贸专业群新形态系列教材

市场调查与预测

SHICHANGDIAOCHA YU YUCE

主　编　晏　凡　仲伟来
副主编　江振涛　陆小洁　管　灿
　　　　　闫　铭　陆春晖　田丽丽

华中科技大学出版社
http://press.hust.edu.cn
中国·武汉

内容简介

本书以实际运作过程为导向,全面介绍了市场调查与预测的工作及方法。全书共分为6个项目,包括认知市场调查、制作调查方案、组织市场调查、市场调查资料整理分析、组织市场预测和撰写市场调查报告。每个项目下设置任务点,总共20个任务点。本书可作为高职高专院校市场营销专业及相关经济管理类专业的教材,也可供社会培训机构以及市场调查从业人员和自学者参考使用。

图书在版编目(CIP)数据

市场调查与预测 / 晏凡,仲伟来主编. -- 武汉:华中科技大学出版社,2025.2. -- ISBN 978-7-5772-0693-6

Ⅰ. F713.52

中国国家版本馆 CIP 数据核字第 20258KZ996 号

市场调查与预测   晏凡   仲伟来   主编
Shichang Diaocha yu Yuce

策划编辑:	聂亚文
责任编辑:	董 雪 肖唐华
封面设计:	孢 子
责任校对:	张汇娟
责任监印:	周治超
出版发行:	华中科技大学出版社(中国•武汉) 电话:(027)81321913
	武汉市东湖新技术开发区华工科技园 邮编:430223
录 排:	武汉创易图文工作室
印 刷:	武汉市籍缘印刷厂
开 本:	787 mm×1092 mm 1/16
印 张:	13.5
字 数:	363 千字
版 次:	2025 年 2 月第 1 版第 1 次印刷
定 价:	48.00 元

本书若有印装质量问题,请向出版社营销中心调换
全国免费服务热线:400-6679-118   竭诚为您服务
版权所有   侵权必究

前言

　　调查研究是做好工作的基本功，习近平总书记高度重视调查研究，多次强调这一主题，可以说调查研究是一个国家的谋事之基、成事之道。世界上只有形而上学最省力，因为它可以"瞎说"一气，不需要依据客观实际，也不受客观实际的检验。而坚持唯物辩证法，则要求用大气力、下真功夫。我们一方面要加强调查研究，准确把握客观实际，真正掌握规律；另一方面要坚持发展地而不是静止地、全面地而不是片面地、系统地而不是零散地、普遍联系地而不是单一孤立地观察事物，妥善处理各种重大关系。本书的编写和出版坚持唯物辩证法这一根本方法，希望能够为培养具有调查研究基本功的人才做出贡献。

　　"市场调查与预测"是市场营销专业及相关经济管理类专业的必修课程，其目的是使学生通过开展市场调查的实践活动，综合运用所学的市场营销以及市场调查与预测相关的专业知识，深入理解市场调查与预测作为获取市场信息的一种手段对企业营销决策的重要作用，培养学生在市场调研活动策划、设计抽样方案和调查问卷、市场调查资料的加工整理与分析、市场预测、撰写市场调查报告等方面的基本技能，为今后能够从事并胜任相关工作打下一定的基础。

　　根据"成果导向 + 课程思政"的理念，本书依照预期学习成果反向设计，以工作手册的形式制定内容，让课程生动、实用，提高学生学习的主动性，实现专业能力获取，助力课程思政内化。本书以实际运作过程为导向，全面介绍市场调查与预测的工作及方法。全书共分为6个项目，包括认知市场调查、制作调查方案、组织市场调查、市场调查资料整理分析、组织市场预测和撰写市场调查报告。每个项目下设置任务点，总共20个任务点，每个任务点的内容呈现采取工作手册的形式。本书可作为高职高专院校市场营销专业及相关经济管理类专业的教材，也可供社会培训机构以及市场调查从业人员和自学者参考使用。

　　本书由晏凡、仲伟来担任主编，负责拟定编写大纲，进行编写分工，组织协调编写进度；由江振涛、陆小洁、管灿、闫铭、陆春晖、田丽丽担任副主编，进行内容审核、统稿、定稿。编写人员包括晏凡、仲伟来、江振涛、管灿、陈颖、严瑾、崔敏静、韩艺、闫铭、陆春晖、田丽丽、陆小洁、徐旭。全书编写分工如下：项目一由晏凡、陈颖编写；项目二由晏凡、仲伟来、严瑾编写；项目三由江振涛、崔敏静编写；项目四由管灿、韩艺编写；项目五由闫铭、陆春晖、陆小洁编写；项目六由田丽丽、陆小洁、徐旭编写。在编写过程中，我们参考了大量的文献资料，包括一些学者的相关论著和案例，以及部分权威网站资料和一些非正式出版物，在此谨向这些文献资料的作者致以衷心的感谢！

在编写过程中，我们得到了华中科技大学出版社编辑的悉心指导和帮助，也得到了江苏旅游职业学院院长林刚，江苏旅游职业学院国际商务学院院长仲伟来、副院长丁传炜的大力支持，在此一并表示谢意！本书主要由江苏旅游职业学院的晏凡、仲伟来、江振涛、管灿、陈颖、严瑾、崔敏静、韩艺八位老师，扬州工业职业技术学院闫铭老师，江海职业技术学院陆春晖老师，江苏农林职业技术学院田丽丽老师，广西物流职业技术学院陆小洁老师，并邀请江苏京东信息技术有限公司人力资源部经理徐旭共同编著，是一本多院校共创共建、校企共同参与的校本合作教材。

由于编者的学识、经验的局限，书中难免有疏漏和不足之处，衷心希望广大读者在阅读过程中能够提出宝贵的意见和建议，以便本书的不断完善。

编　者
2024 年 11 月

目录

项目一　认知市场调查 ·· 1
　任务1　明确市场调查的重要性 ·· 2
　任务2　市场调查基本知识 ··· 8

项目二　制作调查方案 ·· 19
　任务1　认清决策问题 ··· 21
　任务2　寻找调查问题 ··· 26
　任务3　明确调查目标 ··· 29
　任务4　确定调查内容 ··· 32
　任务5　选择调查方式 ··· 39
　任务6　选择调查方法 ··· 55
　任务7　调查问卷制作 ··· 77
　任务8　形成调查方案 ··· 90
　任务8　形成调查方案 ··· 90

项目三　组织市场调查 ··· 105
　任务1　市场调查准备工作 ··· 106
　任务2　市场调查实施工作 ··· 113

项目四　市场调查资料整理分析 ··· 123
　任务1　调查资料整理认知 ··· 125
　任务2　调查资料整理分析 ··· 127

项目五　组织市场预测 156

任务 1　市场预测认知 157
任务 2　集合意见法 169
任务 3　时间序列预测法 172
任务 4　图表预测法 192

项目六　撰写市场调查报告 197

任务 1　市场调查报告基本认知 198
任务 2　市场调查报告撰写步骤 202

参考文献 210

项目一　认知市场调查

【项目描述】

　　市场调查是指用科学的方法,有目的、系统地搜集、记录、整理和分析市场情况,了解市场的现状及其发展趋势,为企业的决策者制定政策、进行市场预测、做出经营决策、制订计划提供客观、正确的依据。本项目主要介绍市场调查的基本知识以及市场调查的重要性,让同学们熟悉市场调查的程序和分类,特别是认识到市场调查是做出正确经营决策的关键,它好比是企业的指南针,为企业在激烈的市场竞争中指明方向。

【项目情景】

　　有一户人家,住在两市相隔的路边,该户人家以种菜为主,颇为肥料不足所苦。有一天,主人灵机一动:"在这条路上,往来贸易的人很多。如果能在路边盖一个厕所,一方面给过路的人方便,另一方面也解决了肥料的问题。"于是,他用竹子与茅草盖了一间厕所。果然来往的人无不称好。种菜的肥料从此不缺,青菜萝卜都长得极为肥美。

　　路对面有一户人家也以种菜为生。他看到了邻里的收获,非常羡慕,心想:"我也在路边盖个厕所。而且,为了吸引更多人来,我要把厕所盖得清洁、美观、大方、豪华。"于是,他用上好的砖瓦搭盖了一间厕所,内外都漆上石灰,比对面的茅厕大了一倍。完工之后,他觉得非常满意。

　　然而,对面的茅厕人来人往,自己盖的厕所却无人光顾。这户人家感到非常奇怪,就问路过的人是怎么回事。原来,他盖的厕所太美、太干净,一般人以为是神庙,内急的人当然是跑去茅厕,不会跑去神庙了。

　　开拓市场,是一项有针对性地对顾客开展业务的工作,它不是盲目地去模仿他人。如果看到竞争对手采取了行动,而自己缺乏周密的计划安排,仓促上马,很容易失败。凡事预则立,不预则废。因此,前期的调查勘探是十分重要的。

【项目分解】

　　任务1:明确市场调查的重要性——了解市场调查的概念、意义,规避市场调查误区。
　　任务2:市场调查基本知识——掌握市场调查的基本流程。

【任务清单】

　　完成一项学习任务后,请在对应的方框中打钩。

目标	完成情况	具体学习任务
知识目标	□	了解市场调查的概念

续表

目标	完成情况	具体学习任务
知识目标	□	了解企业在市场调查认知上存在的问题
	□	知道市场调查的重要性
	□	熟悉市场调查的分类
	□	掌握市场调查的步骤
实训目标	□	了解文献检索的基本方法
	□	了解PPT的制作方法
	□	能通过具体事例说明市场调查的重要性
技能目标	□	树立市场调查的意识
	□	能够开展团队合作
思政目标	□	正确认识市场调查,具备求真务实的态度
	□	懂得"没有调查就没有发言权"的道理

任务1 明确市场调查的重要性

任务导航

2022年,是海尔发明直驱洗衣机的第10个年头。回望这10年,经济社会、生活消费、商业模式,每一项都发生着翻天覆地的变化。从洗衣机行业来看,如果说10年前人们对洗衣机的功能要求仅限于洗的多、洗得净;那么10年后的今天,洗衣机已不单单是清洗衣物的工具,它被赋予了"洗得好、烘得干、护理到位"等多重意义。

这10年里,围绕用户需求变化创新的行业主角们,不只是吃改革开放发展红利的那波孤勇者,而是细化转型,依靠技术创新和场景布局,逐步掌控市场节奏,把握"螺旋上升"精髓的布局者。

真正解决用户痛点的产品自然能赢得用户的认可。直驱洗衣机诞生10年来,从一个型号,到一个系列,再到在中高端洗衣机,逐渐普及,成为行业主流配置。海尔深入用户进行市场调查,发觉用户使用洗衣机的痛点,并追踪调查使用者,坚信用户是产品的最好体验者,也是市场的真实感受者。截至2022年,海尔直驱洗衣机已经进入全球近1600万名用户家庭。

中怡康年度累计数据显示,截至2022年第27周,洗衣机行业TOP20型号中,海尔直驱洗衣机

6000元以上价位段的中高端洗衣机占比52.2%。在国内,海尔洗衣机累计市场份额达45.9%,同比增长3.3%;在全球,海尔洗衣机品牌销量连续13年稳居第一。未来,作为洗护市场增长亮点的"干衣机""干洗护理机"等新品类将突飞猛进。当然,海尔洗衣机的成功离不开对消费者的关注和持续的市场调研。

(资料来源:《直驱十年连涨!彰显海尔洗衣机科技领先性》,百家号,有删改)

任务分析

企业经营成功与否,全靠对消费者的了解到了什么程度,而如何了解消费者的需求,则需要进行市场调查。因此,市场调查是企业经营的一种利器,企业经营者需要重视市场调查。

只有准确把握市场调查的概念,认识到市场调查工作的重要性,并持续不断地关注市场,进行不间断的市场调查,才能为企业经营决策打下成功的基础。因此,同学们必须掌握市场调查的基本概念及市场调查的重要性,避免进入市场调查误区,自觉地将知识运用于企业经营管理中,力争在商业实战中取得成功。

工作步骤

步骤1 了解市场调查的概念

1. 广义的市场调查

广义的市场调查是指对产品从生产、流通到消费领域所做的调查,它除了包括对消费者进行的调查外,还包括对产品的定价、包装、运输、销售环境、销售渠道、广告等的调查。本书所讲市场调查均指广义的市场调查。

2. 狭义的市场调查

狭义的市场调查是指只针对消费者所做的调查,包括调查消费者购买力的大小,购买商品的数量、动机,使用商品的情况等。

步骤2 掌握市场调查的重要性

有人说:"不进行市场调查就像瞎子打仗,结果将不可预知。"这充分说明了市场调查的重要性。市场调查是企业的"眼睛",是企业在激烈的市场竞争中看清方向、找准定位、做出正确决策,从而取得胜利的关键。总体而言,市场调查对于企业来说具有以下几个方面的重要作用。

1. 有利于为企业决策提供客观依据

企业要做出正确的经营决策,就必须通过市场调查及时、准确地掌握市场情况。例如,企业在确定产品的生产数量、定价及销售渠道时,必须进行如下调查:此种产品被消费者认可的程度,该产品的市场容量有多大,消费者可以接受的产品价格,经销商是否愿意经营等。只有在搜集到相关的资料后,企业才能根据自身的实际情况和市场情况做出最佳的经营决策。

2. 有利于企业发现市场机会,开拓新市场

通过市场调查,才能了解产品的潜在市场需求,了解消费者对产品的意见、态度、购买意向等。企业可以据此寻找新的市场机会,开拓新的市场。

> **案例阅读**
>
> 雀巢咖啡的成功之道
>
> 雀巢在中国已经是家喻户晓的品牌,提起雀巢咖啡,很多人都会想到一句广告词:"雀巢咖啡,味道好极了。"雀巢为什么在能中国取得如此骄人的成绩呢?其成功离不开广泛的市场调查。
>
> 雀巢咖啡刚进入中国市场时,市场占有率较低。为此,雀巢公司组织了专门的市场调查组对市场进行了深入调查,调查内容包括消费者的购买意向、消费者对产品价位的接受程度、消费者认为产品存在的问题等。
>
> 通过调查,雀巢公司发现以下问题:
>
> ①由于其走的是高端品牌路线,包装精美、价格昂贵,因而只有极少数高收入人群购买,大多数中低收入者都不知雀巢为何物;
>
> ②味道苦涩,品种单一,不能满足更多的消费者需求;
>
> ③速溶性差、沉淀物较多,花费较大力气仍搅拌不均匀。
>
> 基于该调查结果,雀巢公司研发了一款新产品——雀巢速溶咖啡,其速溶性强、口感丝滑、价格便宜、品种较多、包装简便,因而深受广大消费者喜爱。该产品扩大了雀巢咖啡的市场占有率,成为雀巢咖啡的经典之作。

3. 有利于更好地对产品进行市场定位

通过市场调查,有利于企业更好地对产品进行市场定位,更好地满足消费者的需要,从而增强企业的竞争力。所谓市场定位是指企业根据竞争者现有产品,分析其优势与不足,从而为本企业产品塑造与众不同的、令人印象鲜明的市场形象,进而取得竞争优势。

步骤3 规避企业在市场调查认知上存在的误区

1. 市场调查所获得的信息一定都是真实的

事实上,市场调查所获得的信息不一定真实。例如,在对消费者进行调查时,大多数消费者是凭记忆回答过去的购买行为,而其记忆并不一定准确。此外,如果某些问题比较敏感或涉及个人隐私,消费者往往拒绝回答或随意回答,从而导致调查结果并非完全可信。

2. 可以完全依赖调查结果组织产品生产与销售

市场调查所收集的信息通常反映的是消费者现在或过去的购买行为,然而消费者的购买行为是不断变化的。因此,如果不加以分析,直接利用调查结果确定未来的产品生产与销售,很可能存在问题。有调查表明,75%~90%的新产品上市一年后就迅速从货架上消失。

此外,由于受抽样方法及人为因素(如调查人员的素质、敬业程度等)的影响,市场调查结果存在一定程度的误差。

3. 市场调查一次足矣

有的企业把市场调查看成是"一竿子买卖"。不少企业到产品投产前,才意识到有必要做市场调查,于是忙着组织调查人员或联系调查机构,做街头访问、搞座谈、确定产品定位。可一旦将产品投放市场后,便把市场调查抛之脑后,以为一次调查足矣。

实际上,市场调查应贯穿于企业生产、经营的每个环节,它不仅是企业确定短期"战术"的依据,更是企业进行战略决策的可靠信息来源。通过对行业和产品的长期追踪调查,有利于企业掌握行业和产品的发展趋势,做出正确的战略决策。

案例阅读

失败的一次市场调查

上海生产宠物食品的一位企业家出差来北京的时候,趁空闲时间,在北京图书大厦买了一本市场调查技术方面的书。三个月后,他为这本书付出了三十多万元的代价。更可怕的是,他的损失还在继续,除非这位先生的宠物食品企业关门,否则那本书会如同魔咒般一直伴随着他的商业生涯。

有位记者在2005年北京民间统计调查论坛上见到了这位先生,这位先生说道:"销售渠道相近,谁开发出好的产品,谁就有前途。以前做生意靠经验,我觉得产品设计要建立在科学的调研基础上。去年年底,我决定开始为产品设计做消费调查。"

原来,回到上海后,为了能够了解更多的消费信息,这位先生根据市场调查书中的技术介绍,亲自设计了精细的问卷,在上海选择了1000个样本,并且保证所有的调查对象在超市的宠物产品购买人群中产生,调查内容涉及价格、包装、食量、周期、口味、配料等六大方面,覆盖了能想到的全部因素。沉甸甸的问卷让企业的高层着实振奋了一段时间,可谁也没有想到正是市场调查把他们拖向了溃败。

2005年初,上海这家企业的新配方——新包装狗粮产品上市了,短暂的旺季持续了一星期,随后就是全面萧条,后来产品在一些渠道甚至遭到了抵制。过低的销量让企业高层不知所措,当时远在美国的这位企业家更是惊讶:"科学的调研为什么还不如以前我们凭感觉定位来得准确?"到2005年2月初,新产品被迫撤回,新产品革新宣布失败。

这位企业家告诉记者:"我回国以后,请了十多个新产品的购买者回来座谈,他们拒绝再次购买的原因是宠物不喜欢吃。"产品的最终消费者并不是"人",人只是一个购买者,错误的调查方向,导致了调查结论的局限甚至荒谬。经历了这次失败,这位企业家认识到了调研的两面性,调研可以增加商战的胜算,而失败的调研对企业来说是一场噩梦。

请你思考这位企业家以调查结果为依据形成的决策为什么会失败?

知识平台

中国最具代表性的市场调研机构(排名不分先后)有如下几个。

1) 中国市场调查研究中心(CMRC)

中国市场调查研究中心由国家统计局于1992年批复成立,为国家统计局的归口管理单位,后因国家体制改革需要,成为独立的科研机构。中国市场调查研究中心与国家职能部委、行业协会、科研院所建立了紧密的协作关系,在资源共享的基础上,针对我国经济改革与产业发展过程中的热点和难点问题,秉承权威性、前瞻性和高端性的服务宗旨,依靠专业完备、实时更新的数据资源,结合产业发展背景的广度与现状调研的深度,进行产品、市场、产业及行业的调查与研究,为政府部门、企事业单位和其他组织提供专业的调研服务,满足市场的不同需求。

2) 北京盛华博智信息技术研究院(简称:盛华博智)

北京盛华博智信息技术研究院成立于2008年,是一家专注于行业调研、产品分析、市场研究和企业战略规划等多行业、多领域的专业咨询调研机构。盛华博智以"为客户创造深度价值"为使命,以"向企业提供有价值的指导建议"为核心理念,通过了解行业环境、销售状况、产品技术、竞争对手等市场信息,为企业进行精确的市场定位,把握正确的决策方向;为制定中长期战略提供有力依据,支持并帮助企业实现资源价值最大化。盛华博智是专门销售中国市场调查研究中心各类研究报告、分析报告,承担中国市场调查研究中心规划咨询、管理咨询、投资咨询等咨询业务,组织编制行业年鉴的专业机构。

3) 中国社会经济决策咨询中心(简称:中经咨询)

中国社会经济决策咨询中心是国家统计局于1992年批复成立的国家官方专业机构。1999年因体制改革要求与国家统计局脱离隶属关系,现为独立的国家官方专业咨询机构。中经咨询本着以战略为目标、人才为基础、管理为武器、文化为灵魂的理念,凭借深厚的政府背景、庞大的专家资源、精湛的专业化团队和翔实的市场数据,使其在管理咨询、投资咨询、规划咨询、产业咨询、公关咨询、科技咨询等领域成为中国本土咨询业的一面旗帜。中经咨询作为中国本土大型综合性国家官方专业咨询机构,根据市场和产业发展需要,不断拓展并组建区域战略联盟和产业、行业、细分市场的合作伙伴。其工作职能包括:承担部委、省、市各级政府委托的专题调研项目;参与政府及企业战略规划和重大经济项目的决策;协助政府及企业制订战略转型计划;对区域经济进行研究、设计及推广,在区域科学和区域经济研究方面充当政府的参谋和助手。

4) 央视市场研究股份有限公司(CTR)

央视市场研究股份有限公司是中国领先的市场研究公司,成立于1995年,2001年改制成为股份制企业。央视市场研究股份有限公司主要进行消费者固定样组及个案研究、媒介与产品消费形态研究、媒介策略研究、媒体广告及新闻监测,可提供连续性的多客户研究,还可以为不同客户提供量身定制的具有针对性的解决方案。

5) 深圳市上书房信息咨询有限公司

深圳市上书房信息咨询有限公司由业界资深专家和学术界优秀教师一起组建,从事市场研究、行业研究及公共信息咨询,是一家国内知名的综合性专业信息咨询公司。公司立足广东珠三角,辐射全国50多个一二线城市,成立至今,已为国内外3000余家企业、单位提供专业的第三方调研工作。

6) 广州策点市场调研有限公司

广州策点市场调研有限公司是国内最具竞争力的跨行业市场调查公司之一。公司致力于基础市场数据的采集,给予企业决策支持,从而让企业更了解市场。其擅长领域为满意度研究、消费者研究、政府及公共服务研究、市场进入研究、新产品开发研究、房地产专项研究、行业研究等,总部位于广州,成都、南京、北京均有分公司。

7) 中国广视索福瑞媒介研究有限责任公司(CSM)

中国广视索福瑞媒介研究有限责任公司(CSM)在电视收视率调查、广播收听率调查、体育与媒介研究和全媒体研究等多项领域拥有近30年的行业经验,为我国传媒行业提供可靠的、不间断的视听率调查及全媒体研究服务。

8) 上海尼尔森市场研究有限公司

尼尔森公司是全球首屈一指的媒介和资讯集团,尼尔森公司为私营公司,其业务遍布全球,提供全球领先的市场资讯、媒介资讯、在线研究、移动媒体监测、商业展览服务以及商业出版资讯。上海尼尔森市场研究有限公司为尼尔森在上海所设分公司。

9) 北京特恩斯商务咨询有限公司

北京特恩斯商务咨询有限公司是中国专项市场研究公司中的佼佼者,致力于为客户提供可行性市场分析和基于调研的商业咨询,以帮助客户做出更具成效的商业决策。在消费品、科技、金融等多个领域为客户提供全面而深刻的专业市场调研服务,并拥有一整套先进、独特、覆盖市场营销和商业运营所有环节的商业解决方案,其中产品开发与创新、品牌与沟通、利益相关者关系管理、零售与购物者研究等是公司的特色和强项。

10) 益普索(中国)咨询有限公司

益普索(Ipsos)于2000年进入中国并成立益普索(中国)咨询有限公司,目前已经成长为中国最大的个案研究公司之一。益普索在中国拥有专业人员千余名,在北京、上海、广州和成都均设有分公司,专注于营销研究、广告研究、满意度和忠诚度研究、公众事务研究等四大领域的市场研究服务。

11) 北京捷孚凯咨询服务有限公司

北京捷孚凯咨询服务有限公司隶属德国纽伦堡的GfK集团。GfK集团是全球五大市场研究集团之一,拥有近90年的发展历史。2005年,GfK集团全球年营业收入超过10亿欧元,在全球拥有超过6000人的全职员工,在69个国家和地区设有120多个分公司和分支机构。GfK集团在全球范围内的市场研究业务,涉及专项研究、医疗保健研究、消费电子研究、消费者追踪、媒介研究等五大领域。

12) 北京新生代市场监测机构有限公司

北京新生代市场监测机构有限公司成立于1998年,2003年引进外资,成为中外合资企业。从1998年开始,该公司持续跟踪和监测中国市场的变迁,记录中国市场风云变幻,洞察市场和消费者,协助客户在商战中进行决策。其业务涉及连续研究(连续性的、年度的与单一来源的大众市场研究与细分市场研究)、媒介研究(平面媒体研究、电波媒体研究、户外媒体研究、网络媒体研究、新媒体研究)、消费研究(行业与市场分析、营销研究(品牌/产品/价格/广告/促销)、客户满意度研究)。

13) 赛立信研究集团(SMR)

赛立信研究集团成立于1996年,旗下包括广东赛立信数据资讯股份有限公司、广州赛立信资讯服务有限公司、上海赛立信信息咨询有限公司、北京赛立信市场调查有限公司,以及设于深圳、武汉、成都、西安、厦门等城市的现场执行机构等。集团服务范围涉及市场研究服务、媒介研究服务、竞争情报研究服务、商业信用调查服务。它是国内最大的广播收听率数据服务商,其在该领域占有70%以上的市场份额;同时,它也是我国竞争市场研究服务的领航者。

14) 北京中研世纪咨询有限公司(简称:中研咨询)

中研咨询是中国本土第一家主营工业制造业市场研究的专业机构。中研咨询已经在中国工业制造业市场提供了丰富的专业研究服务。其根据市场研究的学科属性、中国工业制造业的行业属性、重点国际企业市场管理经验,建设了中研工业市场研究体系。包括数据监测、行业监测、目标行业市场研究、重点竞争企业研究、工业市场品牌研究、工业市场满意度研究等。

任务2　市场调查基本知识

任务导航

　　新品官宣是每年娃哈哈经销商大会的重头戏。2023年娃哈哈正式发布了17款饮料及保健类新品,精耕健康领域。在当年的新品官宣现场,娃哈哈食品科学研究院工程师对新品进行了逐一的介绍、讲解。娃哈哈将聚焦保健品细分赛道,大力推广娃哈哈儿童营养液、晶睛叶黄素维生素A饮品、添把劲等健字号产品,同时重推氧世界、黑糖姜乳茶、益生菌发酵营养快线、小麦胚芽粥等含有健康概念的新品。所有产品信息均可在娃哈哈快销网上搜索查询。

　　值得注意的是,在众多新品中出现了一个十分熟悉的名字:"儿童营养液"。1988年,娃哈哈创始人宗庆后通过调研发现,儿童普遍存在因偏食而导致营养不良的问题。坚持"要永远领先人家半步"的娃哈哈,决定联合浙江医科大学营养系主任朱寿民教授开发一款开胃产品,并召集了全国有名的营养学专家帮助审查配方工艺,开发出了高技术含量的营养液。这款产品实际上是老少皆宜的,当时的娃哈哈还是一家名不见经传的小厂,宗庆后敏锐洞察到保健品市场产品众多却没有一款是针对儿童专用的产品。为此,他决定抓住儿童这一垂直细分领域,成功推出娃哈哈儿童营养液,"喝了娃哈哈,吃饭就是香"的广告语响彻大江南北,迅速打开了全国市场。

　　如今,娃哈哈通过消费者调研发现,有近70%的消费者认为儿童营养液应符合中国儿童的膳食营养现状,为此,娃哈哈儿童营养液重装上阵,强势回归。据悉,该产品选用传统中医食疗涉及的山楂、红枣、莲子、桂圆等原料,并补充了钙、铁、锌营养元素,是中医食疗和现代营养科学相融合的结晶,具有免疫调节、改善胃肠道功能、促进消化的保健功能。

　　从第一瓶儿童营养液开始,娃哈哈就奠定了"健康化"道路的基石。"氧世界"是一款富含氧气的饮用水产品,产品采用低温微射流注氧和尖端锁氧技术,使产品中氧含量高达150mg/L。

　　具有蓝帽子的保健饮料"添把劲"氨基酸饮料,含有为长时间运动供能的支链氨基酸、提高机体免疫功能及抗疲劳能力的精氨酸,并添加了适量的钾、钠、钙、镁,有助于运动后及时补充流失的水分和电解质。"添把劲"不仅能够提供能量,还有助于提高机体的运动能力、抗疲劳,是全国第一款具有保健功能的氨基酸饮料。

　　洞悉国民目前普遍存在的视力下降问题,娃哈哈又推出了"晶睛叶黄素维生素A饮品",这款饮品是国内首款具有缓解视力疲劳功能的保健饮品,产品由叶黄素、维生素A、牛磺酸和锌四大护眼成分组成,可以及时补充眼部营养。

　　细数娃哈哈近年的品牌焕新动作,从"IP打造"到"圈层营销",精准抓住AD钙奶独特的童心属性,成功塑造AD钙奶"今日未成年"IP,并围绕此概念开展系列创新活动,通过精细化运作成功将消费者转化为品牌粉丝;抓住"国潮"概念,在春节、中秋、国庆等极具中国特色的传统节日中开展系列活动,通过"味觉+视觉+理念"的焕新模式成功让"非常可乐"重回大众视野。娃哈哈将自身从原有的怀旧形象中脱离,真正做到了与年轻人玩在一起。

　　(资料来源:《娃哈哈2023年营销盛会来袭!17款新品发布,儿童营养液强势回归!》,贵州网络广播电视台官网,有删改)

任务分析

1988年娃哈哈儿童营养液成功的关键是建立在市场调查的基础上的,娃哈哈由此掌握了消费者需求,发现了儿童普遍存在因偏食而导致营养不良的问题;同时娃哈哈又分析了市场上其他营养液的生产状况。可以说,娃哈哈是在市场调查的基础上,对营养液市场进行了正确的分析,才使其经营获得了巨大的成功。

2023年娃哈哈新品上市,借助并分析了当前国际市场的经济形势变化,以及国务院颁布的《促进个体工商户发展条例》中鼓励个体工商户的发展等外部机遇;调查了中国儿童的膳食营养现状;选取被消费者认可的传统中医食疗原料开发出包装饮用水、蛋白饮料、碳酸饮料、茶饮料、果蔬汁饮料、咖啡饮料等10余类200余款产品;根据不同年龄段、不同居住地的消费者需求,销售人员选择符合当地消费者口味的产品进行差异化销售。

从上述案例中我们可以看出,企业要想占领市场,必须切实开展并充分做好市场调查工作,掌握消费者的需求情况,抓住外部机遇,这样企业的市场营销工作才能做好。

市场调查根据不同的分类标准,可以进行不同的分类。不同市场调查的适用范围也不尽相同。在某种情况下采用何种市场调查,如何实施市场调查,是我们接下来需要探讨的问题。

工作步骤

步骤1 明确调查目标

明确调查目标是市场调查的第一步,也是一项关键性的工作。明确调查目标,首先需要明确企业在经营管理中存在的决策问题并对此进行分析,然后根据分析结果确定应当调查的信息。例如,企业考虑是否推出新产品,调查人员通过对该问题的分析,最终确定调查目标为"确认消费者对新产品的评价和购买意愿"。

步骤2 确定调查内容

明确调查目标后,需要进一步确定调查内容,调查内容应当紧密围绕调查目标展开。一般来说,市场调查的内容主要包括社会环境、市场需求、产品的包装及价格、竞争对手等。

步骤3 选定调查对象的范围

确定调查内容后,需要根据调查的具体要求选定调查对象的范围,确定是进行全面调查还是非全面调查。

步骤4 选择调查方法

选定调查对象的范围后,调查人员接下来需要选择收集资料的方法。具体采用何种方法进行调查,应当根据调查的实际情况和客观要求确定。

步骤5　制定和评估调查方案

明确调查目标、调查内容、调查对象的范围和调查方法后,便可制定详尽的调查方案。

步骤6　组织实施市场调查

市场调查的准备工作就绪后,便可以开始组织实施市场调查。要求经过培训的调查人员按照调查方案中确定的调查时间、地点、方法、内容等对调查对象进行调查,并对资料进行收集。能否收集到真实有用的资料,是市场调查能否取得成功的根本条件。

步骤7　整理与分析调查资料

通过市场调查收集到的资料是分散且凌乱的,需要对其进行整理分析,具体包括以下工作:①审核资料是否及时、完整和准确;②根据市场调查目标对所获得的资料进行分类汇总;③运用数据分析工具将汇总的资料进行统计分析。

步骤8　预测市场发展趋势

预测市场发展趋势是指企业在调查的基础上,运用已收集的资料进行预测,如预测消费者的消费趋势、预测未来市场的发展状况或预测竞争对手未来的经营决策等。

步骤9　撰写调查报告

分析完资料并针对调查结果进行预测后,调查人员必须撰写调查报告。调查报告是市场调查的最终成果,其目的是为生产经营决策提供依据。

知识平台

市场调查可按如下几种方法分类。

1. 按市场调查性质分类

按市场调查性质不同,市场调查可分为探索性调查、描述性调查、因果性调查与预测性调查。

1)探索性调查

探索性调查是指在调查问题尚不明确的情况下,为了进一步明确调查问题,确定调查方向和范围而进行的初步调查。其目的是通过调查获得资料,初步找到经营中的问题所在,以供进一步调查研究。通常情况下,调查所确定的问题以假设的形式出现。

例如,某化妆品公司某年主营产品的市场份额下降,公司无法查明原因。到底是经济衰退影响,还是广告支出减少的影响,或者是消费者消费习惯改变所致? 显然,可能的原因很多,此时就可以采用探索性调查来寻求最可能的原因。调查人员通过收集一些消费者的资料发现:绝大多数消费者目前倾向于使用纯植物的护肤品,而该公司的产品成分是从动物体内提取的。调查人员从而得出结论:消费者倾向于使用纯植物的护肤品可能是导致销售额下降的主要原因。这就是通过探索性调查得到的假设。当然,该假设还需要经过进一步的调查来验证。

探索性调查一般是通过使用二手资料（如公开发布的调查报告、公司的内部记录等），请教一些专家或参照过去的案例来进行的小范围的调查。

2）描述性调查

描述性调查是指为描述市场因素的特征或变化趋势所做的调查。例如，调查消费者的购买力、销售渠道的可行性、消费者的基本情况、产品的价格、产品的销售情况、竞争对手的促销活动等均属于描述性调查。

描述性调查的用途主要有以下三个：①发现问题，如通过调查产品的销售情况，发现产品的销售额下降；②为决策做参考，如某公司通过调查产品的消费人群，发现67%的消费者是年龄为18~44岁的成年女性，因而决策者决定直接面向成年女性开展促销活动；③检验方案的实施效果，如决策实施一段时间后，通过调查产品的销售情况，来检验决策是否正确。

描述性调查的应用非常广泛，绝大多数的市场调查都属于描述性调查。在进行描述性调查前，需要制定严格的方案，且在方案中必须明确以下六个要素：调查谁、调查什么、何时调查、何处调查、为什么调查，以及调查的方法。只有这样，才能更准确地反映市场因素的特征及变化趋势。

3）因果性调查

因果性调查是指为验证市场因素之间的因果关系所做的调查。例如，调查产品的包装、广告费用等因素是否对销售额产生影响就属于因果性调查。

因果性调查与描述性调查有诸多相同之处，如两者都可以对探索性调查提出的假设进行验证，两者都需要对方案进行评估，两者的方案设计都非常严格。而两者的区别在于调查方法不同，因果性调查一般采用实验调查，描述性调查一般采用访问调查和观察调查。

4）预测性调查

预测性调查是指为验证在未来某一段时期内，某一市场因素的变动对企业市场营销活动的影响而做的调查。市场未来的情况决定着企业的命运和未来的发展，只有对未来市场有一个比较清楚的了解，企业才能避免更大的风险。因此，预测性调查具有重要意义。

请你思考一下，是否所有的调查都必须从探索性调查开始，为什么？

2. 按调查对象的范围分类

按调查对象的范围不同，市场调查可分为全面调查与非全面调查。

1）全面调查

全面调查，又称"普查"，即对调查对象逐个进行调查。其目的是对市场状况做出全面、准确的描述，从而为制定决策提供可靠的依据。全面调查的结果虽然全面、可靠，但调查花费的人力、物力、财力较多，且调查时间较长，难以满足一般企业的要求。该调查通常适用于销售范围很窄或用户很少的产品，不适用于品种多、销售范围广的产品。

2）非全面调查

非全面调查是对调查对象的一部分进行调查，包括典型调查、重点调查和抽样调查。非全面调查的调查对象少，可以集中力量做深入、细致的调查，从而提高统计资料的准确性；还可以节省人力、物力和财力，缩短调查期限，从而提高调查的效率。

3. 按收集资料的方法分类

按收集资料的方法不同，市场调查可分为实地调查、文案调查和网络调查。

1）实地调查

实地调查，又称"一手资料调查"或"直接调查"，是指调查人员直接向调查对象收集一手资料的调查。实地调查花费的时间、人力和费用较多。

2）文案调查

文案调查，又称"二手资料调查"或"间接调查"，是指调查人员从企业内部或外部收集现有文案资料进行调查。文案调查具有简单、快速、节省调查经费等特点，它既可以独立运用，也可作为实地调查的补充。

3）网络调查

网络调查是利用便捷的互联网和自动统计分析工具等现代技术手段，收集特定营销环境的资料并进行初步分析的调查。网络调查可以规避时空上的障碍，使调查结果更全面。

案例阅读

华为创新的例子，从追赶到领先——华为的创新之路

创新一直是华为的 DNA。那么华为是如何走上创新之路的？

华为成立于 1987 年，经过 30 多年的拼搏努力，华为这艘大船划到了"与世界同步的起跑线"上。华为从小到大、从大到强、从国际化到全球化的全过程，就是基于创新的成功。

1）当前信息产业的发展瓶颈

20 世纪 70 年代，信息产业的创新主要是"工程创新"；进入 21 世纪，科技创新层出不穷。然而，信息产业经历了几十年的高速发展，如今遇到了发展瓶颈。

第一，理论瓶颈。现在的创新主要是把几十年前的理论成果，通过技术和工程创新转换成市场需要的产品。信息通信领域的基础理论——"香农定律"，是 1948 年发表的；而 5G 时代，编码技术几乎达到了"香农定律"的极限。

第二，工程瓶颈。"摩尔定律"驱动了信息通信技术（ICT）产业的高速发展，但目前相关技术也暂时遇到了工程瓶颈。

华为当前已逐步进入了"无人区"。面向未来，该如何突破这些瓶颈？这对华为来说是一次巨大的挑战。

2）创新 1.0

华为过去 30 年的成功，是基于客户需求的工程、技术、产品和解决方案创新的成功。创新一直都是华为的 DNA，下面我们将从两个维度阐述华为的创新战略。

第一，华为的成功基于开放共享的创新。

华为的创新是开放式的创新。围绕全球技术要素及资源，华为在全球建立了超过 16 个研发中心，60 多个基础技术实验室，涉及材料、散热、芯片、光技术等领域。

2006 年，华为与 Vodafone 建立了第一个联合创新中心，真正从客户战略、产品方案、商业模式、产业发展等各方面与客户深度创新合作，牵引客户需求，共同解决行业面临的挑战

和难题,实现商业成功。截至2019年,华为与合作伙伴建立了遍及全球的36个联合创新中心,引领着无线产业发展方向。

第二,华为的成功基于客户需求的创新。

以欧洲市场为例,该市场的成功拓展奠定了华为国际一流公司的地位。

欧洲市场是国际主流通信设备公司的本土市场,低价竞争只会扰乱市场,只有技术领先和创新才可能被欧洲领先运营商所选择。华为站在客户视角,站在帮助客户商业成功的角度主动创新。

2005年,华为突破传统基站的模式,开发了业界第一款分布式基站,解决了站址难找、安装困难、耗电和运维成本高等一系列难题,更快、更便宜地建设移动网络。2007年,华为又在业界率先推出了SingleRAN基站技术,实现2G、3G基站合一,现在已经可以实现2G、3G、4G、5G合一。

这些系列化的创新,其价值不仅仅是帮助运营商降低了30%的总成本,更是极大地降低了网络建设的门槛,提高了建网速度。这些产品和解决方案的巨大技术和商业优势,使得欧洲厂商不得不跟随华为也推出类似的产品,这些产品成了行业的标杆并引领着无线产业的发展方向。

3) 创新的压强原则,厚积薄发

技术、解决方案创新背后是持续的研发投入。华为在研发领域的投资不惜成本,不仅投资于现在,同时投资于未来。早在1996年,华为预研部就明确要求预研费用必须占研发费用的10%以上,之后提高到20%~30%,这意味着每年有20亿~30亿美元投入前沿和基础技术研究。华为2018年研发费用达到150亿美元,在全球所有公司中排名前5位。华为2019年在全球拥有超过8万名研发人员,占总人数的45%左右。

我们看到的是产品,而冰山之下的核心技术才是产品竞争力的来源,包括数学、芯片设计、材料、散热等。

早在1991年,华为就设计了第一片ASIC芯片,并成立了芯片设计室,也就是今天的海思半导体有限公司(以下简称"海思")的前身。

现在,海思的"麒麟990"是世界上最先进的5G手机芯片之一。今天看到的技术进步,都是研发的长期投入,厚积薄发而取得的。

华为有近百个基础技术实验室,上千名数学、物理学、化学博士,这些专业人才都为华为保持技术领先提供保障。

4) 管理和组织的保障,人才和文化的土壤

华为的创新也是管理的创新。从1997年开始,华为构建了在研发、供应链、财经、人力资源、市场等方面国际化的且经过实践证明了的创新性流程体系,奠定了华为走向世界的管理基础。同时确保了华为的运行和创新是有序的,通过确定性的流程和方法来应对创新的不确定性。

5) 与科研院所的合作

开放合作,共同研究。在这方面,中国科学院为华为提供了大量帮助和支持。

2011年以来,在芯片、人工智能(AI)、计算机等领域,华为与中国科学院的几十家合作单

位开展了广泛合作。

华为创新的未来之路

今天信息产业遇到瓶颈的根源,在于理论创新的滞后。没有理论的创新,很难突破技术的瓶颈。面向未来,华为的创新该如何进行?

1)预判:人类将进入智能社会

华为认为未来20~30年,人类社会将演变成一个智能社会,智能社会有3个特征——万物感知、万物互联、万物智能。

在智能社会,万物可感,感知物理世界并转变为数字信号;网络连接万物,将所有数据实现在线连接;大数据和人工智能的应用将实现万物智能。

有了先进的ICT技术,这三大特征才能实现。ICT基础设施(如5G、物联网、AI等)将是智能社会的基石。

2)理想主义与现实主义的结合

华为的创新是理想主义和现实主义的结合,从客户需求出发,进行产品的研发,同时以未来趋势为判断依据。通过多路径开发试错,"红军""蓝军"PK等,深入技术的"根";同时,通过愿景和假设以及先进技术,实现理想主义和现实主义双轮驱动的创新。

3)华为创新理念升级:从1到N迈向从0到1

面向未来,华为的创新将从基于客户需求的技术和工程、产品和解决方案的创新的1.0时代,迈向基于愿景驱动的理论突破和基础技术发明的创新2.0时代。

创新1.0的核心理念是:基于客户需求和挑战,是技术创新、工程创新、产品与解决方案创新,是从"1到N"的创新。其核心是帮助客户和合作伙伴增强竞争力,帮助客户增加收益或者降低成本,帮助客户实现商业成功。

创新2.0的核心理念是:基于对未来智能社会的假设和愿景,打破制约ICT发展的理论和基础技术瓶颈,是实现理论突破和基础技术发明的创新,是实现"0到1"的创新。

4)思想理念:开放式创新,包容式发展

华为创新2.0的核心是基于愿景的理论突破和基础技术的发明,而理论突破和基础技术的发明源头之一是学术界。

理论突破和基础技术发明的不确定性非常高,这种不确定性的性质就决定了不能是封闭的创新。

华为创新2.0的思想理念是"开放式创新,包容式发展",需要大学和研究机构、学术界、工业界联合起来,共同推动,利用全球科研资源和人才进行合作创新。华为成立战略研究院,就是为了实现华为创新2.0的落地,确保华为不迷失方向,不错失机会。

5)方法论:愿景假设+技术突破

华为从愿景假设出发,研究未来智能社会,研究未来人们如何生活、工作、娱乐、保持健康等,提出问题,带着问题找技术,带着问题捕捉未来的技术方向和商业机会,孵化出新产业。同时,进行大胆假设。比如,未来10年提升100倍宽带,达到100倍的计算能力,或是超越人的感官的100倍……

6) 以信息为中心,促进技术创新变革

围绕信息的全流程,从信息的产生、存储、计算、传送、呈现,一直到信息的消费,研究和发掘未来的技术。比如,显示领域的光场显示,计算领域的类脑计算、DNA 存储、光子计算,传送领域的可见光通信等,以及基础材料和基础工艺领域的超材料、原子制造等。一方面是延长已有的技术创新,另一方面是促进技术创新变革。

7) 战略举措:与大学及科研机构合作,进行技术投资

当今世界满足人类发展的需求以及解决所面临的问题,更需要汇集全人类的智慧和创新能力。加强基础研究、促进科学进步是解决这些问题的关键。

华为将采取支持大学及科研机构的研究、自建实验室、多路径技术投资等多种方式实现创新 2.0,把工业界的问题、学术界的思想、风险资本的信念整合起来,共同创新。

华为的愿景使命是,把数字世界带入每个人、每个家庭、每个组织,构建万物互联的智能社会。这意味着华为将继续开放合作,与全球科学家、研究机构的伙伴一起共建未来的智能社会。

(资料来源:徐文伟《从追赶到领先——华为的创新之路》,载《中国科学院院刊》,2019年第 10 期,有删改)

请根据上述资料,采用文献调查法获取华为创新之路成功的原因,并以小组为单位制作 PPT 进行汇报展示。

 课后作业

一、单选题

(1)(　　)是指对产品从生产、流通到消费领域所做的调查,它除了包括消费者调查外,还包括产品的定价、包装、运输、销售环境、销售渠道、广告调查等。

A. 市场调查　　　B. 市场预测　　　C. 市场分析　　　D. 市场考察

(2)一般来说,下列调查方式中,属于初步调查的是(　　)。

A. 探索性调查　　B. 描述性调查　　C. 因果性调查　　D. 预测性调查

(3)(　　)是利用企业内部或外部的现有文案资料,对调查问题进行分析研究的一种调查方法。

A. 访问调查　　　B. 一手资料调查　　C. 文案调查　　D. 实地调查

(4)按调查对象范围的不同,市场调查可分为(　　)。

A. 全面调查与非全面调查　　　　　　B. 重点调查与随机调查
C. 文案调查与实地调查　　　　　　　D. 实地调查与重点调查

二、多选题

(1)市场调查的特点有哪些?(　　)

A. 系统性　　　B. 目的性　　　C. 实践性　　　D. 科学性
E. 保密性　　　F. 持续性　　　G. 不稳定性

(2)市场调查的作用是什么？（　　）
A. 市场调查为企业经营决策提供客观依据　　B. 市场调查有助于企业开发新产品
C. 市场调查有利于企业增强市场竞争力　　　D. 市场调查有助于企业改善经营管理

三、判断题

(1)市场调查的目的是获取市场信息。（　　）

(2)市场调查就是指运用科学的方法，有目的地、系统地搜集、记录、整理有关市场营销的信息和资料，分析市场情况，了解市场的现状及其发展趋势，为市场预测和营销决策提供客观的、正确的资料。（　　）

(3)娃哈哈基于市场调查发现儿童对营养的需求很大，从而成功开发出产品，目前其已成为知名品牌，在市场中将长期立于不败之地。（　　）

实训任务

任务描述：

利用多种方法查找通过市场调查做出成功决策和未经市场调查而导致经营失败的企业案例。以此了解市场调查的重要性，树立市场调查意识；端正"没有调查，就没有发言权"的工作态度。

查找完毕后，每个小组筛选出最具有代表性的市场调查案例（成功案例与失败案例各一个）。各小组派出代表，以 PPT 的形式向全班同学介绍本组搜集的成功案例与失败案例，并进行讨论，以深化对市场调查重要性的认识。

任务分组：

全班学生以 3～5 人为一组进行分组，各组选出组长并进行任务分工，将小组成员及分工情况填入表 1-1 中。

表 1-1　小组成员及分工情况

班级		组号		指导教师	
小组成员	姓名	学号		任务分工	
组长					
组员					

任务准备：

(1)熟悉信息检索的方法。

(2)掌握 PPT 的制作方法。

工作计划：

小组商议，制订具体的工作计划，填入表 1-2 中。

表 1-2　工作计划

步骤	工作内容	时间安排	负责人
1			
2			
3			
4			
5			

按照工作计划，开展案例搜集活动。将具体的实施情况记录在表 1-3 中。

表 1-3　实施情况

时间安排	实施步骤
	1. 确定本组使用的信息搜集方法，包括： (1)_____ (2)_____ (3)_____ (4)_____
	2. 确定本组要搜集的方向，包括： (1)_____ (2)_____ (3)_____ (4)_____
	3. 通过多种检索工具搜集资料，初步查找多个案例以供选择： 正面案例(1)_____ 正面案例(2)_____ 正面案例(3)_____ 反面案例(1)_____ 反面案例(2)_____ 反面案例(3)_____
	4. 讨论初步筛选出的案例，确定最终案例： 正面案例 A_____ 反面案例 B_____
	5. 制作 PPT

续表

时间安排	实施步骤
	6.PPT 试讲,讨论并改进
	7.在全班同学面前讲解

评价反馈:

各组派代表进行 PPT 展示,并配合指导老师完成考核评价表(表 1-4)。

表 1-4 考核评价表

项目名称	评价内容	分值	评价分数		
			自评	互评	师评
素养评价（20%）	仪容仪表得体	6 分			
	具备团队精神,能够积极与他人合作	6 分			
	积极、认真参加实践活动	8 分			
技能评价（30%）	熟练应用各种信息检索方法	10 分			
	所选案例均具有较强代表性	10 分			
	按时完成实践任务	10 分			
成果评价（50%）	PPT 重点突出、详略得当,有效揭示市场调查是影响企业成败的关键因素	30 分			
	讲解口齿清晰,仪态大方	10 分			
	PPT 制作精美,图文并茂	10 分			
合计		100 分			
总评	自评（20%）+互评（20%）+师评（60%）=_____	综合等级:_____	教师(签名):_____		

项目二　制作调查方案

【项目描述】

"凡事预则立,不预则废",市场调查也是如此。在进行市场调查之前,调查人员应当预先明确调查目标和范围,切不可盲目行动。企业的需求不同,调查目标也应有所不同。需要明确如何将企业决策问题转化为调查问题,如何确定调查目标、调查区域和调查对象。由于影响市场变化的因素很多,因此市场调查的内容也十分广泛。一般情况下,市场调查贯穿于市场营销的整个过程,即从识别市场机会、选择目标市场、制定营销策略,到评价营销效果,都离不开市场调查,因此,市场调查涵盖了外部环境、企业自身情况和消费者特征等多项内容。市场调查的方式多种多样,适用范围、适用条件各不相同,调查人员应当根据调查需求,选择恰当的调查方式,包括普查、典型调查、重点调查和抽样调查等。

"工欲善其事,必先利其器",想要做好市场调查,科学的方法非常重要,调查人员若能选择恰当的调查方法进行调查,会取得事半功倍的效果。在确定好调查问题、目标和内容,选择好调查方法和方式后,调查人员便可以着手制定市场调查方案了。市场调查方案是整个市场调查的行动纲要,一份高质量的市场调查方案将为市场调查活动的有效实施提供有力保障。

【项目情景】

实践没有止境,理论创新也没有止境。党的二十大报告强调,不断谱写马克思主义中国化时代化新篇章,是当代中国共产党人的庄严历史责任。继续推进实践基础上的理论创新,首先要把握好习近平新时代中国特色社会主义思想的世界观和方法论,坚持好、运用好贯穿其中的立场、观点、方法。在一个调查项目中,前期的调查方案设计决定了后续调查工作能否取得成效。

家润多连锁超市的管理人员通过对商店近期销售额和市场份额的分析,发现其商店的顾客人数出现下降。管理者希望改变这种状况,但是在这之前,商店需要知道顾客人数下降的原因,并在此基础上采取合适的对策。因此该商店的管理者委托一家市场调研机构进行了一次调研。

本项目的主要目标是完成一份完整的调查方案。在这个过程中,需要完成一系列任务。

该市场调研机构派出调查人员实施调查。

调查人员与该商店的管理者进行了交谈,首先界定了决策问题。经过与管理者的一系列的交谈,以及对二手资料的分析,市场调研机构认为家润多连锁超市的决策问题是:应该采取何种措施来增加家润多连锁超市的顾客量。

其次,界定应该调查的问题。通过探讨,调查人员将调查的问题限定为:通过和主要竞争对手的比较,分析家润多连锁超市在家庭消费者心目中的印象。

根据调查的问题,市场调研机构确定需要明确的信息如下:

①家庭消费者在选择超市时使用什么标准?

②根据问题①得到的选择标准,家庭消费者如何评价家润多连锁超市和它的竞争者?
③在购买某一具体的产品时,消费者会选择哪些商店?
④针对具体的产品种类,家润多连锁超市和它的竞争对手各占多少市场份额?
⑤家润多连锁超市的顾客人数和形象如何?它和其竞争对手的区别在哪里?
⑥根据消费者对家润多连锁超市的印象和消费者的特点能否解释该商店的经营状况?

最后,市场调研机构针对以上6个问题进行信息搜集,根据所需信息的不同,分别采用了二手资料调查法、问卷调查法、深度访谈法、观察法等方法进行调查。

调查的对象包括:
①任何进入该连锁超市的人,无论他是否购买东西;
②任何在该连锁超市购买了商品的人;
③任何在该连锁超市每月至少购买一次商品的人;
④经常在该连锁超市购物的家庭消费者。

【项目分解】

通过对业务过程的分解,和对市场调查人员工作内容的分析,确定在制作调查方案阶段需要完成以下几项任务。

任务1:认清决策问题——认清决策问题是指确定决策者需要做什么的问题。

任务2:寻找调查问题——确定调查问题是整个市场调查过程中非常重要的环节,只有清楚地界定了调查问题,调查人员才能围绕该问题准确、系统地阐述调查目标。

任务3:明确调查目标——调查者需要明确知道应该调查什么项目。

任务4:确定调查内容——调查者需了解外部环境、企业自身情况和消费者特征等多项内容。

任务5:选择调查方式——明确调查的对象是谁,应该调查多少人,选择合适的调查方式。

任务6:选择调查方法——调查者需要知道不同的调查项目应该采用什么调查方法进行数据收集。

任务7:调查问卷制作——制作调查问卷,明确此次调查应该如何组织和管理。

任务8:形成调查方案——市场调查方案制定,为市场调查工作开展制订计划。

【任务清单】

完成一项学习任务后,请在对应的方框中打钩。

目标	完成情况	具体学习任务
知识目标	☐	了解企业决策问题和调查问题的区别
	☐	了解确定调查问题的步骤
	☐	熟悉调查目标的确定过程
	☐	熟悉市场调查的内容
	☐	掌握抽样方法
	☐	熟悉各种调查方法
	☐	掌握市场调查方案的内容与制定

续表

目标	完成情况	具体学习任务
实训目标	☐	能够将具体的决策问题转化为调查问题
	☐	能采用多种方法开展调查
	☐	能根据需求选择适合的市场调查方法
技能目标	☐	能够根据具体情况确定调查内容
	☐	能够根据具体情况选择恰当的调查方法,且能够通过计算确定抽样误差及样本量
	☐	能够根据具体情况制定市场调查方案
思政目标	☐	培养探究精神,具备将理论转化为实践的能力
	☐	学会抓主要矛盾,能够具体问题具体分析
	☐	诚实守信,能够如实实施抽样调查,具有良好的责任心
	☐	理论联系实际,形成良好的行事作风和习惯

任务1　认清决策问题

任务导航

"迈入世界500强后,广药集团加快打造世界一流生物医药健康企业。未来,王老吉将朝着'新四化'的方向,即数字化、多元化、时尚化、价值化,争取到下一个10年,实现营收利税倍增计划!"

王老吉大健康公司董事长发布了"新十年战略"。未来,王老吉大健康将以"让世界更吉祥"为使命,以"打造全球饮料NO.1"为目标,坚持时尚王老吉、数字王老吉、创新王老吉、责任王老吉战略举措,推动高质量发展。时尚王老吉,即推进年轻化路线,从品牌、营销、产品、渠道、文化五个方面进行创新升级,以时尚活力引领健康饮料的消费潮流;数字王老吉,即在数字化经济浪潮之下,加大力度推进企业数字化转型,全面推进营销数字化,打造一体化数字生态系统,让数字化全面融入企业经营;创新王老吉,即加速多元化发展,继续打造功能性饮料单品与创新类单品,并在市场、产业、科技人才等方面寻求突破;责任王老吉,即继续承担企业社会责任,在社会公益、乡村振兴、绿色发展上持续发力。

十年来,王老吉大健康公司取得了骄人的业绩,并形成了"忠于企业、勇于担当、乐于奉献、善于学习、笃行不息、使命必达"的王老吉精神,未来将不忘初心、牢记使命,争创世界一流的饮料企业和品牌。

目前广药集团已成为全球首家以中医药为主业进入世界500强的企业,其正着力打造具有产业特色、文化鲜明的世界一流生物医药与健康企业。作为广药集团支柱性企业,王老吉大健康公司将与国家、时代同频共振,打造有国际影响力的中国饮料品牌,让世界更吉祥,为跨越下一个十年、为振兴民族品牌、为人类健康事业而不懈奋斗!

(资料来源:孙鹤《王老吉发布新十年战略:聚焦新四化 力争实现营收利税倍增》,中国新闻周刊网,有删改)

任务分析

王老吉大健康公司发展的这十年,是广药集团推动民族老字号品牌振兴、推动企业高质量发展的生动写照。未来十年,王老吉大健康公司将实现从"王老吉"单品到大健康产业集群的蜕变,争创"全球饮料 No.1"。王老吉大健康公司致力于打造有国际影响力的中国饮料品牌,争取在中国市场做到"有饮料的地方就有王老吉",在国际市场做到"有华人的地方就有王老吉",全力进军欧美国家的饮料主流市场,力争让中国王老吉成为"世界王老吉"。

请问,如何制定王老吉的十年战略规划?

工作步骤

企业的决策问题是指决策者需要做什么的问题,它关心的是"决策者可以采取什么样的行动"。例如,怎样做才能收回丢失的市场份额,市场是否可以进行二次细分,是否可以投放某种新产品,以及是否增加促销预算等。

步骤1 识别决策情况

在企业管理过程中,当目标已经确定,但是在衡量绩效的时候发现并没有达到预期目标,那么就要查明是什么问题导致目标无法达成。例如,当新产品推广的市场份额低于预期市场份额、广告的有效性不尽如人意、营销活动并没有取得预期目标的时候,企业的决策者就需要思考这个问题。除此之外,企业的决策者在做出一个决策时很可能是想利用某个市场机会来实现更高的目标。有的企业决策者可能在企业管理过程中发现了一些征兆,例如销售下降或者利润下降等情况。一旦发现这些征兆,企业决策者就会进行进一步的分析,以识别问题、发现机会。企业决策者希望调查人员收集详细、准确的调查信息以供其参考,这就需要调查人员深入分析问题的背景及影响决策的各种因素。调查人员可以从以下几个方面着手分析。

1. 分析历史资料

通过分析企业及所属行业相关的各种历史资料,研究未来的发展趋势,调查人员可以发现企业面临的潜在问题或机会。这些资料包括企业以往的销售额、市场份额、盈利状况、技术水平,消费者的数量、生活方式和偏好类型等。例如,某企业第三季度的销售额下降,而其所处行业的销售额上升,那么,调查人员就需要分析并确定该企业存在哪些问题。又如,通过分析整个餐饮行业的点餐模式,调查人员了解到部分消费者有扫码点餐的习惯,可建议餐饮企业顺应趋势,增设自助点餐渠道,进而节约人力成本。

2. 分析企业拥有的资源和面临的制约因素

企业的决策会受企业现有资金、人力、技术等资源,时间、成本等因素的制约。例如,某企业希望将其产品由地方推广至全国,但由于技术落后,产品不足以满足其他地区消费者的需求,开拓新市场的决策受到市场条件的制约。

3. 分析决策者的目标

调查人员必须了解决策者的目标,并将这种目标具体化和清晰化。一般情况下,决策者很少能够精确地陈述其决策目标,往往采用诸如"改进公司的形象""增强企业的竞争力"等概述性语言,此时,调查人员应当充分运用自身的专业知识和技能,将决策者的目标进一步具体化。

4. 分析消费者

调查人员通过分析消费者的购买动机、消费习惯、对价格的敏感程度、对产品的喜爱程度等,进一步明确企业所面临的决策问题。例如,一家健身中心近几年会员人数呈下降趋势,调查人员通过对会员和非会员的调查和分析,发现"年轻化群体大多选择办理其他竞争对手的会员卡",从而确定企业的决策问题是"如何吸引年轻人以增加健身中心的会员人数"。

5. 分析竞争者

调查人员通过分析竞争者的数量、生产规模、经营管理水平、技术水平,以及竞争产品的种类、质量、价格、特色、促销策略、广告策略等,帮助企业发现自身的竞争优势和劣势,扬长避短,更好地开展经营活动。

6. 分析社会环境

由于企业的经营管理受社会环境因素的制约,因此,任何企业在做出管理决策之前,都必须调查社会环境对企业决策的影响,具体的调查内容包括政治环境、法律环境、经济环境、文化环境和地理环境。例如,从经济环境出发,当一个地区的经济呈现低增长的发展趋势,该地区消费者的购买力往往会下降。此时,企业可以采取降低产品的价格或减少产品的生产等措施,来应对经济环境的影响。

步骤2 确定决策问题

一旦决策者觉察到需要决策的情况,就需要清晰地定义决策问题。一个清晰的决策问题包括两个组成部分:对决策环境中目标的理解;对决策环境中问题和机会的陈述。

决策制定者有两种方法来确定决策问题:

第一种是系统地陈述决策问题,这些决策问题是以对现有信息的分析为基础的。这种方法依赖于决策者的经验和判断,以及与决策有关的分析技巧。

第二种是利用探索性调查来帮助定义决策问题。

两种方法可以结合使用,也可以单独使用。一般来说,探索性调查常使用如下方法。

1. 二手资料分析

通常情况下,获取二手资料是确定决策问题的开始,二手资料一般可以在公司内部、公共图书馆、大学图书馆或互联网上获得。分析二手资料对于了解企业调查意图、界定调查目标有重要作用。通过分析二手资料,调查人员可以发现企业决策问题的背景,为进一步确定决策问题提供帮助。例如,某钢铁企业第一季度产品销售不佳,调查人员通过查阅中国钢铁工业协会发布的钢铁行业运行情况发现,全国第一季度大中型钢铁企业的销售收入同比下降14.48%,整个钢铁行业经营环境处于低迷状态。

2. 与决策者交流

通常情况下,企业的决策者掌握的企业情况比较全面、完整,对企业经营管理中遇到的问题也比较了解。调查人员可以在收集、分析二手资料的基础上与决策者交流,其作用体现在两个方面:一方面,决策者需要了解市场调查的功能和局限;另一方面,调查人员需要了解决策者所面临的问题、决策者的目标及决策者希望从调查中获取的信息。

3. 向专家咨询

专家是指有理论造诣、精通业务、富有实践经验、有分析研究和判断能力的专门人才。他们可以是学者,也可以是部门内各层次的管理者,还可以是销售一线上富有经验、精通业务的经营者。选择经验丰富的专家进行咨询,将有助于调查人员获得更有价值的参考信息和建议。例如,咨询资深的销售专员,了解是否存在新的消费需求和消费模式,从而确定企业是否开发新产品。

4. 定性调查

定性调查是指以小样本为基础,从性质角度进行探索性的调查。这种调查强调调查对象的主观感受和评价。例如,通过对某品牌巧克力的包装效果进行调查,结果显示,大部分高校学生认为该品牌包装很高级,而大多数白领认为该品牌包装很普通,这就属于定性调查。当从二手资料、决策者和有关专家处获得的信息仍不足以确定决策问题时,就有必要进行定性调查。定性调查可以采用的具体调查方法灵活多样,可根据实际情况做出选择。

步骤3　评估可选方案

一旦确定了决策问题,下一步就是评估可选方案。这时决策者面对的问题是"需要什么样的信息来正确选择行为方案"。决策者的经验和判断以及市场调查所提供的信息,可以帮助我们解决这个问题。决策者可能需要新信息,并要求进行正式的市场调查。进行市场调查,意味着可以获得想要的信息,而与信息收集相关的成本与信息在时间上的滞后性将被市场调查所带来的潜在价值所抵消。因此市场调查所花费的时间不应该超过环境变化的要求,即遵循时效性原则。

知识平台

1. 决策问题是什么

每当管理层要完成一个目标,却面临两个或两个以上的行为方案时,便出现了决策问题。

决策问题的出现涉及实际问题和潜在机会,解决问题的最佳行为方案的确定性与利用机会而冒险的不确定性可能同时存在。

2. 决策目标是什么

决策制定有两个典型的目标来源,一是组织,二是个人。为了理解决策的动机,我们必须考虑组织和个人的目标。

(1)两套目标一致的决策方案会比两套目标冲突时更高效。

(2) 如果组织和个人的目标冲突,如何解决这一冲突以实现组织目标,显然是一个复杂的问题。解决这类问题的一个方法是将组织的目标明确地向组织中的成员陈述。

确定明确的决策目标,在可选方案中进行抉择,这常常能够确保组织目标在决策的时候起主导作用。

在很多决策情况中,决策制定者并不是个人。组织的决策通常涉及两个及以上的决策者,从而形成决策梯队;另外一种情况是,有一个占主导优势的决策者,而决策过程中的其他个体对其产生强烈的影响。在上述情况下,不但组织目标和个人目标之间存在着潜在的冲突,决策过程中涉及的不同个人目标之间也存在着冲突。

3. 问题和机会如何陈述

识别问题和机会的过程,被称为环境分析。环境分析的目的是分析组织所面对的过去和将来的环境,以发现组织的问题或展示未来的机会。

环境分析是一个创新的过程。在进行环境分析的时候需要各种信息。思考的自由度以及多种信息来源,对于环境分析的成功是十分关键的。

4. 可选择的行为方案有哪些

有了清晰陈述的决策问题,那么下一步就是识别可选择的行为方案(可选方案)。行为方案描述了如何在给定时间内配置和组织资源。保持现状和改变现状都是一种行为方案。

可选择的行为方案的形成对于详细描述决策问题是很关键的。识别平庸的行为方案通常是一件简单的事情。执行平庸的行为方案可能会解决部分问题,但真正的管理问题是识别最优的行为方案,产生最好的业绩,并且赋予组织强大的竞争力。

思想火炬

中国共产党如何搞调查研究
——为了解决问题而调查,不是为调查而调查

深入实际调查研究,是我们党的基本工作方法,也是我们党的优良传统和作风。习近平总书记指出:调查研究是谋事之基、成事之道。没有调查,就没有发言权,更没有决策权。鉴往而知来,温故而知新。学习老一辈革命家的调查研究方法,对于广大党员特别是领导干部,响应习近平总书记大兴调查研究之风的号召,深入实际搞好调查研究,把党和人民事业不断推向前进,具有重要现实意义。

问题是时代的声音,每个时代总有属于它的问题。我们党干革命、搞建设、抓改革,从来都是为了解决中国的现实问题。坚持问题导向,通过调查研究弄清问题性质、找准症结所在,进而有的放矢、解决问题,是老一辈革命家开展调查研究的重要方法。

刘少奇特别强调做调查研究要有明确的目的。他说:"为什么要做调查研究呢? 是为了解决问题而调查,不是为调查而调查。那末,首先脑子里面要有问题才能调查。你脑子里面连一个问题也没有,就去搞调查,那就会搞得没有个边。" 20 世纪 60 年代初,我国国民经济遭遇严重困难,正确认识客观实际,对国民经济做出调整,成为紧迫任务。为此,毛泽东号召全党大兴调查研究之风。这次调查研究目的很清楚,就是为了了解清楚实际情况,找到应对

严峻形势的办法,毛泽东为此提出:要做到"情况明,决心大,方法对"。周恩来、刘少奇、朱德、邓小平、陈云等中央领导同志都纷纷响应毛主席的号召,花了大量时间,深入工厂农村搞调研。由于目的明确,调研充分,情况摸得准,我们党及时调整了政策措施,为解决当时严重的经济困难问题发挥了重大作用。

在设计社会主义现代化建设蓝图过程中,邓小平也是带着问题不断进行实地调研。比如,党的十二大提出,到2000年实现全国工农业总产值在1980年的基础上翻两番,使人民生活达到小康水平。"翻两番"靠不靠得住?"小康水平"是什么样子?带着这样的思考,邓小平在1983年2月专程前往经济发展较快的苏浙沪地区,进行了3个星期的调查研究。在苏州,江苏省负责同志向他详细汇报了全省及苏州工农业生产情况,表示像苏州这样的地方,准备提前5年实现"翻两番"。当邓小平问人均国民生产总值达到800美元后的社会面貌时,江苏省负责同志具体汇报了6条:人民的吃穿用问题解决了,住房问题解决了,就业问题解决了,人不再外流了,中小学教育普及了,人们的精神面貌变化了。和江苏一样,浙江、上海等地也是欣欣向荣的景象,这坚定了邓小平对"翻两番"、实现小康目标的信心。回到北京后,他约请几位中央负责同志谈话,介绍这次调查的情况,高兴地说:"看来,四个现代化希望很大。"

(资料来源:姜淑萍《老一辈革命家如何搞调查研究》,《求是》,2019年7月,有部分删改)

任务2 寻找调查问题

 任务导航

百年品牌百雀羚如何实现逆袭?

百雀羚创立于1931年,是国内历史悠久的著名化妆品厂商。百雀羚品牌曾多次被评选为"上海市著名商标",荣获"中国驰名商标"等称号。但是,新时代以来,百雀羚日渐式微,被认为是中老年人才会使用的低端国货。

为了解最新市场情况,改变百雀羚在消费者心目中的形象,百雀羚花大力气组织了一次全国性的调查。这次调查得出了两个结论:一是消费者觉得百雀羚的产品品质值得信赖;二是消费者普遍觉得百雀羚已经过时了。如何打开年轻人的市场,让消费者觉得百雀羚"年轻有活力",一度成了百雀羚最大的难题。当时,在国内化妆品界,"天然配方"的理念风头正盛,而百雀羚的草本护肤定位刚好和这一理念吻合。于是,百雀羚将新产品定位为"为年轻女性做草本类天然配方的护肤品,产品功能专注于保湿"。与此同时,百雀羚在配方上发力,将油腻的膏体变得清爽,香味上以清淡为主,以迎合年轻消费者的需求。但是,对于年轻消费者来说,仅仅有好配方是远远不够的,产品包装也要足够亮眼。于是,百雀羚花费重金,邀请知名设计师,融合"天圆地方"的理念,设计出系列方形带圆弧的新包装,采用亚克力的复合双层盖,使包装从"老土"变得"时尚"。经过一系列的改变,从2008年开始百雀羚的新草本护肤品系列销量年增长率达70%,2012年,百雀羚总销售额约为18亿元,2015年达到108亿元。2024年,英国品牌评估机构Brand Finance发布的"2024年全球最有价值的 50 个化妆品和个人护理品牌"（COSMETICS 50 2024）排行榜中，百雀羚位列第 13 位。

任务分析

通过分析问题的背景，运用探索性调查理解决策问题后发现，百雀羚的决策问题是如何打开年轻人市场，让年轻人觉得百雀羚"年轻有活力"。调查人员的下一步工作就是将企业决策问题转化为调查问题。

工作步骤

首先，需要区分决策问题和调查问题。企业的决策问题是指决策者需要做什么的问题，它关心的是"决策者可以采取什么样的行动"，例如，如何才能收回失去的市场份额、市场是否可以细分为不同的部分、是否应该投放一种新产品，以及是否应该增加促销预算等；而调查问题是以信息为中心的，关心的是"需要什么信息帮助解决决策问题，并为确定具体的调查内容指明方向"。一般来说，决策问题向调查问题转化需遵循以下几个步骤：

①步骤 1 提出问题的前兆；
②步骤 2 分析引发问题的原因；
③步骤 3 寻找解决问题的途径；
④步骤 4 建立实施某种解决途径的假设；
⑤步骤 5 找准需求的信息；
⑥步骤 6 确定调查问题。

表 2-1 所涉及的决策问题具有一定的概括性，其转化而成的调查问题可能不够充分。在实践中，企业面临的决策问题及调查问题都是十分复杂的，同学们可以结合实际案例进行思考和补充。

表 2-1 一些常见的决策问题转化而成的调查问题

决策问题	调查问题
是否引进新的产品	确定消费者的偏好及对产品的购买倾向
是否需要更换广告	确定目前广告的有效性
是否提高产品的定价	确定产品价格变动对销售量的影响
如何为新产品设计包装	对不同包装设计的有效性进行测试
如何增加企业的客流量	对企业目前的形象进行测评，分析影响顾客选择卖家的因素

> **参考示例**
>
> 某公司产品出现了明显的销售滑坡迹象,公司决策层与调查公司通过分析认为销售滑坡的可能原因如下:
> (1)市场上同类产品的销售价格有所下降。
> (2)竞争对手开发低端产品抢占了一部分市场份额。
>
> 基于上述分析,公司决策层列出了解决问题的方案,包括调整现有产品、引入新产品、下调产品的价格、加强广告促销力度等。调查人员通过与公司决策层交流讨论,初步达成共识,决定降低产品的价格以吸引更多的消费者。
>
> 当然,做出该决策是否正确,产品价格下调幅度以多大为宜,下调后是否能增加产品的销售额,这些问题只有通过市场调查才能得出答案。
>
> 最终,调查人员与决策者确定的调查问题是:调查市场上同类产品的定价如何、消费者可接受的价格范围是什么、价格变动对销售量有什么影响等。

知识平台

与决策问题的确定方法类似,调查问题的确定方法也包括以下几种。

(1)和决策者讨论。和决策者讨论的工作非常重要,决策者需要理解调查的作用和局限性。调查可以提供与决策相关的信息,但是并不能提供解决问题的办法。后者需要决策者来判断。反过来,调查者也需要了解决策者面临的决策问题的实质,以及决策者希望从调查中获得的信息。

(2)采访行业专家。除了和决策者交谈外,采访对公司和产品非常熟悉的行业专家对系统阐述调查问题也是非常有帮助的。这里所说的行业专家,既包括公司内部的行业专家,也包括公司外部的行业专家。通常情况下,采用专家访谈无须制定正式的调查问卷,但还是需要在前期做好准备,以便快速、完整地获取相关信息。

(3)分析二手资料。一手资料通常指调查者为解决具体的调查问题而亲自收集的资料,二手资料则是指并非为解决现有问题而收集的资料。二手资料来源的渠道非常广泛,包括企业和政府、商业性调研公司以及互联网。二手资料是为了解背景知识而采用的最省时的渠道。

(4)实施定性调查。在有些情况下,从决策者、行业专家处获得的信息以及收集的二手资料仍不足以界定调查问题。这时还应采取定性调查的方法了解问题及相关的潜在因素。定性调查没有固定的模式,具有一定的探索性。这种调查方法以少量的样本为基础。根据定性调查中获得的信息,结合与决策者的讨论、与行业专家的交谈以及对二手资料的分析,就能够使调查者充分了解问题的背景情况。

课堂互动

某连锁超市将自己定位为高校内部企业。该连锁超市的决策者曾经在本省数十个高校内成功开了一系列的连锁店,有着丰富的经营经验。面对高校环境的不断变化:
(1)你建议该决策者以什么样的调查问题进行市场调查?

(2)你建议决策者以这些调查问题进行市场调查的依据是什么？

任务3　明确调查目标

📡 任务导航

2018年，李宁品牌在纽约时装周大放异彩后，打算趁热打铁，在其销售模式上进行创新，打造主要瞄准年轻化群体的新品牌——"中国李宁"。为了更好地了解市场需求和整个运动品牌行业发展现状，"中国李宁"上市前，委托一家市场调查公司进行市场调查。该调查公司接受任务后，从如下几个方面进行研究与分析。

1. 分析问题产生的背景

在开始调查前，调查公司首先了解了整个运动品牌行业的特点和形势，并对其做出进一步分析，得出以下结论：

①整个运动品牌行业发展迅速，流行趋势更替较快；②许多外国运动品牌纷纷涌入中国市场，给予消费者更多的选择空间；③运动品牌公司的主要收入源于鞋类、服装类商品的销售；④传统运动鞋、运动服装款式有限，不能赢得年轻群体的喜爱。

2. 把握企业的决策问题

在了解相关背景后，调查公司进一步确认李宁品牌的要求：李宁品牌希望凭借"中国李宁"，开拓年轻化群体市场，并制订有市场竞争力的营销计划，由此将"中国李宁"推向世界，以继续保持其在运动品牌市场的渗透力。李宁品牌高管认为，需要进一步的市场调查来寻找和分析市场机会。

调查公司制定了详细的调查方案，开展了一段时间的市场调查。根据调查结果，李宁品牌提出了决策的目标和方案。

①李宁品牌的目标是在2年内将其销售额提高20%。②李宁品牌的决策方案：一是为"中国李宁"打造独具特色的线下门店，强化顾客体验；二是将"中国李宁"的设计理念融入时尚新元素；三是开拓"中国李宁"的海外市场。

借助市场调查的分析结果，"中国李宁"有针对性地完善了品牌策略。该品牌迅速走向国际市场，为李宁品牌再一次赢得辉煌。

📡 任务分析

调查问题确定后，接下来便可以确定调查目标。调查目标以可衡量的标准，系统地阐述决策者所需要的有关信息。也就是说，确定调查目标是一个从抽象到具体的过程。

📡 工作步骤

为了避免错误定义调查目标，调查人员可以先用比较宽泛的术语描述调查目标，然后确定具体的研究提纲,分析其组成部分。例如,若将决策问题确定为"如何应对竞争对手的降价问题",调查人员可以先确定调查目标的方向——"如何改善企业的竞争地位",然后进一步细化调查目标——"分析影响企业市场占有率的主要因素"。这个过程需要与企业的经营管理决策结合起来。具体来讲,明确调查目标的步骤如下。

步骤1　调查问题的定义

明确调查目标前需要确定调查问题,其方法包括:和决策者讨论、采访行业专家、分析二手资料以及实施定性调查。所有这些工作的目的是获取关于问题的背景信息,以便明确调查问题的定义。

步骤2　确定问题的解决办法

调查人员与企业管理者进行沟通时,通常能够发现企业管理者真正的决策难题是什么,有些什么样的决策方案可供选择,从而确定问题的解决办法。通过与行业专家的讨论和对二手资料的分析,调查人员便可以确定调查目标。确定调查目标的过程,从本质上来讲就是发现能够支持做出决策所需的数据并进行相关的调查假设的过程。

步骤3　具体描述信息的需求

调查整体设计是根据调查目标的需要,提供各种需要收集的数据明细的过程。最终的结果通常是一张数据需求列表。应对所需要收集的所有数据进行说明,即具体描述信息的需求,在此基础上提出基本的理论模型和假设、数据收集和分析的方法。

当调查者了解了问题的背景因素后,就可以对调查问题进行精确定义,并且根据调查问题的定义寻找问题的解决办法,最后明确调查目标,通过具体描述信息的需求完善调查整体设计。

知识平台

一、正确定位调查目标

1. 调查目标不能模糊不清

调查人员不明白自己要做什么、要了解什么、调查要解决什么问题,会导致调查目标模糊,使市场调查无的放矢。当出现上述情况时,调查人员应当再次明确调查问题,这样才能对调查目标进行正确定位。

2. 调查目标不能过于空泛

调查目标过于空泛会导致调查缺乏可操作性,不能为整体调查方案提供清晰的指导。例如,调查目标确定为"改善公司形象""提高公司的竞争地位",这种目标过于宏观、不够具体,因而无法确定方案设计。

3. 调查目标不能过于狭窄

调查目标过于狭窄会限制调查人员的视角,也会使决策者根据调查结果做出的决策缺乏对市场情况的全盘把握,导致决策失败。例如,调查目标确定为"相应降价是否可以应对竞争对手的降价行为",这种目标过于具体,无法综合其他因素进行考量。

4. 调查目标不能锁定内容过多

调查人员往往希望一次调查能解决多个问题,但这样的调查目标锁定的内容太多,如在确定调查目标时,将消费者的消费习惯、特性,产品的需求、价格、购买渠道等因素不经选择地全部列入,结果顾此失彼,导致任何一个调查目标都不能很好地完成,使市场调查最终不能解决任何问题。

二、正确描述调查目标

为避免错误定义调查目标,调查人员可以先用比较宽泛的术语描述调查目标,然后确定具体的研究提纲,分析其组成部分。

百雀羚化妆品品牌市场案例中的调查目标示范如下:

(1) 了解消费者偏好,为企业新产品创新提供依据。

(2) 了解消费者偏好,设计产品包装,为改变其在消费者心中的形象提供支持。

(3) 了解化妆行业的潮流理念,为企业定位提供依据。

三、确定调查区域

调查区域的选择在很大程度上决定了调查结果的代表性,影响着经营决策的准确性,必须慎重考虑。一般来说,在选择调查区域时需注意以下几点:

(1) 可以在企业产品的销售范围内选择。

(2) 可以根据产品在各地区的销售状况进行选择。例如,可以选择销售状况比较稳定的地区,也可以选择销售状况非常差的地区。

(3) 可以综合考虑区域经济、消费者文化程度、消费特点等因素的影响。

(4) 区域的选择不宜过广,应当选择若干个有代表性的城市,或者在少数城市划定几个小范围的典型调查区域,这样可以在保证所选区域具备典型性的同时缩小调查范围,减少实地访问工作量,提高调查效率,节约费用。

课堂互动

周黑鸭 2020 年财报显示,2020 年其公司总收入为 21.82 亿元,同比下降 31.5%。如果要求你对周黑鸭收入下降的原因进行调查,你会选择将哪些人群作为调查对象?说明你的理由。

案例实践

根据项目一任务 1 中的案例阅读材料"失败的一次市场调查",回答问题:

1. 这位企业家根据调查结果形成的决策为什么会失败?

2. 这个案例对我们确定市场调查目标有什么启示?

3. 案例中这家生产宠物食品的企业的调查目标是什么？
4. 请你为这家宠物食品企业设计正确的调查目标。

任务4　确定调查内容

🔊 任务导航

盒马鲜生的布局模式颠覆了传统线下门店的布局逻辑，它将互联网基因深深地植入线下实体门店，构建了多渠道的新型门店模式。它是超市，是餐饮店，也是菜市场。消费者可以到店购买也可以在盒马App下单。盒马鲜生将单纯的线下实体门店模式转型为线上、线下无缝衔接的新零售模式。

阿里巴巴在创立盒马鲜生之前，先通过市场调查了解到，传统的菜市场规划布局不合理且卫生条件差，大部分职场人士没有时间下班后去菜市场选购食材。盒马鲜生的出现恰到好处地规避了传统菜市场的弊端，营造了一种全新的生活方式。消费者可以自由地通过线上、线下渠道在一个门店搞定所有食材，轻松实现"在家买菜"的愿景。

盒马鲜生对消费者进行市场调查后，将主要目标人群定位为新生代的"80后"和"90后"群体，其原因主要包括两个方面：一是新生代的"80后"和"90后"群体是互联网的主要用户，拥有巨大的消费潜力；二是新生代的"80后"和"90后"群体的消费能力与消费意愿均超越了上一代，他们更关注产品的品质，对价格的敏感度不高。

本次市场调查的结果还反映出大部分消费者工作较忙，没有太多时间和精力自己做饭，买回家的蔬菜经常由于吃不完而变质。为此，盒马鲜生在产品和包装上做足了功夫：一是生产大量经加热便可以食用的半成品和成品食物，让"吃"这个品类的产品的结构更加完善、丰富；二是把所有的商品都做成小包装，顾客需要什么就买什么，一顿饭正好吃完，让顾客每天吃的都是新鲜的。

经过大量且广泛的市场调查，盒马鲜生迅速打开市场，截至2024年6月，盒马鲜生门店已经超过400家。

🔊 任务分析

由于影响市场变化的因素很多，因此市场调查的内容也十分广泛。一般情况下，市场调查贯穿于市场营销的整个过程，即从识别市场机会、选择目标市场、制定营销策略到评价营销效果都离不开市场调查，因此市场调查也就涵盖了外部环境、企业自身和消费者等多个内容。

(1) 试想一下，盒马鲜生针对哪些方面开展了市场调查？主要调查了哪些内容？
(2) 假如你想开一家生鲜超市，你会从哪些方面着手调查？

🔊 工作步骤

步骤1　调查社会环境

调查社会环境即调查企业所处的宏观环境。每一个企业都应当对主要的社会环境及其发展趋势进行深入、细致的调查。

步骤2　调查消费者

调查消费者即调查市场需求,其目的就是了解和熟悉消费者,掌握消费者需求的变化规律,从而指导企业调整产品策略,以满足不同的消费需求。

步骤3　调查消费者购买行为

消费者购买行为是消费者的购买动机在实际购买过程中的具体表现,其本质是调查消费者的购买模式和习惯,即了解消费者的购买对象、购买时间、购买地点、购买方式等情况,以及谁负责家庭购买。

步骤4　调查产品

调查产品的目的是为企业的产品决策提供依据,其内容主要包括调查产品生产能力、产品实体、产品包装、产品生命周期和产品价格。

步骤5　调查竞争对手

调查竞争对手的目的是了解竞争对手的优势和劣势,以制定强有力的竞争策略。

步骤6　调查销售渠道

销售渠道是指某种产品从生产者向消费者转移过程中所经过的通道或路径,主要包括以下三种:一是直接销售给消费者;二是通过产品经销商(如批发商、零售商)销售给消费者;三是委托代理商进行推销。

步骤7　调查服务

服务是指通过提高消费者满意度和忠诚度来促进产品销售的营销方式,如免费运送产品、免费对产品进行维修、为消费者购买提供讲解服务等。调查服务有助于企业了解消费者对服务的要求及满意度,从而指导企业调整其服务策略。

步骤8　调查促销方式

促销是指企业向消费者传递有关本企业及产品的各种信息,以说服消费者购买其产品的商业活动。常用的促销方式主要有以下四种:人员推销、营业推广、公关活动和广告活动。在营销过程中,企业需要对上述几种促销方式进行调查,从而做出最优选择。

知识平台

一、社会环境调查

1. 政治环境

政治环境是指企业面临的外部政治形势、政治状况和相关制度。它规定了国民经济的发展方向,影响着企业的经营活动。对企业来说,经济政策是政治环境中影响较大的因素。由于各地区生产力水平、经济发展程度不同,政府对各个地区的经济政策也不尽相同,有的地区经济政策宽松,有的较为严格。

例如,我国西部地区有西部大开发政策的扶持;再如,政府为了保护国内的企业,可能采取进口限制、增加关税等措施来约束外来企业。因此,企业应详细了解所处的政治环境,以便更好地开展生产经营活动。

2. 法律环境

法律环境涉及各项法律、法规,如《中华人民共和国民法典》《中华人民共和国商标法》《中华人民共和国专利法》《中华人民共和国广告法》《中华人民共和国环境保护法》等,企业在生产经营活动中必须严格遵守。此外,企业面向国际市场时,必须了解并遵循进出口国颁布的有关经营、贸易、投资等方面的法律、法规,以及各种国际贸易条约,如进口限制、税收管制及有关外汇管理制度等。

3. 经济环境

经济环境是指当地的经济发展水平,包括生产和消费两个方面。生产方面主要包括能源和资源状况、交通运输条件、经济增长速度及趋势、产业发展状况、国内生产总值、通货膨胀率、失业率、税收等。消费方面主要包括国民收入、消费水平、消费结构、消费者储蓄和信贷、物价水平等。

其中,消费结构是指消费者将其货币收入用于不同产品和服务消费的比例。影响消费结构的因素主要包括社会生产力发展水平、社会经济制度、消费者的收入水平、消费者心理和消费行为、消费品价格等。例如,根据恩格尔定律,家庭收入越高,家庭收入中用于购买食品的支出占比越低,而用于交通、娱乐、旅游等其他方面的支出占比越高。19世纪中期,德国统计学家和经济学家恩格尔通过对比利时等国家不同收入的家庭消费情况展开调查后发现:一个家庭收入越少,用于购买生存性食物的支出在家庭收入中所占的比重(即"恩格尔系数")就越大。这是因为"吃"是人类生存的第一需要,当收入水平较低时,购买生存性食物的支出占总支出的比例必然较高。而随着收入的增加,在食物需求基本满足的情况下,消费的重心逐渐向穿、用等其他方面转移。这一定律被称为"恩格尔定律"。一般来说,恩格尔系数越大,生活水平越小;恩格尔系数越低,生活水平越高。

4. 文化环境

文化环境通常包括社会阶层、民族、宗教、风俗习惯、受教育程度、价值观念等因素。文化环境在很大程度上决定着购买行为,影响着消费者购买产品的动机、方式和地点。因此,企业的经营活动只有适应当地的文化和传统习惯,才能被当地的消费者接受。例如,销往中东地区的各种用品不能含有酒精,这是因为该地区绝大多数的人民笃信伊斯兰教,禁止一切与酒有关的产品。

5. 技术环境

科学技术的发展会影响产品的生命周期,进而影响企业的经营决策。因此,企业必须对技术环境进行调查,密切关注新技术的发展。但是,需要注意的是,新兴科技的发展及新兴产业的出现既可能给某些企业带来新的市场机会,也可能给某些企业带来新的威胁。例如,电子商务的发展给快递行业带来了勃勃生机,却让传统零售业面临巨大的挑战。

6. 地理环境

地理环境包括地理位置、运输条件、自然资源状况、生态环境条件等。例如,气候对人们消费行为的影响尤为明显,同样的产品在不同的气候条件下,会有截然不同的需求。冬天的时候,加湿器在北方十分畅销,但在南方则很少有人购买,其主要原因是,冬天北方室内暖气充足,空气十分干燥,加湿器有较大的市场需求;而南方室内空气湿润,加湿器并没有太多使用价值。

二、消费者调查

1. 消费者基本情况

消费者基本情况主要包括:①现有消费者和潜在消费者的数量及区域分布情况;②消费者的年龄、性别、职业、民族、文化程度等;③消费者的个人收入和家庭平均收入水平、购买力大小、购买产品的数量等。通过对上述内容的调查与分析,企业可以了解消费者的消费需求,从而有针对性地开发和完善产品。

2. 消费者购买动机

消费者购买动机是指消费者为了满足一定的需要而产生购买产品的欲望。调查购买动机的目的是分析消费者购买商品的原因,以便为企业决策提供依据。消费者的购买动机主要包括生理动机和心理动机。

(1) 生理动机是指基于消费者最基本的生活需要而产生的购买动机,主要表现为人们购买衣、食、住、行等生活必需品。

(2) 心理动机是指消费者受情感、意志和认知等因素影响而产生的购买动机,主要包括感情动机、理智动机和惠顾动机。

感情动机是在主观需求基础上建立的,是由人的情绪和感情所引起的购买动机。例如,基于好奇而对新颖、奇特的产品产生购买欲望;为满足虚荣心而挑选名牌产品;因追求美而选择包装精美的产品等。

理智动机是建立在人的理性认识基础上的购买动机。其购买行为不是盲目、冲动的,而是经过对比、分析后产生的购买动机。因此,这类消费者比较重视产品的品质、性能和价格。

需注意的是,感情动机和理智动机并不相矛盾,消费者在实际购买时往往同时具有两种或两种以上的动机。例如,消费者因爱好音乐而产生购买吉他的动机,这就属于感情动机。但是,吉他的规格、型号有很多,消费者需要经过对吉他的音质、外观、价格、售后服务等多方面的考虑,才能最终确定购买的吉他品牌,这属于理智动机。

惠顾动机,又称"信任动机",是指消费者对特定厂商、品牌或商标存在特殊的信任与偏好,以至于产生重复或习惯性购买行为。例如,优质产品和优质服务会给消费者留下深刻的印象,从而使得消费者产生经常购买的意愿。惠顾动机要求企业决策者全面提升企业自身,将消费者变为企业的"忠实粉丝"。要做到这一点,企业不仅要注重产品的质量、企业品牌的塑造,更要注重产品服务的提升,以吸引广大消费者。

三、消费者购买行为调查

消费者购买行为是消费者的购买动机在实际购买过程中的具体表现,其本质是调查消费者的购买模式和习惯,即了解消费者的购买对象、购买时间、购买地点、购买方式,以及谁负责家庭购买。

1. 购买对象

调查消费者购买对象主要包括调查消费者购买产品的品牌、性能、质量、款式和规格等。例如,如果消费者购买产品时比较重视产品的品牌、质量,那么企业应当争创名牌,加强产品研发和广告宣传以扩大企业影响力。

2. 购买时间

消费者购买产品的时间往往受产品性质、季节、节假日等因素的影响。产品的性质不同,购买的时间也不同。例如,对于高档耐用消费品,消费者大都选择在节假日打折促销时购买,而对于日用消费品,消费者则会选择在日常购买。此外,某些产品带有明显的"节日性",如在中国,每逢春节几乎家家户户都会购买年货,每逢中秋节人们会购买月饼等。因此,企业应当研究和掌握消费者购买产品的时间和习惯,以便在适当的时间推出适当的产品。

3. 购买地点

消费者购买产品的地点往往受购买时间、产品的性质、消费人群等因素的影响。例如,对于频繁购买的日常生活用品(粮食、蔬菜、调味品等),消费者通常选择在住所附近的商店购买;对于衣着类、家庭装饰类消费品,消费者通常选择在品种较多的大中型商场购买。因此,调查消费者购买地点,可以帮助企业合理地选择产品的销售渠道和服务网点。

4. 购买方式

消费者的购买方式也会影响零售企业的经营和服务方式,不同消费者对于不同产品会选择不同的购买方式。例如,有些消费者喜欢电视购物或网购,而有些消费者喜欢就近实地购买;有些消费者习惯一次性付清货款,而有些消费者习惯分期付款等。企业可以根据消费者购买方式的不同,调整其经营方式。

5. 谁负责家庭购买

调查谁负责家庭购买主要包括调查谁是决策者、谁是购买者和谁是使用者。例如,饰品的决策者和购买者主要是女性,营销人员可以根据女性消费者的审美习惯,注意产品的摆放和包装,以吸引女性消费者光顾。

四、产品调查

1. 产品生产能力

调查产品生产能力是指对产品的原材料来源、生产设施、技术水平、资金状况和人员素质等所做的调查。通过调查产品生产能力,可以了解企业的生产规模及未来的发展潜力。

2. 产品实体

调查产品实体是指对产品本身各种性能的好坏程度所做的调查,主要包括以下内容。

(1)调查产品性能:调查产品性能主要包括调查消费者对产品耐用性、安全性、方便性等方面的需求。例如,某企业在对高压锅产品进行调查时,了解到高压锅的使用寿命是影响消费者购买的重要因素,因此,该企业在设计和生产高压锅时应当特别注重选材,确保高压锅的耐用性。

(2)调查产品的规格、型号、样式等:企业通过调查消费者对产品的规格、型号、样式等方面的特殊需求,可以设计出更让消费者满意的产品。例如,某服装企业通过市场调查了解到,社会肥胖率逐步提升,消费者对大码服装的需求增加,然而服装市场上的最大码一般为"L"码,此时企业可以根据消费者需求,开发大码服装市场。

(3)调查产品制作材料:调查产品制作材料主要包括调查消费者对原料或材料的各种特殊要求。由于消费者的爱好、要求或当地的习惯不同,消费者对产品制作材料的要求也不同。

3. 产品包装

调查产品包装主要包括调查消费者喜欢的包装外形、包装传递的信息、包装的样式和规格、包装是否经济实惠、包装在运输途中能否适应各种不利的气候条件等。企业通过调查产品包装,可以了解各种产品包装的利弊,从而设计出更有实用价值的产品包装。

4. 产品生命周期

调查产品生命周期是指对产品从进入市场开始,直至退出市场为止所经历的市场生命循环过程进行调查,即调查产品的导入期、成长期、成熟期和衰退期四个阶段。

一般来说,产品的销售增长率是判断产品处于生命周期哪个阶段的重要依据,销售增长率在导入期是不稳定的,在成长期维持在10%以上,在成熟期大致稳定在0.1%～10%,而在衰退期一般为负数。因此,企业通过调查产品的销售增长率,可以判断经营的产品在生命周期内所处的阶段,进而做出相应的经营决策。例如,企业的某种产品进入衰退期时,应当开发其他新产品,或对现有产品进行改良。

5. 产品价格

调查产品价格主要包括调查市场中各竞争品牌的定价、消费者对产品价格的接受程度、价格在品牌中的重要性,以及定价对产品销售的影响等,其目的是寻找促进产品销售的价格策略。

五、竞争对手调查

一般来说,对竞争对手的调查主要包括以下几点:

(1)了解全国范围内或一个地区内存在的同类型企业有哪些,并调查其企业实力。所谓企业实力是指企业满足市场需求的能力,主要包括生产能力、技术能力和销售能力等因素。在这些企业中,应当关注谁是最主要的竞争者,谁是潜在的竞争者。

(2)确定主要竞争者产品的市场分布情况、市场占有率的大小,以及它对本企业产品销售的影响。所谓市场占有率是指本企业的某种产品在市场销售的同类产品中所占的比重,它反映了一个企业的竞争能力和经营成果。

(3)确定主要竞争者采取的市场营销组合策略及这些市场营销组合策略发生作用后对企业的生产经营产生的影响。

六、销售渠道调查

对销售渠道进行的调查主要包括以下几点:

(1)了解同类产品的销售渠道,确定企业现有的销售渠道能否满足产品销售的需要。

(2)确定市场上是否存在销售同类产品的权威性机构,如果存在,确定其经销的产品在市场上的占有份额。

(3)了解产品经销商经销某种产品的要求和条件、承接新货源的意愿和能力。

七、调查服务

调查服务主要包括以下几点：

(1) 调查消费者的服务需求及对服务的满意度。要想为消费者提供优质的服务，必然要先了解消费者需要的服务方式，以及消费者对企业现有服务的评价。

(2) 调查服务质量。服务质量的高低影响着消费者的满意度，只有对服务质量进行有效的管理，企业才能更好地提供满足消费者需求的服务，才能在竞争中处于优势地位。调查服务质量主要包括调查服务标准的设立、服务内容的制定、服务结果的反馈和服务质量的评估等。

(3) 调查企业对服务人员的管理。服务人员的素质、技能及对工作的态度会影响消费者对整个企业的印象，因此，企业应当严格挑选员工，并对其进行培训和激励。

八、调查促销方式

1. 调查人员推销

人员推销是指销售人员说服消费者购买某种产品或服务的过程，包括上门推销、柜台推销、会议推销等。调查人员推销本质上是调查各种推销方式下的推销效果，其目的是了解不同的产品适用的人员推销方式。

2. 调查营业推广

营业推广是指企业为迅速刺激需求和鼓励消费而采取的策略，包括赠送样品、发放优惠券、有奖销售等。调查营业推广主要包括调查营业推广策略、营业推广效果等，其目的是了解不同营业推广活动的优缺点，为不同产品寻找最佳的营业推广方式。

3. 调查公关活动

公关活动是指企业为获取社会公众的支持，达到树立良好的企业形象、促进产品销售的目的而策划实施的一系列促销活动。公关活动主要包括以下几个方面：

(1) 通过赞助、慈善、体育运动、社区服务等活动来改善企业的形象；

(2) 通过举办形式多样的推介活动，对外宣传企业的理念；

(3) 通过媒体发布有利于强化企业形象的信息，减少负面信息对企业的影响；

(4) 加强与主要供货商和消费者的沟通，增强企业的影响力和知名度；

(5) 加强股东与投资方的沟通，增强信任和理解，从而促进企业目标的实现；

(6) 加强企业内部信息沟通，充分调动员工的积极性，增强企业凝聚力。

调查公关活动主要包括调查公关活动的主要内容、策略，公关活动与宣传措施对产品销售、企业形象的影响等。

4. 调查广告活动

广告是指企业为推广其产品而通过媒体向公众传递信息的宣传手段。调查广告活动主要包括调查广告媒体和广告效果，其目的是为企业找出成本低、效果好的广告方案。

1) 调查广告媒体

调查广告媒体包括调查报刊媒体、广播电视媒体、互联网媒体和其他媒体。

(1) 调查报刊媒体主要从以下几个方面着手。

第一，报刊性质。了解报刊是早报还是晚报，是机关报、行业报还是期刊，是知识性报刊、专业性报刊还是娱乐性报刊,是零售还是批发,是直接送达还是邮寄送达等。

第二,发行份数。一般情况下,报刊发行量越大,覆盖面也就越广,对应的广告效应越显著。

第三,读者层次。了解读者的年龄、性别、职业、收入、阅读报刊所花费的时间等。

第四,发行周期。了解报刊发行日期的间隔。报纸按照发行周期可分为日报、周报、旬报等,杂志可分为周刊、旬刊、月刊、双月刊、季刊等。

(2)调查广播电视媒体主要包括调查广播电视媒体的传播范围、节目的编排与组成、收听率或收视率等。

(3)调查互联网媒体主要包括调查互联网媒体的用户数量及构成、内容质量、技术力量(如服务器的稳定性、数据库的数据处理能力等),是否有广告监测系统等。

(4)调查其他媒体主要包括调查户外广告、交通工具广告、霓虹灯广告等,重点关注它们的功能、影响范围、广告费用等。

2)调查广告效果

调查广告效果主要是判断广告能否有效地传播信息,包括事前调查和事后调查。

(1)事前调查,是指广告在实施前,对目标对象进行的小范围调查,其目的是了解消费者对该广告的反应,以此来改进广告策划,提高广告效果。

(2)事后调查,是指在广告发布一段时间后,对目标对象进行一次较大规模的调查,其内容主要包括调查广告覆盖率、知名度和理解度,目的是测定广告效果。

调查覆盖率是调查接触广告的人数占被调查总人数的百分比。例如,广告发布后,确定的被调查人数为10000人,其中看过广告的人数为5000人,那么,广告覆盖率为50%。

调查知名度是调查了解广告的人数占调查总人数的百分比。通常以调查对象对企业品牌的广告等的记忆程度为调查内容,通过诸如"你看过某品牌的广告吗?"这样的问题进行调查。

调查理解度是调查理解广告的人数占调查总人数的百分比。通常以调查对象对广告内容、产品作用等的理解程度为调查内容。

课堂互动

假如作为大学生创业者的你打算开一家服装店,此时你最关心的问题有哪些?

任务5 选择调查方式

任务导航

准确地定义调查总体是保证抽样调查成功的前提,如果调查总体定义错误,将会影响数据收集的准确性,不利于企业做出正确的经营决策。

上海某狗粮制造企业希望通过改良狗粮产品的配方来增加销售量。为了获取更为准确的市场信息,该企业打算实施一次市场调查。基于调查效率和成本的考虑,最终采取抽样调查。该抽样调查设计的过程如下:

(1)将最近一个月内进入 A 超市购买狗粮产品的全部消费者定义为总体。
(2)选择方便抽样的方式进行样本的选取。
(3)确定的样本量为 1000 人。

按照上述内容设计方案,该企业对产品的价格、包装、规格、口味、配料等方面进行调查,并根据消费者的建议改进产品的配方。产品在投入市场初期,销售量飞速增长。但数月后,销售额却停滞不前。于是,这家企业经过讨论研究后,邀请了十多位新产品的购买者前来座谈,他们大多拒绝再次购买,原因是宠物不喜欢吃。狗粮的最终消费者并不是"人",人只是购买者,该企业错误地定义了市场调查的方向,最终导致调查结论错误。这次失败使该企业认识到:正确的市场调查可以给企业发展创造条件,但错误的市场调查对企业来说就是一场噩梦。

任务分析

市场调查的方式多种多样,适用范围、适用条件各不相同,调查人员应当根据调查需求,选择恰当的调查方式。简单来说,确定调查对象即对谁进行市场调查,它不仅关系到调查方法的确定,很大程度上也影响着市场调查的成败。

调查对象一般根据调查目标和产品的消费市场范围而定。在以消费者为调查对象时,需要注意某些产品的购买者和使用者可能不一致,如对婴儿食品的调查,其调查对象应当为婴儿的母亲。还需要注意一些产品的消费对象是某一类特定消费群体或侧重于某一类消费群体,确定调查对象时应注意选择产品的主要消费群体。例如,对于化妆品,调查对象应主要选择女性;对于酒类产品,调查对象应主要选择男性。

确定调查对象后,需要进一步确定调查对象的规模和范围,并在此基础上选择合适的抽样方法。一般来说,调查对象规模越大,调查结果就越全面、准确。例如,我们要研究某城市居民的生活方式,那么每个城市居民都是我们的研究对象,但限于研究条件等原因,我们难以对每一个居民进行调查研究,而只能采用一定的方法选取其中的一部分作为调查研究对象。这种选择调查研究对象的过程就是抽样。采用抽样法进行的调查就称为抽样调查。抽样调查是最常用的调查研究方法之一,它已被广泛应用到社会调查、市场调查和舆论调查等多个领域。

作为调查人员,请你思考一下上述案例中的市场调查为什么会失败?该狗粮制造企业应如何进行这次市场调查?

工作步骤

步骤1 了解主要的市场调查方式

在选择调查方式之前,首先需要对主要的调查方式有充分的认识,这样才能有针对性地选择恰当的市场调查方式。

步骤2 确定市场调查方式(以抽样调查为例)

1. 界定总体

界定总体是实施抽样调查的第一步。在界定总体时,要明确总体的界限,划清调查的范围,以免在调查工作中产生重复或遗漏。例如,若调查目标是收集某地区国有工业企业生产情况的资料,则总体就是该地区所有国有工业企业;又如,若调查目标是收集某地区国有工业企业对高精尖设备(高级、精密、尖端的技术或产品)的使用情况的资料,则总体就是该地区所有国有工业企业的高精尖设备。

2. 确定抽样框

抽样调查的第二步是确定抽样框。抽样框是指供抽样使用的所有调查对象的排序编号,它以调查对象总体的资料为基础。常见的抽样框包括企业名录(用以抽选企业)、学生名册(用以抽选学生)、住房门牌号(用以抽选住房)等。例如,要从10000名职工中抽出200名组成一个样本,这里的抽样框即为10000名职工的名册。

在市场调查中,有些抽样框是现成的。例如,针对北京市居民进行家庭消费情况调查时,可以将当地户籍管理部门提供的户籍资料作为抽样框。在没有现成抽样框的情况下,调查人员也可以自己编制。一般来说,一份完整的抽样框应满足以下几个条件:

(1)完整的抽样框应当包括全部调查个体。如果抽样框遗漏了某些个体,就会导致抽样总体不完整,遗漏个体没有机会接受调查;如果抽样框包含了不属于抽样总体的个体,就会导致抽样效率降低。上述两种情况均会引起调查结果的偏差。因此,当抽样框资料与总体调查对象不一致时,调查人员应当及时完善或重新构建抽样框。

(2)每个调查对象只能出现一次,不能重复。重复往往会导致总体数量被高估,从而产生调查偏差。调查人员应当想尽办法消除抽样框中重复的对象。

(3)分类应当正确。调查人员应当按照调查对象的性质进行分类,否则会导致样本取值出现错误。例如,在对零售商进行抽样调查时,若将某些零售商错误地划分为批发商,那么这些零售商就不可能被抽取。

3. 确定抽样方法

抽样方法是指从抽样框中选取样本的方法。调查人员采用什么样的抽样方法,要综合各种因素,如根据调查对象总体的规模、调查的性质、调查的经费、调查的精度要求等条件选择不同的抽样方法。

4. 确定样本量的大小

确定抽样方法后,下一步就要确定样本量的大小。一般来说,样本量的大小主要取决于调查对象的规模大小、调查精度要求的高低、调查对象个体之间的差异性等因素。

5. 执行抽样

抽样人员在完全熟悉总体、抽样框、抽样方法等内容后,便可以执行具体的抽样。在抽样过程中,抽样人员需要把样本的详细情况清楚地记录下来,便于调查人员使用。

知识平台

一、统计调查的相关概念

1. 总体与个体

总体是指所有调查对象的全体,个体是指总体中的每一个调查对象。例如,调查某市有多少家庭拥有笔记本电脑。这里的总体即为该市的所有家庭,个体则为该市的每个家庭。

2. 样本与样本量

样本是总体的一部分,它是由总体中抽取的部分个体组成的集合,是实际调查对象;样本量是指样本中个体的数量。例如,某市有 13 万名大学生,从中抽取 1000 名来进行某项调查,这里的样本即为抽取的 1000 名大学生,样本量为 1000。

3. 标志和指标

1)标志

每个个体都有许多独有的特征和属性,而标志就是说明个体特征和属性的名称。标志可分为品质标志和数量标志。例如,A 市一家民营企业作为个体,其企业性质、企业类型、企业年产值、销售收入、职工人数、工资总额等都是标志。其中,企业性质、企业类型是品质标志,企业年产值、销售收入、职工人数、工资总额是数量标志。

标志表现是指标志名称所表明的属性或数值。标志表现可分为品质标志表现和数量标志表现。因为数量标志表现都是用数值表示的,所以又称为标志值。例如,某职工的性别是"女",婚姻状况是"已婚",这里的"女"和"已婚"分别是品质标志"性别"和"婚姻状况"的属性表现;又如,某职工的年龄是 20 岁,则"20"就是数量标志"年龄"的数值表现。

2)指标

指标是反映统计总体数量特征的科学概念和具体数值。指标由指标名称和指标数值所构成。指标名称是指标"质"的规定,它反映了一定的社会经济范畴;指标数值是指标"量"的规定,它是根据指标的内容所计算出来的具体数值。

3)标志与指标的区别

标志与指标的区别如下所示:

(1)标志是说明个体特征的;而指标是说明总体特征的。

(2)标志中的数量标志可以用数值表示,品质标志不能用数值表示;而所有的指标都是用数值表示的,不存在不能用数值表示的指标。

(3)标志中的数量标志不一定经过汇总才能直接取得;而指标是由数量标志汇总得来的。

(4)标志一般不具备时间、地点等条件;而一个完整的统计指标一定要有时间、地点、范围。

4)变异与变量

统计中的变异是普遍存在的。一般意义上的变异是指标志(包括品质标志和数量标志)在总体单位之间的不同具体表现。但严格地说,变异仅指品质标志的不同具体表现,如性别表现为男、女,民族表现为汉族、满族、蒙古族、回族、苗族等。而数量标志的不同表现则称为变量,如某职工年龄为 42 岁,工龄为 22 年,月工资为 5200 元等。品质标志的变异最后表现为综合性的数量时,如按职工的性别汇总计算出男、女各多少人,才构成统计研究的对象。观察、记录总体各单位的品质标志的变异和数量标志的变量,是统计研究的起点。

二、常见的市场调查方式

1. 普查

普查是一种大规模的全面调查,其调查对象为总体中的所有个体。普查具有全面、准确的优点。但是,由于普查工作量大、耗时长、费用高,通常情况下,在一定的周期内只做一次,用于摸清调查对象的基本情况。例如,人口普查、经济普查、企业对产品的供应量、销售量及库存量的全面调查等。

2. 典型调查

典型调查是指从众多的调查对象中,有意识地选取部分具有代表性的对象进行深入调查的一种非全面调查。其目的是通过对个别典型对象进行直接、深入的调查,以此来认识同类事物的一般属性和规律。例如,要对宠物食品的销售情况进行市场调查,应选择宠物店、售卖宠物食品的超市等作为典型对象。

1) 选取典型对象

典型对象是最充分、最集中地体现总体某方面共性的单位,选择时应考虑以下三个方面:

(1) 根据调查目的选取对象。如果调查目的在于探讨事物发展的一般规律,应该选择各方面发展较全面、完善的对象作为典型对象;如果调查目的是表彰先进个体、树立榜样,则应选择先进典型作为典型对象。

(2) 选取具有代表性的对象。如果是先进典型,应优先选择那些最有特色、最突出、最有借鉴意义的对象;如果是中间水平的典型,可以选择最普通、最一般、最有共性的对象作为典型对象;如果是后进典型,可以选择最值得改进或最需要吸取教训的对象。

(3) 根据调查对象的数量、差异进行选取。对于调查对象很少、差异又小的调查,选取一两个典型对象即可;反之,则应当多选取几个典型对象。

2) 典型调查的优缺点

典型调查的优点主要包括三个方面:①调查对象少,可以进行深入细致的调查,有利于揭示事物的本质和规律;②可以节省调查的人力、物力和财力;③可以节约时间,迅速获取调查结果,从而快速了解市场情况。

典型调查的缺点主要包括两个方面:①典型对象的选取依赖调查人员的主观判断,具有一定的主观性;②如果样本的代表性不强,用样本数据推断对象总体特征时可能会产生较大误差。

3) 典型调查的适用范围

典型调查适用于调查对象总体差异不明显的情形,同时它要求调查人员对调查总体比较了解,可以做到准确地选取典型样本。

3. 重点调查

重点调查是指在调查对象总体中选取部分重点对象进行调查,以了解总体基本情况的一种非全面调查。重点对象是指在调查对象总体中具有举足轻重地位的样本,其在数量上可能不具有代表性,但在结构上具有重要意义,能够代表对象总体的情况和特征。

1) 选取重点对象

选取重点对象时要确保重点对象在调查对象总体中具有重要地位。例如,要掌握全国钢铁产量的增长情况,对全国范围内几家大型钢铁企业的生产情况进行调查即可。

2) 重点调查的优缺点

重点调查的优点在于投入较少、调查速度快、所反映的主要情况或基本趋势比较准确;其缺点在于所选取的重点对象并非能够完全代表调查总体,调查结果存在一定误差。

3) 重点调查的适用范围

一般来说,当市场调查只要求掌握调查对象的基本情况,而部分对象又能比较集中地反映调查结果的全貌时,就可以采用重点调查。例如,为了掌握"三废"排放情况,可选择冶金、电力、化工、石油、纺织等重点排污行业进行调查。

4. 抽样调查

抽样调查是指从调查对象总体中，按照随机原则抽取一部分对象作为样本进行调查，并用样本结果来推断对象总体的一种非全面调查。

1）抽样调查的优缺点

抽样调查的优点主要包括以下三个方面。

(1) 可以节省人力、物力、财力和时间。与普查相比，抽样调查只对总体的少数对象进行调查，不仅可以节省大量人力、物力和财力，还可以缩短调查的时间，便于调查人员在短时间内完成数据收集、处理和分析。

(2) 样本的选择受调查人员的主观影响较小。与重点调查和典型调查不同，抽样调查抽取的对象不由调查人员的意志决定，而是随机抽取。

(3) 调查可以更加深入、细致。与普查相比，抽样调查受其自身规模的影响较小，调查对象更集中，调查持续时间更短，调查管理工作更简单，因而调查可以更加深入、细致，得到的调查结果精度也更高。

抽样调查的缺点在于对调查方案的设计要求较高，一般人员难以胜任。并且，如果抽样调查的方案设计存在严重缺陷，往往会导致整个抽样调查的失败。

2）抽样调查的适用范围

抽样调查是应用最为广泛的市场调查方式，其适用范围包括以下几种：

(1) 在调查具有破坏性或调查对象众多、不可能进行全面调查的情况下，可以使用抽样调查的方法。例如，要检验玻璃杯的耐震度，每一批次抽取几个玻璃杯进行检测即可，而不需要全部检测。否则可能会造成较大损失。

(2) 在调查对象之间存在较大相似性的情况下，没有必要进行全面调查，用抽样调查即可。

(3) 在全面调查之后进行抽样调查来复查。由于全面调查涉及面广、工作量大，调查结果容易出现差错。因此，在全面调查完成之后还要使用抽样调查进行复查，以确保调查资料的质量，提高调查的准确性。

(4) 在企业的决策人员希望及时掌握市场信息的情况下，应当采用抽样调查。这是由于与全面调查相比，抽样调查省时省力，能够快速收集数据并分析出结果。

课堂互动

如果需要调查某大学大二学生"1+X"证书的获取情况，你认为哪种调查方式最实用？请说明你的理由。

三、抽样方法的选择

调查人员应当熟悉各种抽样方法，只有这样，才能根据具体情况进行科学选择。目前，常用的抽样方法有随机抽样和非随机抽样。

1. 随机抽样

随机抽样，又称"概率抽样"，是指按照随机原则抽取样本，使总体中的每个个体都有同等的机会被选取的抽样方法。它包括简单随机抽样、分层抽样、系统抽样和整群抽样。

1)简单随机抽样

简单随机抽样,又称"完全随机抽样",是指按照随机原则,在总体中不进行任何分组、排序等处理,直接抽取调查样本的抽样方法。这种方法适用于个体差异较小或总体数量较少的情况。常用的简单随机抽样方法包括直接抽取法、抽签法和随机数表法。

(1)直接抽取法。直接抽取法是从总体中直接随机抽取样本,如从货架商品中随机抽取若干商品进行检测,从农贸市场摊位中随机选择若干摊位进行调查。

(2)抽签法。抽签法是把总体中的每个个体都编上号码,如1,2,3,4,…,然后把号码写在号签上,将号签放在一个容器中,搅拌均匀后,每次从中抽取一个号签,连续但不重复地抽取 n 次,就得到一个容量为 n 的样本。这种方法简单易行,适用于总体数量较少的情况。例如,可以利用学生的学号、座位号等从全班学生中抽取样本。

(3)随机数表法。随机数表,又称"乱数表",是利用特别的摇码设备对0~9这10个数字进行重复摇取,然后按照编码位数要求将每次摇出的数拼成一个编码。如此循环,便可得到一组没有任何规律的随机数。例如,在表2-2中,编码为3位数,如果前3次摇出的号分别为2、3、5,则第一个随机数为235;接下来摇出的3个数分别为1、2、5,则第二个随机数就是125,这些数字之间并没有任何规律。由于计算机的出现,这种方法已很少使用,利用计算机也可以非常方便地生成任意区间的随机数。

表2-2 乱数表

行数	第1列	第2列	第3列	第4列	第5列	第6列	第7列	第8列	第9列
1	235	125	587	675	254	005	056	579	354
2	876	765	721	990	034	771	103	812	865
3	561	564	368	863	802	630	446	961	467
4	320	290	678	713	806	009	975	230	321
5	877	783	336	502	705	222	352	710	658
6	759	102	304	008	699	907	079	413	983

2)分层抽样

分层抽样是指将总体按照一定的特征分成若干层,然后从各层中随机抽取所需数量的个体,组成一个调查样本的抽样方法。一般来说,可以按照人口特征、消费者类型、企业规模大小或行业类型等进行分层。分层的目的是使样本单位在各层中均匀分布,体现出较强的代表性。例如,某地大多数家庭的年收入在100000元以下,少数家庭年收入为200000元以上。如果采用随机抽样,年收入在200000元以上的家庭可能得不到充分的体现,而分层抽样可以保证样本中包含一定数量的这类家庭。在具体操作上,分层抽样可分为等比例分层抽样和非等比例分层抽样。

(1)等比例分层抽样。等比例分层抽样是指按各层单位数占总体单位数的比例分配各层样本量的抽样方法。这种方法的优点是简便易行、分配合理、方便计算、误差较小,适用于个体差异不大的抽样调查。计算各层样本量的公式如下:

$$n_i = n(N_i / N)$$

其中,n_i 为第 i 层样本量,n 为要抽取的样本总数,N_i 为第 i 层单位数,N 为总体单位数。

例如,现有居民 20000 户,从中抽选 200 户家庭进行购买力水平调查。假定高收入层、中收入层和低收入层家庭分别有 4000 户、12000 户和 4000 户,则根据上述公式计算的样本量如表 2-3 所列。

表 2-3 等比例分层抽样例表

收入层次	各层单位数/户	比例/(%)	样本量/户
高	4000	20	40
中	12000	60	120
低	4000	20	40
合计	20000	100	200

(2) 非等比例分层抽样。非等比例分层抽样不是简单按照各层单位数占总体单位数的比例分配样本量,而是结合各层的变异程度、抽取样本的工作量和费用多少等因素调整各层的样本量。这种抽样方法的优点在于:①可以保证占总体比例小的层有足够的样本量,以使样本能够比较清楚地反映各层的属性和特征;②可以保证重要层级的样本量。

非等比例分层抽样可以按照分层标准差的大小,调整各层的样本量。计算各层样本量的公式如下:

$$n_i = n(N_i S_i / \sum N_i S_i)$$

其中,n_i 为第 i 层样本量,n 为要抽取的样本总数,N_i 为第 i 层单位数,S_i 为第 i 层样本的标准差。

例如,使用非等比例分层抽样对上例进行调查,假定高收入层、中收入层和低收入层样本的标准差分别为 300 元、200 元和 100 元,则根据样本标准差计算调整的样本量如表 2-4 所示。

表 2-4 非等比例分层抽样例表

收入层次	各层单位数/户	标准差/元	$N_i S_i$	样本量/户
高	4000	300	1200000	60
中	12000	200	2400000	120
低	4000	100	400000	20
合计	20000	—	4000000	200

对比两种不同的分层抽样(表 2-3 与表 2-4)可知,使用非等比例分层抽样方法时,高收入层的样本量增加了 20 个,中收入层的样本量仍然为 120 个,而低收入层的样本量减少了 20 个。这是因为高收入层的标准差更大(300 元),从中抽取的样本量多一些;低收入层的标准差小(100 元),从中抽取的样本量少一些。可以看出,采用非等比例分层抽样抽取的样本更具代表性,其调查结果的准确度自然也就更高。

延伸阅读

什么是标准差?

标准差,又称"均方差",是指一组数据中,各个数据与平均值之间的差异程度,假设有

一组数据 x_1, x_2, x_3（皆为实数），其平均值为 $\bar{x}$。样本的标准差计算公式如下：

$$S = \sqrt{\frac{\sum_{i=1}^{n}(x_i - \bar{x})^2}{n-1}}$$

从上述公式可以看出，标准差的值越大，表示大部分数值与其平均值之间差异越大；标准差的值越小，表示大部分数值越接近平均值。因此，当标准差较大时，适当多抽取一些样本才合理；当标准差较小时，较少的样本即可反映该层的大致情况。

3）系统抽样

系统抽样，又称"等距抽样"，是指将总体中的个体按一定顺序排列，然后随机确定起点，根据固定的抽样距离从总体中抽取一定数量的个体组成样本的抽样方法。抽样距离的计算公式如下：

抽样距离（k）= 总体单位数（N）/ 样本量（n）

例如，总体中有 10000 人，采用系统抽样抽取其中 200 人作为样本进行调查，那么，抽样距离应为 50。假定从 1～50 之间选取的随机数为 09，则样本的号码依次为 09,59,109,159,209,…，直到抽满 200 个样本为止。

与简单随机抽样相比，系统抽样操作更简单、成本更低且更容易实现。除此之外，它还可以使样本均匀分散在调查总体中，不会集中在某个层次，从而使样本更具代表性。

4）整群抽样

整群抽样是指首先将调查总体划分为若干个群组，然后采用简单随机抽样的方法从中抽取一部分群组作为样本，最后对群组中的所有个体进行全面调查的抽样方法。

选择整群抽样时，要求群组之间的差异较小，群内个体之间的差异较大，这样抽取的样本才具有代表性，由此产生的调查误差也较小。如果不同群组之间的差异较大，而样本单位又集中在某些群组内，就会导致抽样误差增大。整群抽样主要适用于两种情况：①调查人员对总体组成不了解；②调查人员为了节约成本将调查范围局限在某一地理区域内。

例如，调查某市大学生消费支出情况，拟抽取 9000 个样本。假定某市有 15 所高等院校，每所院校大约有 3000 名学生。实施整群抽样的步骤如下：首先，将全部院校作为抽样对象，从 15 所高等院校中随机抽取 3 所，然后对这 3 所院校的所有学生进行调查，这 3 所院校的 9000 名学生即为此次抽样的样本。

2. 非随机抽样

非随机抽样，又称"非概率抽样"，是指调查人员根据自己的认识或判断有意识地抽取样本的抽样方法，包括方便抽样、判断抽样、配额抽样和滚雪球抽样。

1）方便抽样

方便抽样是指调查过程中由调查人员依据方便的原则，自行确定抽选样本的抽样方法。例如，调查者在街头、公园、商店等公共场所进行拦截调查；厂家在出售产品的柜台前对路过顾客进行调查等。

方便抽样的优点包括以下三个：①调查成本低、简便易行；②抽样的成功率较高，容易得到调查对象的配合；③省时省力，能够灵活控制抽样的进度。其缺点在于样本单位的确定具有随意性，样本单位的代表性差、偶然性强，可能导致无法推断总体的情况发生。

2）判断抽样

判断抽样是指调查人员根据自身的经验和对研究对象的了解，有目的地选取调查对象作为样本的一种抽样方法。例如,某市统计局调查居民家庭收支情况,调查人员可以根据自己的经验,选取一些具有代表性的家庭作为样本进行调查。判断抽样广泛应用于商业市场调查,特别是在样本量小且不易分类时更具优势。该方法方便快捷、成本低,但需要调查人员具有一定的知识、经验和判断能力,其结果的可靠性不易控制。在采用判断抽样时,通常可采用以下两种方法选择样本。

(1)选取最能代表普遍情况的调查对象,即选取"多数型"和"平均型"。选取"多数型"是指选取在调查总体中占多数的对象作为样本;选取"平均型"是指选取能够代表平均水平的对象作为样本。

(2)选取异乎寻常的个体作为样本。一般情况下,调查异常产生的原因时会采用这种方法选择样本。

3)配额抽样

配额抽样是指先将调查对象总体依某种标准分类,然后按一定比例在各类单位中依主观判断抽取样本的抽样方法。配额抽样与分层抽样很相似,两者最大的区别在于分层抽样按随机原则在各层选取样本,配额抽样则是根据调查人员的主观判断在各类单位中选取样本。

4)滚雪球抽样

滚雪球抽样是指调查人员先随机选取一部分调查对象并进行访问,再请他们提供另外一些属于调查总体的调查对象,如此反复,从而形成滚雪球效应的一种抽样方法。例如,将调查对象确定为家政服务市场中的月嫂,计划抽取的样本量为100名,但由于总体处于不断变化中,难以建立抽样框,调查人员可以先通过各种方法选取5名月嫂进行调查,然后请她们提供其他月嫂的姓名及联系方式。

选择抽样方法时可参考以下几条标准:

(1)探索性调查适合采用非随机抽样,而描述性调查和因果性调查适合采用随机抽样。这是由于探索性调查的结论往往只是初步的,调查人员需要根据调查问题的特征有针对性地确定总体和样本;在描述性调查和因果性调查中,调查人员需要利用抽样结果推断总体。

(2)当非抽样误差是影响调查准确度的重要因素时,非随机抽样可能更适用,这是因为调查人员的主观判断可能会更好地控制抽样过程。

(3)当个体之间差异较小时,非随机抽样更适用。反之,随机抽样更适用。

(4)当需要对调查的数据进行统计分析时,随机抽样可能更适用,这是由于随机抽样更能客观地反映调查问题。

上述标准可总结为表2-5。

表2-5 选择抽样方法的标准

特征	随机抽样	非随机抽样
调查性质	描述性调查和因果性调查	探索性调查
主要误差	抽样误差	非抽样误差
总体特点	个体之间差异性大	个体之间差异性小
统计分析	适用	不适用

3. 熟悉抽样方式

抽样方式决定如何从总体中抽取样本,包括重复抽样和不重复抽样两种。

1)重复抽样

重复抽样又称回置抽样,是指从总体的 N 个单位中,随机抽取容量为 n 的样本时,每抽取一次样本单位后再放回重新抽样,直到抽满所需要的样本数量为止。也就是说,重复抽样的样本是由 n 次相互独立的连续试验所得到的,每次试验是在完全相同的条件下进行的。每个单位中选或不中选的机会每次都完全一样,且某一单位可能被重复抽中。

2) 不重复抽样

不重复抽样也称为不回置抽样,是指从 N 个单位中随机抽取容量为 n 的样本时,每抽取一个样本单位后,不再放回,下一次从剩下的总体单位中继续抽取,直到抽够为止。

不重复抽样有以下特点:①样本由 n 次连续抽选的结果组成,实质上等于一次同时从总体中抽 n 个单位组成抽样样本;②连续 n 次抽选的结果不是相互独立的,每一次抽选的结果都会影响下一次抽样,每抽一次,总体的单位数就少一个,因此,每个单位的中选或不中选机会在每次抽样中是不同的。

四、抽样误差的计算

1. 抽样误差的概念

抽样误差是指随机抽样中的偶然因素使样本不足以代表总体所引起的误差,它是所有抽样调查固有的误差。影响抽样误差的因素主要包括以下三个:

(1)样本量。当样本量增加时,抽样误差会减少;当样本足够大时,抽样误差的影响可以忽略。

(2)个体特征的差异程度。个体特征的差异越大,抽样误差越大。

(3)抽样方法。抽样方法不同,抽样误差也不相同。一般来说,重复抽样误差大于不重复抽样误差。

> **延伸阅读**
>
> 非抽样误差是指除抽样误差以外所有误差的总和,它贯穿于市场调查的每一个环节,主要包括设计误差、调查人员误差、现场调查对象误差和数据处理误差。
> (1)设计误差包括总体定义误差、抽样框误差、调查方法误差等。
> (2)调查人员误差包括现场选样误差、提问误差和记录误差等。
> (3)现场调查对象误差包括误解误差、无能力回答误差、不愿意回答误差和无回答误差。
> (4)数据处理误差包括数据编码误差、录入误差、审核误差及插值补充误差等。

2. 抽样误差的意义

在对某一总体进行抽样调查时,在总体中可以抽取一个样本进行综合观察,也可以连续抽取几个乃至一系列的样本进行综合观察,每个样本都可以计算出相应的抽样指标。由于每一个样本所包含的具体样本单位不同,它们的综合指标也是各不相同的,因而它们与全部综合指标之间的差值也是各不相同的。所以,这些抽样误差也是一个随机变量。

抽样误差能够反映抽样指标对总体参数的代表程度,而就抽样调查的整体来说,可以有许多个样本和许多个抽样误差,我们可否任取某一次抽样所得的抽样误差作为衡量抽样指标对于总体参数的代表程度呢?这显然是不恰当的。某一次抽样结果的抽样误差只是一系列抽样结果可能出现的误差之一,它不能概括一系列抽样可能产生的所有抽样误差。

这时,我们可以考虑平均指标。平均指标对总体参数的代表程度用标准差来衡量。它概括了所有单位标志值与平均指标的离差的所有结果。那么,测定抽样指标的代表程度的抽样误差,也可以用同样的原理求得。把各个可能的抽样指标存在的抽样误差的所有结果都考虑进去,用平方平均数的方法便可求得标准差,即抽样平均误差。也就是说,抽样平均误差是一系列抽样指标(平均指标或成数）的标准差。

在进行抽样调查时，所得的抽样指标都与总体参数之间存在差异，即抽样指标可能比总体参数大一些，也可能小一些，但用抽样平均误差所表示的抽样误差能概括地反映所有可能的结果。因此，抽样平均误差既用于衡量抽样指标对总体参数的代表程度，也是计算抽样指标与总体参数之间变异范围的根据，同时，在组织抽样调查中，它也是确定抽样单位数多少的依据之一。总之，抽样平均误差具有很重要的意义。

3. 计算抽样误差

对于随机抽样调查，抽样误差是无法避免的，但其误差值是可以通过计算确定的。抽样误差可以用样本指标值与被推断的总体指标值之差估算，即样本平均数与总体平均数之差 $|\bar{x}-\bar{X}|$ 或样本成数与总体成数之差 $|p-P|$。所谓成数是指总体（或样本）中具有某种属性的对象与全部对象总数之比，如合格产品占全部产品的 60%，这个百分数就是成数。

1) 样本平均数的抽样平均误差

以 μ_x 表示样本平均数的抽样平均误差，σ 表示总体标准差，M 表示样本个数。根据定义可得：

$$\mu_x^2 = \frac{\sum(\bar{x}-\bar{X})^2}{M} = \frac{\sigma^2}{M}$$

现在分别考虑重复抽样和不重复抽样两种情况。

（1）重复抽样样本平均数的抽样平均误差。

在重复抽样的情况下，样本容量为 n，样本变量 $x_1, x_2, x_3, \cdots, x_n$ 是相互独立的，样本变量 x 与总体变量 X 同分布，所以有：

$$\mu_x^2 = \frac{\sigma^2}{n}$$

$$\mu_x = \frac{\sigma}{\sqrt{n}}$$

上式表明在重复抽样的情况下，抽样平均误差与总体标准差成正比，与样本容量的平方根成反比。

（2）不重复抽样样本平均数的抽样平均误差。

在不重复抽样的情况下，样本标志值不是相互独立的。此时 μ_x 可按下列公式进行计算：

$$\mu_x = \sqrt{\frac{\sigma^2}{n}\left(\frac{N-n}{N-1}\right)}$$

在总体单位数 N 很大的情况下，可以近似地表示为：

$$\mu_x = \sqrt{\frac{\sigma^2}{n}\left(1-\frac{n}{N}\right)}$$

从上述公式可以看出，不重复抽样的抽样平均误差等于重复抽样的抽样平均误差乘以校正因子（一定是大于 0 而小于 1 的正数），故同一样本情况下，不重复抽样的抽样平均误差的数值一定小于重复抽样的抽样平均误差。在一般情况下，总体单位数 N 很大，抽样比例 $\frac{n}{N}$ 很小，则 $\sqrt{1-\frac{n}{N}}$ 接近于 1，因此不重复抽样与重复抽样的 μ_x 数值是很接近的。

在实际工作中,在没有掌握总体单位数的情况下或者总体单位数 N 很大时,一般用重复抽样的抽样平均误差公式来计算不重复抽样的抽样平均误差。

【例 2-1】有 5 个工人的日产零件数(单位:件)分别为 6、8、10、12、14;用重复抽样的方法,从中随机抽取 2 个工人的产量,用以代表这 5 个工人的总体水平。求重复抽样的抽样平均误差和不重复抽样的抽样平均误差。

【解】

$$\bar{X} = \frac{6+8+10+12+14}{5} = 10 \text{(件)}$$

总体标准差

$$\sigma = \sqrt{\frac{\sum(X_i - \bar{X})^2}{N}} = \sqrt{\frac{40}{5}} = \sqrt{8} \text{(件)}$$

抽样平均误差

$$\mu_x = \frac{\sigma}{\sqrt{n}} = \frac{\sqrt{8}}{\sqrt{2}} = 2 \text{(件)}$$

若改用不重复抽样方法,则抽样平均误差为:

$$\mu_x = \sqrt{\frac{\sigma^2}{n}\left(\frac{N-n}{N-1}\right)} = \sqrt{\frac{8}{2}\left(\frac{5-2}{5-1}\right)} = 1.732 \text{(件)}$$

在计算抽样平均误差时,通常得不到总体标准差的数值,此时一般用样本标准差 S 来代替总体标准差 σ。

2) 样本成数的抽样平均误差

在掌握样本平均数的抽样平均误差公式的基础上,再求样本成数的抽样平均误差公式是比较简便的。只需将总体成数的标准差平方代替公式中的总体平均数的标准差平方,就可以得到样本成数的抽样平均误差公式。

因为总体成数的标准差 $\sigma_P = \sqrt{P(1-P)}$,所以

(1) 在重复抽样的情况下:

$$\mu_P = \frac{\sigma_P}{\sqrt{n}} = \sqrt{\frac{P(1-P)}{n}}$$

(2) 在不重复抽样的情况下:

$$\mu_P = \sqrt{\frac{\sigma_P^2}{n}\left(\frac{N-n}{N-1}\right)} = \sqrt{\frac{P(1-P)}{n}\left(\frac{N-n}{N-1}\right)}$$

当总体单位数 N 很大时,可近似地写成:

$$\mu_P = \sqrt{\frac{P(1-P)}{n}\left(1-\frac{n}{N}\right)}$$

当总体成数未知时,可以用样本成数来代替总体成数。

【例2-2】某灯泡厂对10000个产品进行使用寿命检验;随机抽取2%的样本进行测试;抽样产品情况如表2-6所示。测试得出电灯泡平均使用时间为1057小时,电灯泡平均使用时间标准差S_x为53.76小时。(分组不含上限)

表2-6 抽样产品情况表

使用时间/小时	抽样灯泡数/个	使用时间/小时	抽样灯泡数/个
900以下	2	1050～1100	84
900～950	4	1100～1150	18
950～1000	11	1150～1200	7
1000～1050	71	1200及以上	3

【解】按照质量规定,电灯泡使用寿命在1000小时及以上者为合格品。可按以上资料计算抽样平均误差。

电灯泡合格率:

$$P = \frac{71+84+18+7+3}{200} = 91.5\%$$

灯泡使用时间抽样平均误差(用S_x代替σ)计算如下
重复抽样:

$$\mu_x = \sqrt{S_x^2/n} = \sqrt{53.76^2/200} = 3.8014 \text{(小时)}$$

不重复抽样:

$$\mu_x = \sqrt{\frac{S_x^2}{n}\left(1-\frac{n}{N}\right)} = \sqrt{\frac{53.76^2}{200}\left(1-\frac{200}{10000}\right)} = 3.7632 \text{(小时)}$$

灯泡合格率的抽样平均误差计算如下
重复抽样:

$$\mu_P = \frac{\sigma_P}{\sqrt{N}} = \sqrt{\frac{P(1-P)}{N}} = \sqrt{\frac{0.915(1-0.915)}{200}} = 1.972\%$$

不重复抽样:

$$\mu_P = \sqrt{\frac{P(1-P)}{n}\left(1-\frac{n}{N}\right)} = \sqrt{\frac{0.915 \times 0.085}{200}\left(1-\frac{200}{10000}\right)} = 1.952\%$$

五、样本量的确定

科学地确定合适的样本量是抽样调查中非常重要的一个环节。样本量过大,会造成人力、物力和财力的浪费;样本量过小,则样本对总体缺乏足够的代表性,会造成抽样误差增大,影响抽样推断的可靠程度。

1. 影响样本量的定性因素

一般情况下,影响样本量的定性因素主要包括以下几个方面。

(1)决策的重要程度。一般来说,决策越重要,需要的信息资料就越多,样本量也就越大。

(2) 调查的性质。不同性质的调查，所需的样本量也不同。对于探索性调查，数量较少的样本即可满足调查要求；而描述性调查和因果性调查要求的样本量通常较大。

(3) 变量数。如果需要调查的变量较多，要求的样本量通常较大。

(4) 数据分析的性质。如果需要对数据进行详细分析，要求的样本量通常较大。

(5) 资源约束。确定样本量时，应当考虑人力、物力和财力等资源约束。

上述定性因素只能从原则上确定样本量的规模，确定具体的样本量还需从统计学的角度考虑。

2. 利用统计方法计算样本量

利用统计方法计算样本量主要适用于随机抽样，非随机抽样的样本量主要根据主观判断确定。

传统的统计理论给出了在简单随机抽样条件下样本量的确定方法。其他复杂抽样的样本量在简单随机抽样的样本量基础上进行修正。本书主要介绍在简单随机抽样条件下样本量的计算方法。

1) 测定的指标是平均数时

当测定的指标是平均数时，确定样本量的步骤如下。

(1) 指定置信度。置信度是指可靠程度或可信赖程度，与抽样风险互补。即，抽样风险 + 置信度 = 1，如抽样风险为 10%，置信度则为 90%。

(2) 确定与置信度相对应的 t 值，可以通过查正态分布表获得。常用的置信度有 90%、95% 和 99% 等，当样本量很大的时候，对应的 t 值分别为 1.65、1.96 和 2.58。

(3) 指定允许误差的大小。允许误差，又称"最大可能误差"，是指抽样误差的范围。其计算公式如下：

$$\Delta = t \cdot \mu$$

其中，Δ 为允许误差；t 为置信度系数；μ 为抽样误差。

(4) 确定总体的标准差。总体的标准差即总体中各对象之间的差异程度，用 σ 来表示。

(5) 根据 $\Delta = t \cdot \mu$ 和抽样误差 $\mu = \sqrt{\dfrac{\sigma^2}{n}}$ 可推导出重复抽样的样本量，计算公式如下：

$$n = \frac{\sigma^2 t^2}{\Delta^2}$$

同样，根据 $\Delta = t \cdot \mu$ 和抽样误差 $\mu = \sqrt{\dfrac{\sigma^2}{n}\left(1-\dfrac{n}{N}\right)}$ 可推导出不重复抽样的样本量，计算公式为：

$$n = \frac{Nt^2\sigma^2}{N\Delta^2 + t^2\sigma^2}$$

【例 2-3】某食品厂要检验本月生产的 10000 袋某产品的重量，根据以往的资料，这种产品每袋重量的标准差为 25 克。如果要求在 95.45% 的置信度下，平均每袋重量的误差不超过 5 克，应抽查多少袋产品？

【解】由题意可知 $N=10000$，$\sigma=25$ 克，$\Delta_x=5$ 克，根据置信度 $1-\alpha=95.45\%$，$\alpha<0.05$，t 取近似值，令 $t=2$。

在重复抽样的条件下：

$$n = \frac{t^2\sigma^2}{\Delta_x^2} = \frac{2^2 \times 25^2}{5^2} = 100\,(\text{袋})$$

在不重复抽样的条件下：

$$n=\frac{Nt^2\sigma^2}{N\Delta_x^2+t^2\sigma^2}=\frac{10000\times2^2\times25^2}{10000\times5^2+2^2\times25^2}=99（袋）$$

由上述计算结果可知：在其他条件相同的情况下，重复抽样所需的样本容量大于不重复抽样所需要的样本容量。

上述计算样本容量的方法中，必须已知总体标准差 σ，而在实际抽样调查前，总体标准差往往是未知的。这时可以参考过去的资料，若过去曾有若干个标准差，则应选择最大的标准差，以保证抽样估计的精确度；也可以先进行一次小规模的调查，用调查所得的样本标准差来代替总体标准差。

2) 测定的指标是成数时

当测定的指标是成数时，确定样本量的步骤与确定平均数样本量类似。

(1) 指定置信度。

(2) 确定与置信度相对应的 t 值。

(3) 指定允许误差 Δ 的大小。

(4) 估计总体成数，即总体比例 P。

(5) 用公式 $\Delta=t\cdot\mu$ 和抽样误差 $\mu=\sqrt{\dfrac{P(1-P)}{n}}$ 可推导出重复抽样的样本量，计算公式如下：

$$n=\frac{P(1-P)t^2}{\Delta^2}$$

同样，用 $\Delta=t\cdot\mu$ 和抽样误差 $\mu=\sqrt{\dfrac{P(1-P)}{n}\left(1-\dfrac{n}{N}\right)}$ 可推导出不重复抽样的样本量，计算公式为：

$$n=\frac{Nt^2P(1-P)}{N\Delta^2+t^2P(1-P)}$$

【例 2-4】为了检测某企业生产的 10000 台显示器的合格率，需要确定样本的容量。过去检测的合格率为 90% 和 91.7%。如果要求估计的允许误差不超过 2.75%，置信水平为 95.45%。应该选取多少台显示器作为样本？

【解】由题意可知，此处应取 $P=0.9$，$N=10000$，$\Delta_P=0.0275$，根据置信度 $1-\alpha=95.45\%$，$\alpha<0.05$，t 取近似值，令 $t=2$。

在重复抽样的条件下：

$$n=\frac{P(1-P)t^2}{\Delta_P^2}=\frac{0.9(1-0.9)\times2^2}{0.0275^2}=476.03\approx477（台）（向上取整）$$

在不重复抽样的条件下：

$$n=\frac{Nt^2P(1-P)}{N\Delta_P^2+t^2P(1-P)}=\frac{10000\times2^2\times0.9(1-0.9)}{10000\times0.0275^2+2^2\times0.9(1-0.9)}=454.40\approx455（台）（向上取整）$$

由上述计算结果可知：如果采用重复抽样的方式，应该抽 477 台进行检验；采用不重复抽样的方式，应该抽 454 台进行检验。可见，在相同的条件下，重复抽样需要的样本容量较大。

3. 其他限制性因素对样本量的影响

在运用统计方法计算了样本量之后,还需要进一步调整,以保证样本量与时间、预算经费等相匹配。如果计算出来的样本量大于现有经费所能支持的样本量,或者调查时间不充裕,无法全部调查计算出样本量,就得削减样本量,降低对精确度的要求。

除此之外,一些其他因素也会对样本量产生影响,如数据收集的方法,有无合适的现场调查人员、数据编码人员和审核人员等。因此,最终样本量的确定需要在精确度、费用、时限和操作的可行性等条件下进行协调。

实训任务

新光节能灯具厂生产节能灯 40000 只,现随机抽取 100 只进行检验,有 2 只不合格。根据长期小规模实验观察,已知节能灯平均耐用时数为 2000 小时,平均耐用时数的标准差为 16 小时。试根据重复抽样和不重复抽样的方法,分别计算节能灯平均耐用时数和合格率的抽样平均误差。

任务6 选择调查方法

任务导航

20世纪90年代初,我国有 400 多条方便面生产线,企业之间的竞争十分激烈,当时的"康师傅"也只是我国台湾地区一家很不起眼的小企业。通过调查我国公开媒体上的广告,"康师傅"发现,方便面市场存在一个"需求空档"——大多数厂家生产的是低档方便面,随着经济的发展和人民生活水平的提高,越来越多的消费者开始注重方便面的口感和营养价值,市场对中高档方便面的需求越来越大。同时,"康师傅"还发现,现有市场上售卖的方便面未能达到真正的方便。

基于这次调查,"康师傅"决定改善方便面的调料配方,并设计桶装包装,以此为拳头产品,成功打入方便面市场,这一决策使"康师傅"迅速发展起来。

(资料来源:刘仁杰《"康师傅"带来的启示》,载《特区与港澳经济》,1996年第 Z1 期)

任务分析

"工欲善其事,必先利其器",想要做好市场调查,科学的方法非常重要,调查人员若能选择恰当的调查方法进行调查,将会取得事半功倍的效果。

工作步骤

步骤1 熟悉市场调查方法

市场调查的方法主要包括文案调查法、访谈调查法、现场观察法和实验调查法。

步骤2 选择合适的市场调查方法并实施调查

一、文案调查法实施步骤

一般来说,开展文案调查应遵循如下步骤:明确资料需求、寻找信息源、收集二手资料、评估资料、整理信息资料和撰写调查报告。

第一步,明确资料需求。

调查人员在明确资料需求时,应当首先知晓本次市场调查的目的是现实需求还是长远需求,避免调查方向上的错误。现实需求是考虑市场调查工作如何为解决企业当前的决策问题提供支持;长远需求则是考虑市场调查工作如何为企业经常性的经营决策提供参考。

第二步,寻找信息源。

调查人员在明确资料需求后,便可以执行具体的收集工作。首先要寻找信息源。一般情况下,应当假设企业所需要的资料都是存在的,然后有效地利用索引、目录或其他检索工具来确定资料的来源。

第三步,收集二手资料。

调查人员在资料来源、渠道逐渐清晰后,便可以着手收集资料。二手资料主要通过查找、索讨或接受、购买和交换等方式获取。在收集资料时,调查人员需要注意以下两点:

(1)保证资料的数量。在资料收集的范围内,要尽可能多地收集资料,保证资料的全面、充分。

(2)保证资料的质量。收集到的资料一定要详细地记录其来源(如作者、文献名称、刊号或出版时间、页码等),以防止资料遗失。除此以外,还应当对使用资料的限制条件、资料生产流程等其他相关事项进行仔细考量,防止因资料本身存在的问题而导致调查的整体质量下降,进而影响市场调查的客观性。

二手资料获取的基本方法包括如下几种。

(1)查找。查找是获得二手资料的基本方法。一般情况下,调查人员首先应在企业内部查找,这是因为内部资料的收集成本较小,并且可以为外部资料的查找提供引导。当内部资料收集受阻时,如资料不完整、利用价值低等,或收集完成后仍不能满足调查需求时,调查人员便可以从企业外部查找资料。外部资料一般通过参考文献查找和检索查找来获取:①参考文献查找。参考文献查找是指以有关著作列举的参考文献目录,或者是正文中提到的某些文献资料为线索,查找有关资料。②检索查找。检索查找是指利用已有的检索工具逐个查找文献资料。

根据检索工具的不同,检索查找又可分为手工检索和计算机检索:①手工检索是最传统的文献检索形式,具有文献查找准率较高、检索费用低的特点,是查阅相关资料时常使用的途径。但手工检索的速度较慢,需要耗费大量的时间和精力,检索效率较低。②计算机检索具有功能强、资料多、速度快、灵活方便等特点。调查者不但能在很短的时间内查找到所需要的相关资料,而且资料的输出与保存方式也灵活方便。但是,计算机检索需要在计算机设备和网络技术设备完善的条件下才可以使用,并且有时还需要支付较高的检索费用才可以获取全文,因此对调查者有一定的使用限制。

(2)索讨或接受。索讨是指向拥有信息资料的单位或个人无代价索要资料的一种方法,这种方法的使用效果在很大程度上取决于对方的态度;接受是指接纳外界主动提供的免费信息资料。随着商品经济的发展和现代营销观念的确立,越来越多的企业或单位为宣传自身及其产品和服务,扩大其知名度,愿意无偿向社会广泛传递各种信息,如广告、产品说明书、宣传材料等。调查人员应当有效利用这种渠道,以节省人力、物力。

(3)购买。购买是指有偿获取信息资料。随着信息的商品化,许多专业的信息公司专门从事各种信息的收集与整理工作,并对其保存的信息实行有价转让。此外,企业订阅的杂志、报刊等从本质上看也属于购买。

(4)交换。交换是指与一些信息机构或单位进行对等的信息交换。这种交换不同于商品买卖之间以物易物的形式,而是一种信息共享的协作关系,交换的双方都有向对方无代价提供资料的义务和获得对方无代价提供的资料的权利。

第四步,评估资料。

调查人员可以从以下两个方面对二手资料进行评估:

(1)通过资料的获取渠道来判断获取资料的权威性和可信性。一般情况下,来自政府机关、统计部门、著名企业、大型网站的资料可信度要高一些。

(2)从时间、范围等多方面考虑,确定调查资料与调查目标的相关程度。例如,调查人员需调查家庭年收入超过30万元的高收入消费者,那么,获取家庭年收入低于30万元的消费者资料就没有意义。

第五步,整理信息资料。

通过对信息资料进行整理,调查人员可以从中选取有价值的资料,剔除与项目无关的资料和不完整、不准确的资料。对于资料的残缺、遗漏,资料之间的互补或互斥,需要调查人员利用自己的学识和能力加以补充、调整或筛选。

第六步,撰写调查报告。

调查报告是对调查工作的总结,撰写调查报告时应当注意以下几点:①突出调查重点,尽量用统计图表来反映问题,便于读者阅读;②报告的分析要有理有据,数据确凿,图表精确;③结论要明确、客观、公正。

二、访谈调查法实施步骤

访谈调查是一种有目的、有计划的研究活动。访谈员要按照一定的程序和步骤与受访者进行访谈,因此在访谈前应该做好充分的准备。访谈过程一般分为三个阶段:准备阶段、访谈阶段、结束阶段。

第一步,准备阶段。

实施访谈调查,首先要做好访谈的准备工作,制订访谈计划,把握调查内容,选择适当的访谈形式,设计好访谈调查表、访谈提纲及记录表,选择访谈对象,初步了解受访者的情况,选好访谈的时间、地点、场合等。

(1)访谈前的准备。制订访谈计划是保证访谈能够顺利进行的前提。访谈计划应对访谈中涉及的主要问题做出明确的规定,如对访谈调查的目的、访谈调查的类型、访谈调查的内容、访谈调查的对象、访谈调查的时间等做出明确的规定,此外还要编写好访谈调查的提纲、进行组织分工等。

访谈计划首先要确定用什么类型的访谈方式。一般来说，访谈方式依据调查研究的目的确定。如果是探索性研究，通常选择非结构性访谈，并制定好调查大纲；如果是要验证某个假设或者需要较快弄清较多人的态度，通常选择结构性访谈，并制定好调查问卷。访谈方式的选择除了与调查研究目的和性质有关，还与调查人员和时间、经费的充裕与否直接相关。

在制订访谈计划时，还应该考虑访谈的内容，也就是访谈调查的问题。访谈的内容大致分为三类：①事实调查，由受访者提供自己确实知道的一般情况；②意见征询，征求受访者对某些问题的意见、观点；③个人的基本情况，包括个人经历、兴趣、爱好、动机、信仰、思想特点、个性特征、心理品质、家庭情况、社会关系等。

为了提高访谈调查的质量和效率，还需要具体考虑访谈的时间、地点、场合等因素。一般来说，如果受访者是个人或人数较少，访谈时间、地点和场合最好由受访者选择，这样比较利于访谈过程的顺利进行。如果是集体访谈，也可以征求受访者的意见，由访谈员和受访者双方确定比较合适的时间、地点和场合。访谈的地点和场合的选择有时与访谈的内容有关，如有关个人或家庭的问题，以在家里访谈为宜；有关工作方面的问题，以在工作地点访谈为宜。但是，如果受访者不愿在家或在工作单位会见访谈员，那么也可以选择其他合适的场所进行访谈。

访谈计划中还要准备访谈所需的工具，如访谈问卷、访谈大纲、访谈记录表、各种证明材料、个人证件、采访机、录音笔等。

(2) 编制访谈问卷或提纲。在结构性访谈中，必须事先编制访谈问卷。访谈问卷的形式大体上与问卷调查中一般的书面问卷形式相似，可以有开放式问题，也可以有封闭式问题。由于这份问卷不是受访者书面填写，而是由访谈员以口头提问的方式提出，所以问题的设计要注重表述的口语化。除了包括按顺序排列的访谈题目、答案选项外，也包括访谈的相关资料，如受访者的个人基本资料、访谈日期、地点等。

在非结构性访谈中，尽管受访者有较大的表述自由，但是在访谈调查前，访谈员应该制定一个较宽泛的提纲。在提纲中确定访谈的程序、主要问题以及问题排列的顺序。访谈的提纲是访谈员将所需要获取的重要信息资料以问题的形式向受访者提出。在访谈进程中，如果受访者在介绍自己的情况时，也提及了调查需要了解的其他内容，那么访谈员就不必拘泥于问题的顺序，可按照访谈进程灵活安排；在访谈调查即将结束时，如果提纲中列出的重要问题尚未提及，访谈员要主动提示受访者，以便获得需要的信息资料。

(3) 选择访谈对象。在访谈调查中，受访者的选择是重要的一环，因为访谈调查的信息资料是由受访者提供的，因此，它对访谈最终的成功与否有直接的影响。

选择访谈对象应该首先考虑调查研究的目的，然后确定访谈调查的总体范围，再在总体范围中采用随机抽样的方法，选取调查研究所需的、有代表性的样本。访谈调查样本的大小，一般由调查研究的目的和性质决定，当然也必须考虑调查研究的人员及时间、经费等条件。一般来说，探索性研究采用较小的样本，验证性研究则需要较多样本；横向访谈样本可以多一些，纵向访谈样本可以相对少一些；结构性访谈样本可以多一些，非结构性访谈样本相对少一些。

选择访谈对象还要了解受访者的有关情况，如受访者的性别、年龄、职业、文化水平、经历等。特别是个别访谈、非结构性访谈和纵向访谈。在以上这些访谈中，对受访者的基本情况了解得越清楚，选择也就越有针对性。了解受访者基本情况对编制访谈提纲、选择适当的访谈方式，进而顺利完成访谈调查任务,都具有重要意义。

(4) 培训访谈员。访谈调查要由访谈员与受访者沟通和互动才能完成任务,尽管研究所需要的信息资料是由受访者提供的,但在访谈中,访谈员本人的素质水平对访谈工作能否成功至关重要。因此,访谈员应该具备访谈调查的基本素质。

一般来说,培训访谈员应该从几个方面入手:①使访谈员掌握访谈调查的性质、目的和方法;②使访谈员熟悉访谈调查的类型,具有选择访谈调查类型的能力;③使访谈员掌握访谈调查的方法,并且熟悉访谈的技巧;④使访谈员掌握收集、判断、分析访谈资料的能力。

为了使访谈过程标准化,通常将培训内容打印成"访谈手册",并在其中说明访谈的程序、重点、要领等,供访谈员随时参考。

访谈调查需要听、说、读、写的技能,因此必须训练访谈员在这些方面的能力。仅仅靠阅读一些介绍如何进行访谈的文章,是不可能培养出一个熟练的访谈员的。访谈的技能技巧更多的是从访谈实践中获得的。目前,访谈员的培训常采取录像的形式,将一段示范性的片段录下来,供被培训者反复观看,熟悉访谈的言语、动作、表情,了解访谈的技巧,然后让被培训者扮演角色,模拟访谈,并将模拟情境录下来,供被培训者比较和分析。

(5) 试谈与修改问卷或提纲。在拟定了访谈调查问卷或访谈提纲后,正式进行访谈之前一般要安排一次试谈。试谈的目的是检查设计的问题和提问的方式是否恰当,受访者的回答能否较好吻合希望获取的信息资料;试谈的对象不应与正式访谈的访谈对象相同,但两者的情况应该尽可能相似;试谈要做详尽的记录,以便发现问题设计中的不足;如有需要,可以追问一些补充问题,以了解受访者较为真实的想法。

试谈结束后,如果发现设计存在不足,应该调整和修改。如果没有条件进行试谈,也可以请有经验的研究者或同行一起商量,请他们提出修改意见。

(6) 访谈前的预约。在进行正式访谈调查前,一般要事先与受访者约定访谈的时间、地点和场合,联系的方式有电话联系和书信联系。电话联系比书信联系便捷,可及时了解对方的情况,但书信联系比较正式,便于将各种信息较完整地告诉对方。所以,在访谈前可以事先与受访者用电话联系,征求对方的意见,双方确定访谈的时间、地点和场合后,访谈员再发一份书面的通知给对方。在书面通知中,应简要说明访谈的目的、意义、内容,表明研究者的身份及研究单位,明确访谈的时间与地点,并告知对方访谈员的姓名。

(7) 准备阶段应注意的问题。要使访谈调查按照预定目的进行,一个重要的因素就是要准备恰当的问题。在拟定问题时要注意:①问题要紧紧围绕研究的目标展开,应将研究的总目标分解成若干个具体的内容,再根据这些内容设计相应的具体问题;②问题的语言要通俗易懂,让不同文化、职业等背景的人能够理解无误;③问题的提法应保持中立态度,以确保获取的信息是受访者的真实想法;④问题的安排应有一个大致的程序,应将相关的问题放在一起,将容易回答的、事实性的问题放在前面。此外,访谈前要对交谈的主题、提问的方式、措辞等做各种可能的考虑。

第二步,访谈阶段。

(1) 进入访谈现场。

①尽快接近受访者。

在初次访谈时,进入访谈现场,面对素不相识的受访者,访谈员要想办法尽快接近受访者,可以采用自我介绍的方式向受访者说明来意,必要时,访谈员可以出示自己的有关证件,如盖有公章的介绍信,递上自己的名片,携带具有研究单位标志的公文包、文件夹,佩戴代表身份的标识等,以消除受访者的疑虑,获得信任,求得理解和支持,这是访谈顺利进行的第一步。对初次接触的受访者,也可请一位与受访者熟悉的人引见,这样可以增加受访者对访谈者的信任感。

访谈员对受访者要有恰当的称呼,称呼要入乡随俗、自然亲切。在自我介绍之后,访谈员要表达访谈的愿望,进一步阐述访谈的目的和意义,以引起受访者的兴趣。若受访者推辞受访,访谈员要想办法与受访者约定下次登门拜访的时间,不要轻易放弃任何一名受访者。

②建立融洽的访谈气氛。

良好的气氛是保证访谈调查成功的重要条件。在双方有了初步的接触,受访者表示愿意接受访谈时,可以从对方熟悉的事情、关心的社会问题、时下的新闻热点谈起,以消除对方紧张戒备的心理;也可以从关心受访者入手,联络感情,建立信任。在建立起初步融洽的关系后,再进入正题。

访谈员要建立和保持访谈过程中融洽的气氛。访谈员应该尽量保持亲切、尊重和平静的态度,使受访者能在轻松的环境中,自然地敞开心扉。访谈员要掌握发问的技术、提问的方式,也要选择恰当的用词与受访者交流,让受访者配合回答问题。访谈员不能受受访者情绪的影响,不论受访者是否合作,怎样合作,也不论受访者回答的问题是否在访谈员意料之中,访谈员都不能表示不满,更不能对受访者进行批评和指责,应保持轻松和谐的访谈气氛。

③按计划进行访谈。

在访谈双方初步认识形成融洽的访谈气氛后,访谈员可以按照事先拟订的访谈计划自然地进行正式访谈。在访谈过程中,访谈员要按照访谈计划中确定的访谈内容、访谈方式、问题顺序进行访谈,以保证访谈获得成效。

④认真做好访谈记录。

记录访谈调查内容,要做到客观和准确,要尽可能完整、全面地按受访者的回答记录,不能加入访谈员本人的主观意见,不能曲解受访者的原意,记录时可对某些不太明确的回答做记号,以便在追问中提出。如无法即时记录,事后要追记,访谈后要及时整理、分析访谈记录。

(2)访谈阶段应注意的问题。

①让受访者了解了解此次访谈的目的、意义和价值是访谈获得成功的关键。一般而言,受访者越是清楚访谈的意义和价值,越会采取积极和有效的态度。如果访谈的内容恰好是受访者感兴趣的话题,往往会收到很好的访谈效果。

②访谈是一种人际沟通的形式,是一种社会交往的过程,访谈双方只有在互动中建立起相互信任、相互理解的合作关系,才能获得客观、可靠的资料。访谈双方中,访谈员是主动的。访谈的成功很大程度上依赖于访谈员的谈话程序和技巧。交谈中要自然、轻松,表现出诚恳谦虚、热情有礼的良好态度,以取得对方的好感、信任和合作。

③交谈中所提的问题要简单明了、易于回答。要善于了解对方的心理变化,灵活提出问题,引导交谈的深入;要注意避免触及个人的隐私造成不快的局面。

④要善于洞察受访者的心理变化。访谈员要机智,善于随机应变,通过"对""好"等言语,点头、微笑等身体语言向对方表示你正在听,并希望他继续说下去;通过重复或总结对方的话,以验证是否弄清受访者的意思。

⑤一次访谈的时间以两小时左右为宜,时间短了,了解的信息往往不足;时间长了会让双方感

到疲劳,进而影响访谈的效果。如果访谈内容较少但访谈效果已达到,或受访者对回答的问题很感兴趣,则可以根据情况适当缩短或延长访谈时间。

⑥严守保密性原则,对于受访者的顾虑,可通过对交谈内容的保密承诺来消除。

第三步,结束阶段。

(1)结束访谈。结束访谈是访谈活动的最后一环,结束访谈要注意以下几点。

①掌握时间。研究显示,一般情况下,受访者保持注意力的时间为:电话访谈20分钟左右;结构性访谈45分钟左右;集体访谈和非结构性访谈不超过2小时。这些数据可供访谈员实施访谈调查时参考。至于一次访谈究竟用多少时间为宜,应根据访谈调查的实际情况灵活控制,具体情况具体对待。由于整个访谈调查需要受访者保持积极的态度,需要受访者的配合,所以什么时间结束,应该以不妨碍受访者的正常工作和生活习惯为原则。

②掌握行为。访谈员在访谈进入尾声阶段,除了要注重受访者回答的内容,还要时刻观察访谈过程中受访者的表现。如果这时受访者兴致勃勃地对某个问题发表意见,只要与调查内容相关,访谈员就应该继续认真倾听;如果访谈员任务已经完成,受访者所谈内容与调查关系不大,访谈员就可以用委婉的方式暗示访谈可以结束,如:"我今天想了解的就是这些问题。"

如果受访者说话的音调降低、节奏变慢,不停地看时间,感到交谈难以进行、话不投机时,应该考虑尽快结束访谈。访谈员准备结束访谈时,如果不用语言表示,则可以做出准备结束访谈的姿态,如开始收拾录音笔、合上记录本等。

③结束语。访谈调查结束时,要向受访者表示感谢,如"您今天的谈话对我们的调查帮助很大""谢谢您对我们访谈调查的支持"。如果这次访谈尚未完成任务,还需进一步调查,那么应该与受访者约定下次再访的时间和地点,最好还能简要说明再次访谈的主要内容,让受访者做好思想准备。

(2)访谈后的工作。

获取资料只完成了研究任务的一半,后一半的工作主要是资料的整理和分析。每次访谈结束后,要对记录的资料进行初步整理,明确是否获得研究所需的信息,是否需要重新访谈。因为在访谈过程中原以为搞清楚的问题,在整理资料的过程中可能会发现有些问题的回答还不清楚,或是有些问题被遗漏了。这时访谈员不能凭自己的主观意愿决定答案,为保证资料的准确性,对于关键性问题则需要重访。

采用不同的访谈方式可得到不同性质的资料,结构性访谈通常可以获得数据资料,可用统计方法处理;非结构性访谈获得的是描述性资料,对于这类资料的处理,要做到条理清楚、主次分明、准确分类。

最后,根据研究的目的对加工处理过的资料进行综合分析,在对问题产生的原因做深入的分析和论证之后,得出研究结论,撰写研究报告。

三、现场观察法实施步骤

第一步,选择观察对象。

市场现象都是处在一定时间、地点、条件下的,又以相互联系和制约的关系表现出来。采用现场观察法对市场现象进行观察,既可以与全面调查方式相配合,也可以与非全面调查方式相配合。在现代市场调查中,非全面调查方式应用得更多些。现场观察法不论采取典型调查、抽样调查还是重点调查,都会面临如何选择观察对象的问题。

现场观察法在选择观察对象时,一方面要考虑与之配合的调查方式的要求,如典型调查必须选择对总体具有代表性的单位;抽样调查要随机抽取各种类型的调查单位,或按非随机方法抽取调查单位;重点调查必须选择市场现象的重点单位进行调查。另一方面,还必须考虑现场观察法本身的特点,选择那些符合调查目的、便于观察的单位作为观察对象。选择观察对象特别要注意所处环境对市场现象的影响,分析现象之间的相互联系,从而选择适当的观察对象。

第二步,确定观察的时间、地点。

市场现象处在不断变化当中,尤其在不同时间、不同地点会有不同表现。而现场观察法又必须在市场现象发生的当时、当地对其进行观察,这就决定了确定观察的时间、地点在现场观察法的应用中的重要作用,它关系到所制定的观察项目能否完成。在实际调查中,确定最佳的观察时间、地点并不容易。对于一些确定性市场现象,观察时间、地点的确定比较有规律,如各企事业单位一般实行每周五天、每天八小时工作制;市场营销企业一般具有固定的交易场所,在营业时间对某些市场现象进行观察比较有把握。对于一些不确定的市场现象,观察时间、地点的确定就比较困难,必须根据具体情况而定。确定最佳的观察时间、地点,其目的是真实、准确、具体、及时地对市场现象进行观察,搜集有关资料。

第三步,正确灵活地安排观察顺序。

现场观察法的观察项目是在观察方案中确定的,不同类型的观察项目对应的观察对象有所不同,但无论哪种类型,都要按一定顺序对市场现象进行观察。市场现象的观察顺序一般有三种。

(1)主次顺序现场观察法,即先观察主要的对象和主要的项目,再观察次要对象和次要项目。

(2)方位顺序现场观察法,即按观察对象所处位置,由远到近、由上到下、由左到右,或由近到远、由下向上、由右到左地观察。这种观察方法可以保证对处在一定空间的市场现象进行全面观察。

(3)分解综合顺序现场观察法,即把所观察的市场现象做整体到局部的分解,然后采用先局部后整体,或先整体后局部的顺序观察,最终得到对市场现象的综合性观察资料。

在实际观察中,可根据市场现象的特点,灵活安排观察的顺序。若由多个观察者共同观察,则应安排合理的分工。

第四步,尽可能减少观察活动对被观察者的干扰。

在现场观察法的应用中,如果观察对象是人或人的活动时,观察活动往往会对被观察者产生一定的干扰,使其不能保持原有的自然状态,可能出现紧张、好奇等心理,以致影响其行为。所以,观察者必须尽量减少观察活动对被观察者的干扰。

被观察者被干扰而不能保持原有的自然状态,一般会有两类表现:一类是出于本能而不是被观察者有意做出的;另一类是被观察者事先知道有观察活动,而有意识地做出一些非自然状态的假象。对于前者,可以通过观察者对观察活动的控制来尽量减少该情况的发生;对于后者,则需要观察者能够去伪存真,不被表面现象所迷惑,避免假象对观察结果造成影响。

第五步,做好观察记录。

观察者在对市场现象进行观察的同时或之后,必须认真做好观察记录,即把所观察到的内容在一定的物质载体上表现出来。

现场观察法的记录可采取两种形式,一种是同步记录,即一边观察一边记录,这种形式比较常用;另一种是观察后追记,即在观察过程结束后再将观察结果记录下来,这种方法适用于不能或不宜做同步记录的一些特定情况。

观察记录有两种类型，包括有结构观察记录和无结构观察记录。

有结构观察记录，是按事先统一设计好的观察记录工具进行记录，观察记录工具多为调查表或调查卡片，观察时只需按规定项目填写即可。

无结构观察记录，由于事先并没有统一规定内容、项目等，所以必须由观察者在现场决定记录什么内容，以及如何进行记录。对于现场观察的结果，无结构观察记录可以详记也可简记，以能够真实反映观察的事实或情节为原则。

做观察记录，除了采用笔记以外，还可根据需要利用观察工具做一些现场记录，如对现场情况进行拍照、录像等。这些记录可以使观察资料更加生动、具体，有时甚至是必不可少的记录形式。

观察记录，一般只记录观察对象的现场情况。当然，在必要的时候，也可记录一些观察者自身的观感，如一些由被观察对象的表现所引发的想法等。因为现场观察法本身要求观察者把观察与思考结合起来，在观察过程中不仅要做到对市场现象的感性描述，而且要善于一边观察一边思考，把观察过程作为认识市场现象的起点。因此，观察者有必要记录一些思考的结果，把它作为研究市场现象时的重要依据之一。

四、实验调查法实施步骤

实验调查法是通过实验设计和观测实验结果而获取有关的信息的方法，即从影响调查问题的许多可变因素中，选出一个或两个因素，将它们置于同一条件下进行小规模实验，然后对实验观察的数据进行处理和分析，确定研究结果是否值得大规模推广的过程。它是研究特定问题各因素之间的因果关系的一种有效手段。

实验调查法在市场调查中应用的范围较广，如企业的新产品准备进入市场时，会面临是否更换产品的包装、产品是否要拍摄新的广告、商品陈列是否变更等问题，可以先进行实验，然后根据实验的结果做出经营决策。

实验调查法的最大特点是把调查对象置于非自然状态下开展实验观察，将实验变量或所测因素的效果从多因素的作用中分离出来，并给予检验。具体步骤如下。

第一步，根据调查项目的目的，提出需要研究的假设，确定实验变量，如某种新产品在不同的地区销售是否有显著的差异，哪些地区的销售效果最好等。

第二步，进行实验设计。一般来说，应根据因素个数、因素的不同状态或水平、允许的重复观察次数、实验经费和实验时间等综合选择实验设计方案。

第三步，进行实验。即按实验设计方案组织、实施实验，并对实验结果进行认真观测和记录。

第四步，数据处理与统计分析。实验完成后，还需对实验记录及有关资料进行统计分析，以揭示市场现象的规律。

第五步，编写实验调查报告。得出实验结论并撰写调查报告。

知识平台

一、文案调查

文案调查法又称资料查阅寻找法、间接调查法、资料分析法或室内研究法，它是企业围绕特定的调查目的，搜集、整理、分析、研究公开发表的各种资料信息的一种调查方法。

（一）文案调查的作用

1. 为企业制定营销决策提供依据

企业在做出决策前，可以通过文案调查收集诸如人口、消费结构、居民收入、习俗文化、经济政策等方面的资料，这些资料反映了企业所处的环境、服务对象的基本情况等，能为企业制定决策指明正确的方向，提供可靠的依据。

2. 可用于研究某种现象发生的原因

在导致某种现象发生的原因尚不明确的情况下，调查人员可以利用文案调查初步推断原因。例如，某企业出现不明原因的销售额下降的情况，调查人员通过调查该企业的销售资料及其所属行业的相关资料，发现市场上其他企业的同类产品降价了20%，因此，调查人员推断该企业产品的定价偏高可能是导致企业销售额下降的主要原因。

3. 为实地调查创造条件

调查人员通过文案调查可以获取所需的大部分资料，从而减少实地调查的工作量；再者，文案调查可以初步提供调查对象的性质、范围等特征，方便调查人员进一步确定实地调查对象，提高实地调查的效率。

（二）文案调查的优缺点

1. 文案调查的优点

1）信息获取成本低廉

很多文案资料可以直接通过网络、企业、政府相关部门等获取，而无须再进行实地调查，能够节约信息获取的成本。

2）不受时空限制

从时间上看，文案调查不仅可以掌握现时资料，还可以获得实地调查无法取得的历史资料；从空间上看，文案调查既可以收集企业的内部资料，也可以收集一个国家的经济、文化等外部资料，能为企业制定决策指明方向，提供可靠的依据。

3）具有较强的灵活性

文案调查获取资料信息的途径灵活多样，从不同途径获取的资料可以相互印证。此外，当需要对实地调查获取的一手资料进行评价时，还可以利用文案调查的灵活性，将获取的二手资料与一手资料进行对比和检验。

2. 文案调查的缺点

1）收集的资料与调查问题不一定能完全吻合。

采用文案调查收集的资料有时很难与调查问题完全一致。例如，在查找去年国产电冰箱的销售数据时，可能只能找到某家电冰箱企业五年前的销售数据。

2）资料存在一定的滞后性

最新的调查资料往往源于企业或属于国家机密，文案调查通常难以及时获得，从而导致文案调查获取的资料存在一定的时间滞后性。

3）需要专业性强的调查人员收集资料

一般情况下，调查资料以不同的形式分散呈现，要求调查人员具有很强的信息收集、辨别和分析的能力,具备广泛和深厚的专业理论知识。

(三)文案调查的搜集渠道

调查过程中收集的资料可分为一手资料和二手资料。一手资料是指直接向调查单位收集的未经加工、整理的资料,主要包括调查资料和实验资料。其中,调查资料是通过统计调查方法获得的资料,通常是针对社会现象而言的,一般取自有限总体;实验资料是通过实验方法获得的资料,通常是对自然现象而言的,也被广泛运用于社会科学领域。二手资料是指根据研究目的,经初步加工和整理过的、能够在一定程度上说明总体现象的资料。文案调查所搜集的资料为二手资料。

1. 企业内部资料

企业内部资料是指企业在经营活动中产生的各种形式的记录,包括业务资料、统计资料、会计资料、生产技术资料和企业积累的其他资料。

(1)业务资料是指与企业经营活动相关的各种资料,如订货单、进货单、发货单、合同文本、发票、销售记录等。

(2)统计资料主要包括各类统计报表和统计分析资料等。

(3)会计资料是指反映企业财务状况、经营成果、现金流量等情况的资料,主要包括企业财会部门提供的各种财务资料、会计核算和分析资料等。

(4)生产技术资料主要包括技术文件资料、设备情况及设备维修资料、产品检验报告、实验数据、新产品的开发与市场潜力报告等。

(5)企业积累的其他资料主要包括日常报告、工作总结、会议记录、顾客建议与意见、营销活动的照片与录像等。

收集和分析企业内部资料可以帮助企业或调查人员发现企业尚待解决的决策问题,或者预测企业未来的发展方向。例如,调查人员分析某餐厅过去3年的销售数据后发现:高卡路里食物的销售额在逐年下降,而低卡路里食物的销售额在逐年上升。该调查结果表明,消费者的饮食习惯很可能在发生变化,餐厅供应的产品种类应相应调整。

2. 企业外部资料

企业外部资料是指由企业以外的机构记录或收集的资料,其主要源于以下几种途径。

1)互联网

目前,互联网已成为文案调查中重要的外部信息来源。通过网络,企业或调查人员足不出户就可以快速搜集世界各地、各方面的资料。与其他信息来源相比,互联网具有快捷、方便、经济等特点。例如,调查人员可以直接利用搜索引擎查找有关资料,如百度、搜狗等;调查人员还可以使用专业数据库如中国知网等,搜索网站发布的数据。

2)图书馆

图书馆是各种文献资料汇集的地方,图书馆的资料一般广泛且全面。除了前往当地图书馆查阅资料外,还可以通过数字图书馆如中国国家图书馆等,方便快捷地查询需要的信息。

3)政府机构

政府机构主管的各种统计调查部门会发布大量的数据资料。这些数据资料大部分具有较强的权威性,涵盖面广泛,便于宏观信息的收集,是非常重要的市场调查资料。例如,相关政府部门颁布的人口普查数据、经济普查数据、第三产业普查数据等。

4）行业协会和联合会

各种行业协会和联合会一般通过内部刊物发布各种资料,包括行业法规、市场信息、经验总结、统计资料汇编、会员经营状况等,这些资料对调查人员了解相关行业发展现状和发展趋势具有十分重要的参考价值。例如,汽车行业协会发布的汽车供求数据、房地产协会发布的房地产供求数据等。

5）新闻媒体

电视、广播、报纸和杂志等新闻媒体发布的信息也是重要的资料来源。例如,《经济日报》《信息时报》《中国商报》等报纸,经常刊载一些市场调查报告,以及一些产品的市场供求分析文章等。

6）研究机构和调查公司

很多研究机构和调查公司经常发表一些相关市场调查报告和专题评论文章,以扩大自己的影响力,而这些报告和文章往往蕴含丰富的市场信息。

7）金融机构

金融机构尤其是一些国际性金融机构,如世界银行、世界货币基金组织、亚洲开发银行等,通常都会发布有关预测世界经济趋势及前景、重要产业发展及外贸发展等方面的金融信息。

8）各类国际组织或会议

各种国际组织、博览会、展销会、交易会、订货会,以及各种学术性经验交流会都会在会议现场发放大量的文件和材料,为调查人员了解国内外市场情况提供资料。例如,有关与会企业的产品目录、价格单、经销商名单、年度报告等,会提供与企业和产品有关的大量信息。

（四）常用的文献检索工具

1. 手工检索工具

(1) 书目。书目是指将各种图书按内容或学科等条件分类编制的目录,反映了图书的名称、作者、价格、卷册等信息。

(2) 索引。索引是指将书籍、报纸、期刊中的内容或项目分别摘录,编成简要的条目,并注明该文献的出处、时间、期数、页码等信息,然后按一定次序排列起来的检索工具。

(3) 文摘。文摘是指对文献的主要内容进行简单且准确的概括,不进行评价和解释的短文。

2. 计算机检索工具

计算机检索工具主要有搜索引擎和网络数据库。

(1) 搜索引擎。搜索引擎是指根据一定的策略、运用特定的计算机程序收集互联网上的信息,在对信息进行整理与组织后,将检索的相关结果展示给用户的信息系统。

(2) 网络数据库。网络数据库是指通过网络访问的,可储存在计算机中的,有一定结构和规则的数据集合。

二、访问调查

访问调查与访谈调查在广义上可视为相似的信息收集方法,但访问调查更倾向于正式的场合,此处仅介绍访问调查。访问调查是指以访问调查对象的方式了解市场情况的调查。采用访问调查时,调查人员一般会向调查对象发放调查问卷,询问各种有关行为、意向、态度、动机等方面的问题。这些问题的设计必须合理、严谨,否则会影响调查结果的准确性。访问调查的形式有入户访问、街头拦截访问等。

（一）入户访问法实施步骤

入户访问是指调查人员到受访者家中,根据问卷或调查提纲与受访者进行面对面的交谈。为了提高入户访问的成功率,调查人员在入户访问过程中需要遵循一定的程序,如图2-1所示。

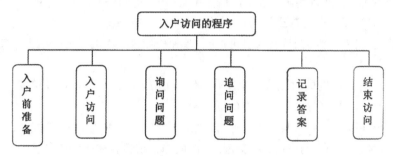

图2-1 入户访问的程序

第一步,入户前准备。

调查人员在入户访问前,首先,应对受访者的基本情况进行了解,如了解受访者的生活环境、工作性质等,以此制订调查计划;其次,要准备好所需要的工具,如问卷、签字笔、受访者名单、自己的身份证明、礼品等;最后,提前与有关管理部门做好协调和沟通工作,如与居委会或物业管理人员建立联系,争取他们的配合,以减少入户阻力。

第二步,入户访问。

入户访问通常遵循以下流程。

(1)表明身份。进行自我介绍时要简明扼要、重点突出、亲和力强,并主动出示身份证明,使受访者尽快了解调查人员的身份并认为访问是善意的。例如,"您好,我是××学校的学生,这是我的学生证,我们正在为××公司做一项有关牙膏的市场调查,您是被抽选的受访者之一,我能占用您一点儿时间吗?"

(2)说明来意。在向受访者表明调查目的时要言简意赅,尽快说明调查目的及范围,初步建立与受访者之间的信任关系,并使对方认为自己的回答是有意义的。例如,"我们这次调查的主要目的是了解消费者使用牙膏的一些情况,您的回答将为我们提供重要的参考"。

(3)告诉受访者保密纪律。正式访问前调查人员应当告知受访者相关保密纪律,以消除受访者的疑虑,获得较为真实的信息。例如,"请您放心,我们对您提供的信息有保密的义务"。

第三步,询问问题。

在询问问题时,调查人员应当遵循以下要求:

(1)问题用词不能随意改变。问卷上的用词往往都是经过仔细推敲的,调查人员要始终按照问卷上的用词进行提问,用词有误可能影响整个调查的结果。

(2)问题的顺序不能随意调换。问题的先后顺序往往存在一定的逻辑关系,对问卷整体的准确性有重要影响,调查人员要严格按照问题的顺序进行提问。

(3)严格按要求询问。当受访者不理解题意时,调查人员可以重复提问,但不能随意解释,以免影响受访者独立思考。

(4)问卷上的每个必要的问题都应问到。调查人员不能因为访问次数多、同样的问题重复遍数多或认为某些提问不重要而自作主张放弃询问。

(5)其他注意事项。为了使受访者清晰地接收并理解问题,调查人员在提问时语速应不急不缓,音量大小适中,语气平和,并且要根据受访者的情况适当调节和控制。

第四步,追问问题。

在访问中,如果受访者的回答较为模糊,调查人员可采用追问的方式继续提问。但需要注意,追问问题要以受访者不感到厌烦为限。在实际调查中,常用的追问语一般有"您的意思是什么?""还有另外原因吗?""为什么您会这么认为?""您能告诉我您的想法吗?",等等。再如,受访者对某品牌产品的评价是"很好",此时,调查人员可追问:"您说的很好是指哪方面,可以具体说一下吗?"

第五步,记录答案。

调查人员应当在访问的同时完成记录工作,不能在访问结束后靠记忆补填问卷。如果来不及记录,可以放慢提问速度,并有意重复对方的话。

对于提供可选答案的问题记录,要在所选答案上明确标记,如画上"○"或"√";对于主观回答的问题记录,要使用受访者的原话,切忌使用自己的语言重新表述或掺杂自己的观点。

在征得受访者同意的情况下,也可以采取录音或录像手段以保证访问记录的准确性。

第六步,结束访问。

在所有问题都提问完毕后,调查人员不能立即离场,还需进行以下收尾工作。

(1)迅速检查问卷:看问题的答案是否存在空缺,是否存在前后不一致的地方,是否存在需要受访者进一步说明的含糊答案等。若有上述情况,则需向受访者补充提问。

(2)确定问卷无遗漏后,调查人员应告知受访者调查完毕,并向受访者表示感谢。例如,"这次调查占用了您的宝贵时间,感谢您的支持和配合,如果有需要,我们会再和您联系。再见!"

(3)在离开时,注意随手关门等礼仪细节。

在实际访问过程中,受访者可能会基于种种原因拒绝访问,此时,调查人员要查清楚原因,并想办法解决。下面列举了几个实例以供参考。

(1)受访者将调查人员误认为商品推销员:调查人员要及时做出解释,出示相关证件表明自己的身份。

(2)受访者家中正好有事:调查人员可以与受访者商量,约定一个受访者认为合适的时间,再次上门访问。

(3)受访者家里只有老人和小孩,不宜调查:调查人员可以记录受访者的联系方式,等受访者回来后,再预约时间进行访问。

(4)受访者在访问中途表现出不耐烦:受访者在访问中途抱怨时间太久或内容太多时,调查人员态度要谦和,表示出适当的歉意,并告知受访者大概的结束时间,以安抚其情绪,使其配合完成调查。例如,"很感谢您的支持,耽误您时间了。还有三个问题调查就结束了,麻烦您再坚持一下"。

(5)受访者十分健谈:调查人员要时刻记住自己的访问目的,遇到受访者答非所问时,调查人员可以选择合适的时机,礼貌地将受访者的回答引向正题,避免浪费太多时间在额外的话题上。

(二)街头拦截访问实施步骤

街头拦截访问是指在固定场所(如交通路口、生活小区、商场等)拦截访问对象,对符合条件的人员进行面对面访问的调查方式,其主要形式包括:①由调查人员在事先选定的地点,按一定程序和要求(如每隔几分钟拦截一位行人)选取访问对象,征得对方同意后,在现场以问卷的形式进行简短的调查;②中心地调查,又称"厅堂测试",是在事先选定的若干场所内,按照一定程序和要求拦截访问对象,征得其同意后,将其带至该场所附近的房间或厅堂进行调查。街头拦截访问的程序如图2-2所示。

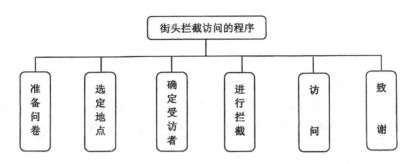

图2-2 街头拦截访问的程序

第一步,准备问卷。

在调查之前,调查人员应当根据调查目的精心设计详细、完整的调查问卷,并按照计划调查的人数确定问卷的数量。一般情况下,需要额外准备一些问卷,以应对意外事项引起的浪费。

第二步,选定地点。

访问地点通常选定在人流量大、环境舒适的商业场所、娱乐场所,或是有具体特征的人员出现较多的地方。

第三步,确定受访者。

为了降低拒访率,调查人员应尽量选择那些姿态悠闲、神色轻松的行人或在休息区休息的人作为受访者。切忌选择步履匆匆、提拿重物、神态焦虑者。

第四步,进行拦截。

选定受访者后,调查人员应果断上前拦截,并说明目的,此时的态度要诚恳、语气要温和,即使被拒绝,也要礼貌地表示歉意。例如,"打扰了,先生,我们是××学校的学生,能耽误您几分钟时间做一个简单调查吗?"

第五步,访问。

受访者同意接受访问后,调查人员可以按照问卷的内容进行提问,有关提问的技巧与入户访问大体相同。

第六步,致谢。

访问完毕后,调查人员应当向受访者表示感谢并与其礼貌告别。为了保证街头拦截访问的质量,调查时需要做到以下几点:

(1)提问完毕后要现场对问卷进行快速且彻底的审核,审核无误后再让受访者离开,以便及时补充访问,确保问卷的质量。

(2)对于超出自己能力而无法解决的问题,应及时与同行伙伴商量或向复核人员反馈,避免造成更大的错误。

三、观察法(观察调查)

观察法包含现场观察法,是一个更广泛的概念,此处对更大范围的观察法进行简要介绍。

(一)观察法的定义和特点

1.观察法的定义

观察法是观察者根据研究目的,有组织、有计划地运用自身的感觉器官或借助科学的观察工具,直接搜集当时正在发生的、处于自然状态下的市场现象有关资料的方法。

2. 观察法的特点

1) 目的性

观察法所观察的内容都是经过周密考虑的。它不同于日常生活中的出门看天气、到公园观赏风景、观看体育比赛、去展览馆观看各种展览等观察活动,这些活动仅仅是为了安排个人生活或调节个人行为而进行的。市场调查中应用的观察,是为研究市场问题而搜集资料的过程。

2) 科学性

在观察之前,必须根据市场调查目的,对观察对象、观察项目和观察的具体方法等进行详细计划,设计出系统的观察方案。对观察者必须进行系统培训,使之掌握与市场调查有关的科学知识,具备观察技能,这样才能做到对市场现象进行系统、科学的观察。显然,科学的观察与日常生活中的无系统、片面的一般观察是不同的。科学的观察必须通过对观察过程的周密计划,通过对观察者的严格要求,避免或尽可能减少观察误差,保证调查资料的可靠性。

3) 运用科学的观察工具

在对市场现象进行观察的过程中,观察工具可以有两大类。一类是人的感觉器官,即人的眼、耳、鼻、舌等。其中最主要的是眼,在观察过程中通过眼睛获得的信息量最大,其他感觉器官也可对市场现象做出直接感知。另一类是科学的观察工具,如照相机、摄像机、望远镜、显微镜、探测器等。这些观察工具大大提高了观察者观察市场现象的深度,延伸了人的视觉能力。观察工具在科学的观察中不但提高了人类对事物的观察能力,而且还能起到对观察结果进行记载的作用,调查记录除文字记录外,还有经观察工具得到的照片等,增加了观察资料的翔实性。随着现代科学技术的发展,新的观察工具不断涌现,进一步提高了人类对市场现象的观察能力。

4) 观察结果的客观性

对市场现象的观察,可以在自然状态下进行,也可以在实验条件下进行。所谓自然状态下的观察,就是不带有任何人为制造的假象,完全依据市场现象在所处时间、地点、条件下的客观表现进行观察,以保证观察结果的客观性,反映实际情况。市场现象自然状态,实际上是受各种因素综合影响的结果。

所谓实验条件下的观察,是在人为创造的特定条件下对市场现象进行观察,称为实验法。这种观察法在自然科学研究中应用较多,在市场现象的研究中通常也被采用。

(二) 观察法的基本类型

观察者为了取得所需要的市场现象资料,往往要在不同情况下采取不同类型的观察方法。

1. 参与观察与非参与观察

根据观察者是否参与被观察的市场活动,观察法可以分为参与观察和非参与观察。

1) 参与观察

所谓参与观察是指观察者直接参与市场活动,如参与市场中商品的买卖等,并在参与市场活动时对市场现象进行观察,搜集市场资料。这种观察也称为局内观察。

参与观察按观察者参与市场活动的深度不同,又可分为完全参与观察和不完全参与观察。完全参与观察,就是观察者完全参与到市场活动中,以买方或卖方的身份出现,与其他商品买者或卖者处于同等地位,并在买卖活动中进行观察。在不完全参与观察中,观察者只参与部分市场活动,并在参与过程中对市场现象进行观察。

2）非参与观察

所谓非参与观察是指观察者以旁观者的身份,对市场现象进行观察,也称局外观察。观察者不参与任何市场活动,被观察的市场活动参与者也将其视为外人。

参与观察和非参与观察各有优缺点。一般来说,参与观察对市场现象的观察较深入、细致,不但可以观察市场现象的具体表现,还可以了解市场交易双方之间较深层次的活动。但是参与观察一般花费的时间较长,观察者只有实际参与市场活动的全过程或某个阶段,才能观察到具体市场现象。非参与观察则能比较客观、真实地搜集资料,不会因为参与了市场活动,而对市场现象产生某些主观倾向,但非参与观察难以对市场现象进行很深入的观察。在实际调查中,应根据调查目的和调查内容确定观察方法。

2. 有结构观察和无结构观察

根据观察者对观察内容是否统一设计一定结构的观察项目和要求,观察法可分为有结构观察和无结构观察。

1）有结构观察

所谓有结构观察,是指事先制订出观察计划,对观察对象、范围、内容、程序等都做出严格的规定,在观察过程中必须严格按计划进行。

有结构观察的突出特点是观察过程的标准化程度高,所得到的调查资料比较系统。当然,有结构观察的关键在于,事先对市场现象做探索性分析研究,制订出既实用又科学的观察计划。

2）无结构观察

无结构观察是指事先并不严格规定观察的内容、程序等,只要求观察者有一个总的观察目的和原则,或有一个大致的观察内容和范围,在观察时根据现场的实际情况,进行有选择的观察。

无结构观察的显著优点是灵活性大,调查者在观察过程中,可以在事先拟定好的提纲的基础上,充分发挥主观能动性。但无结构观察的资料一般不够系统,不便于资料的整理和分析。

在采用现场观察法搜集市场资料时,对于可以确定发生时间、地点、条件和内容的市场现象,可采取有结构观察法;而对于不确定的市场现象,则只能用无结构观察法,因为调查者事先无法对市场现象做出详细的观察计划。有结构观察的标准化程度高,便于对调查资料的整理和分析。但是,其设计过程对观察内容、观察项目的分类、观察程序等都有比较严格的要求,且只适用于确定性现象的观察。

观察法除了以上两种分类标准外,还可以分为静态观察和动态观察、定性观察和定量观察、直接观察和间接观察、探索性观察和验证性观察等类型。不同观察方法都有其特点,在实际市场调查中应根据研究目的和具体条件,灵活运用这些方法。

（三）应用观察法的基本原则

应用观察法必须遵循以下几条基本原则。

1. 客观性原则

对市场现象进行客观的观察,是正确认识其本质和发展规律的基础。在观察中,观察者必须持客观的态度对市场现象进行观察,不可按自己的主观倾向,歪曲事实或编造情况。否则,不但失去了观察的意义,而且会导致调查资料的虚假性,造成不良后果。坚持观察的客观性是观察法首要的、最基本的要求。

2. 全面性原则

在对市场现象的观察中,力求做到全面观察。市场现象常常有多方面的表现和联系,观察者必须从不同层次、不同角度对市场现象进行全面观察,才能认识市场现象的全貌,防止出现片面或错误的认识。观察的全面性,是由市场现象具有复杂性的客观事实决定的,也是科学观察事物的一般要求。

3. 深入持久性原则

对市场现象进行客观的、全面的观察,不是一朝一夕就可以完成的,必须对市场现象进行深入持久的观察。市场现象极为复杂,会随着时间、地点、条件的变化而不断变化。如果不坚持深入持久的原则,则只能观察到现象的表面,忽视了实质;只能观察到现象的特殊表现,忽视了其经常性的一般表现。由于市场调查的目的是认识市场现象的本质及其发展规律,所以深入持久性原则是必不可少的。市场现象的本质和规律性只有在深入持久的观察中才能被发现。

(四)观察法的优点和缺点

1. 观察法的优点

1)观察的直接性及可靠性

观察法最突出的优点是可以直接观察市场现象的发生,能够获得直接的、具体的、生动的材料。由于观察的直接性,所得到的资料一般具有较高的可靠性。

2)适用性强

观察法对各种市场现象具有广泛的适用性。观察法基本上是以调查主体为主,而不像其他调查方法那样要求调查对象具有配合调查的能力,如语言表达能力或文字表达能力等,这大大提高了观察法的适用性。

3)简便易行,灵活性较大

在观察过程中,观察人员可多可少,观察时间可长可短,只要在市场现象发生的现场,就能比较准确地观察到现象的表现。参与观察可以深入了解市场现象在不同条件下的具体表现;非参与观察则可在不为人知的情况下,做灵活的观察。

2. 观察法的缺点

1)观察活动必须在市场现象发生的现场

观察法的特点使观察活动带有一些局限性。观察法需要较多人力、物力,对于一些带有较大偶然性的市场现象,往往不容易把握其发生的时间和地点,或在现象发生时不能及时到达现场。

2)明显受到时空限制

观察法必须在市场现象发生的当时当地进行观察。从空间上看,它只能观察某些点的情况,难以做到宏观上的全面观察;从时间上看,它只能观察当时的情况,对市场现象过去的和未来的情况都无法观察。

3)有些市场现象不能用观察法

观察法虽然适用性强,但并非任何市场现象都可以通过观察取得资料。有些市场现象只适合用口头或书面形式搜集资料,如消费者的消费观念,对某些市场问题的观点、意见等。此外,观察活动会使被观察者受到一定程度的干扰而不能处于自然状态;同时,这种方法不易对现象进行重复观察,因为市场现象在不同时间、空间的表现不会完全相同。

四、实验调查法

实验调查是从影响调查对象的若干因素中选出一个或几个作为实验因素,在其余诸因素均不发生变化的条件下,了解实验因素的变化对调查对象的影响程度,为企业制定市场策略提供参考的一种方法。

1. 实验调查的基本要素

实验调查的基本要素包括:①实验人员,即实验调查的主体;②实验对象,即实验调查的客体,一般分为实验组和对照组;③实验活动,即改变实验对象所处环境的各种操作;④实验检测,即在实验过程中对实验对象所做的检查或测定。

2. 实验调查的分类

1)单一实验组前后对比实验

单一实验组前后对比实验是指选择若干实验对象作为实验组,对比实验对象在实验活动前后的情况并得出结论的调查方法。这种方法简单易行,是调查人员经常采用的一种实验方法。其操作步骤如下:①选择实验对象和实验环境;②对实验对象进行实验前检测;③改变实验对象所处的环境;④对实验对象进行实验后检测;⑤通过前后检测的对比,确定实验活动的效果。

单一实验组前后对比实验的计算公式如下:

$$实验效果 = 实验后检测结果 - 实验前检测结果$$

案例阅读

单一实验组前后对比实验的应用

某化妆品公司为了提高其产品销量,计划设计一款新包装。为检验新包装的效果,公司选取了其生产的四种化妆品(A、B、C、D)作为实验对象,对这四种产品包装改变前后一个月的销售量进行了统计对比,得到的实验结果如表2-7所示。

表2-7 改变包装前后化妆品的销售量(单一实验组前后对比实验)

单位:万个

品种	实验前销售量	实验后销售量	实验效果
A	4	5	1
B	5.8	6.9	1.1
C	6.5	7.8	1.3
D	7.5	9	1.5
合计	23.8	28.7	4.9

从实验效果上来看,四种化妆品改换包装后,销售量均有了不同程度的增加,总的销售量增加49000个。由此判断,包装对化妆品销售有很大影响,改变化妆品包装的方案是可行的。

需要注意的是,市场现象可能受很多因素的影响,产品的销售量增加也可能是消费者喜好发生改变或者是竞争对手产品价格提高等因素引起的。因此,此种方法只有在实验人员能有效排除非实验因素影响的情况下,才具有参考价值。

2)实验组与对照组对比实验

实验组与对照组对比实验是指调查人员在相同或相近的市场条件下将选定的实验对象划分为实验组和对照组,只对实验组进行实验,而将对照组留作参照,将实验后的实验组与对照组进行对比得出结论的调查方法。这种方法具有较高的准确性。

实验组与对照组对比实验的计算公式如下:

实验效果 = 实验组实验后检测结果 − 对照组检测结果

案例阅读

实验组与对照组对比实验的应用

仍然以上述化妆品公司改变其产品包装为例,公司决定采用实验组与对照组对比实验的方法来观察改变产品包装后的销售效果。公司初步选定4家市场条件相近的超市A、B、C、D,其中A、B为实验组,使用新包装;C、D为对照组,仍使用原包装,实验期为一个月。实验结果如表2-8所示。

表2-8 改变包装前后化妆品的销售量(实验组与对照组对比实验)

单位:万个

实验组		对照组		实验效果
超市	销售量	超市	销售量	
A	3	C	2.5	0.5
B	2	D	1.3	0.7
合计	5	合计	3.8	1.2

从实验效果上看,原包装化妆品销售量为38000个,采用新包装的化妆品销售量为50000个,销量增加了12000个。因此,改换化妆品包装的方案是有效的。

需要注意的是,在实验组与对照组对比实验中,增加的12000个销售量也可能是改变产品包装和其他非实验因素共同引起的。因此,这种实验调查也只有在其他因素都不变的情况下才能使用。

3)实验组与对照组前后对比实验

实验组与对照组前后对比实验是指对实验组和对照组分别在实验前后进行检测(对照组在实验前后始终不参与实验),再将实验组与对照组的检测结果进行对比,得出实验结论的调查方法。这种方法吸收了前两种方法的优点,也弥补了其不足,但这种方法的实验设计相对比较复杂,实验条件的要求也相对较高。

实验组与对照组前后对比实验的计算公式如下：

实验效果 = 实验组检测结果 – 对照组检测结果 =（实验组实验后检测结果 – 实验组实验前检测结果）–（对照组实验后检测结果 – 对照组实验前检测结果）

案例阅读

实验组与对照组前后对比实验的应用

仍以上述化妆品公司改变其产品包装为例，公司分别选择了 A、B 两家各方面相似且具有代表性的超市作为实验组和对照组，实验期为两个月，前一个月两组均销售原包装化妆品，后一个月实验组 A 超市改为销售新包装化妆品，对照组 B 超市仍销售原包装化妆品。实验结果如表 2-9 所示。

表 2-9 改变包装前后化妆品的销售量（实验组与对照组前后对比实验）

单位：万个

单位	实验前一个月	实验后一个月	销售量变化	实验效果
实验组 A	3.5	4	0.5	0.2
对照组 B	3.2	3.5	0.3	

由表 2-9 可知，实验前一个月，两组的化妆品销售量分别为 35000 个和 32000 个。实验后一个月，实验组改换新包装，销售量增加 5000 个。销售量的增加是实验因素和非实验因素共同影响的结果。对照组虽未改变包装但销售量仍增加了 3000 个。因此，实验效果应为增加销售量 2000 个，这是排除非实验因素影响的销售量，反映了实验因素（改变化妆品包装）对销售量的影响。依据上述分析得出结论：改换产品包装的方案是有效的。

4）随机对比实验

随机对比实验，是指以随机抽样法选定实验单位而进行的实验调查。当因各种原因不适合采用主观方法选定实验单位时，可以采用随机抽样法选定实验单位，使众多的实验单位都有被选中的可能性，从而保证实验结果的准确性。

随机对比实验有多种形式，其方法与随机抽样相似，有简单随机抽样、分层抽样、整群抽样等。采用何种形式、选择什么样的实验单位进行实验调查，必须从实际出发，根据具体情况而定，并以能够获得较准确的实验效果为原则。例如，当市场外界因素对各实验单位影响基本相同时，也就是说调查对象中各实验单位差异不大时，可以采用简单随机抽样，利用抽签法或随机数表法，选定实验单位，进行市场变化因素的各种实验调查。如果外部因素对各实验单位影响不同（如城市交通条件的改善对不同企业生产经营会产生不同的影响），则可以采取分层抽样法，把情况相同的实验单位分别划为一个层次，然后从每个层次中随机选定实验单位进行实验调查。

随机对比实验的调查方法的优点是不受主观经验判断影响，有助于使实验结果排除人为干扰；可以计算实验误差；可与其他实验方法相结合，解决选择实验单位的困难。但是还需要注意的是，这一方法也有缺点，即花费时间长、费用高，因而其实际应用受到一定限制。

5）小规模市场试销实验调查

小规模市场试销实验调查方法是指在开发新产品或产品新型号，产品进入一个新市场时，选择一个与整个大市场有高度相似条件的小型市场进行产品试销,在购买者与使用者中听取意见、了解需求,收集市场信息资料的一种方法。

小规模市场试销实验调查方法的具体步骤如下。

(1)选定一个小型市场。其条件、特征要与准备进入的大市场有经济、民族、文化等方面的高度相似性。

(2)将新产品、产品新型号在这个选定的小规模市场内进行试验销售。

(3)对销售结果进行分析。根据销售情况进行经营管理决策,是扩大生产规模,还是放弃或改进产品。通过小规模市场试销实验调查,有助于企业明确生产经营方向,提高决策的科学性。

3. 实验调查的应用

实验调查常用于测试各种广告、促销方法的效果,研究产品的品牌、名称、颜色、价格、包装、陈列位置等因素对销售量的影响等。例如,当产品准备提价时,可以通过实验调查确定价格变化对产品销售量的影响。

4. 实验调查的优缺点

1)实验调查的优点

(1)实验结果具有客观性。实验调查取得的数据一般比较客观,具有较高的可信度。

(2)能够揭示市场现象之间的相互关系。调查人员可以主动改变某些因素,以研究其对其他因素的影响程度。

(3)为调整经营管理决策提供依据。凡是调查商品改变设计、包装、商标、价格等因素对销量影响的,均可以通过实验调查在小规模实验市场上获取有用的信息,从而避免决策的盲目性。

2)实验调查的缺点

(1)费用高。实验调查在金钱和时间方面的成本都很高。

(2)保密性差。实验调查可能会暴露新产品或营销计划的某些关键部分,给竞争对手以可乘之机。

(3)容易受到不可控因素的影响。例如,在实验过程中,经销商可能不愿意参与销售。

五、调查时的注意事项

进行市场调查时,调查人员需要注意以下细节问题。

(1)在敲门时,调查人员要做到声音和节奏适中,敲门声音太大或节奏太紧促会引起受访者的警觉与反感,而敲门声音太小或节奏太慢,受访者可能听不到。

(2)善意赞美。善意赞美的语言,可以拉近与受访者之间的距离。例如,在被允许进入房间之后对受访者家里的陈设、清洁度等进行适度赞美,有利于调查工作顺利展开。

(3)示意礼品。如备有礼品,调查人员可以告之访问结束后会有小礼品赠送以示谢意。

为了给受访者留下较好的印象,调查人员还应注意以下细节。

(1)端正的仪容能给人亲切感,调查人员应当注重个人形象,做到仪表干净,衣着得体。

(2)访问时间应以方便受访者为原则,尽量不干扰受访者的正常生活。例如:休息日一般选在上午9:00~11:30、下午3:00~6:00、晚上7:00~8:30;工作日一般选择在晚上7:00~9:00。

任务 7　调查问卷制作

📡 任务导航

某著名培训公司准备推出一门针对企业管理效益提升的培训课程。在开始设计和推广这门课程之前,公司需要知道哪些课程会受客户欢迎以及客户对课程的具体需求,以帮助公司合理设计课程体系并选择合适的宣传方式做课程推广。为此,公司做了一次内含 500 份问卷的市场调查。该问卷调查了潜在客户的年龄层次、工资收入、职位、可上课的空闲时间、期望的授课形式、各种课程的喜好程度、参加课程培训的意愿等。该问卷采用了不同的问题形式和量表技术。最终,该公司选定了 50 家意向企业投放该问卷,共收回了 326 份问卷,回复率为 65.2%,其中有效问卷有 302 份,有效率为 92.6%。

📡 任务分析

通过问卷调查,该公司获得了调查对象的基本信息、对培训课程的认知、对课程内容体系及授课形式的需求,以及参与课程培训的意愿等有效信息,为课程设计和后期推广起到了积极作用。请问该调查问卷的结构会影响你的填写兴趣吗?你心目中好的调查问卷有哪些标准?

📡 工作步骤

问卷设计是由一系列相关的工作过程构成的。为使问卷具有科学性、规范性和可行性,一般可以参照以下程序进行。

步骤 1　确定调查目的、主题和内容

对那些直接参与设计的人员来讲,要详细了解问卷的主题、目的和内容。

步骤 2　确定数据收集方法

获得访问数据可以有多种方法,如街头拦截访问、电话访问、入户访问等,每一种方法对问卷设计都有影响。事实上,街头拦截访问比入户访问有更多的限制,且在时间上的限制较多;电话访问经常需要丰富的词汇来描述一种概念,以确保调查对象理解正在讨论的问题;而在入户访问中,调查人员可以给调查对象出示图片以解释或证明问题中涉及的概念。

步骤 3　确定问题形式

问题的形式主要有开放式问题、封闭式问题。开放式问题是一种调查对象可以自由地用语言回答和解释有关想法的问题类型。也就是说,调查人员没有对调查对象的选择进行任何限制。封闭式问题是一种需要调查对象从一系列应答项中做出选择的问题。

步骤4　决定问题的措辞

在确定了问题之后,必须根据调查对象的情况来考虑问题的措辞。措辞必须清楚,避免诱导性的用语,考虑调查对象回答问题的能力和意愿。

步骤5　确定问卷的编排

问卷不能任意编排,其每一部分的位置安排应具有一定的逻辑性。问卷是访谈双方获得联系的关键。联系越紧密,调查对象可能思考得越认真、回答得越仔细,调查人员越可能得到完整、真实的访谈结果。

步骤6　评价问卷

一旦问卷草稿设计好后,问卷设计人员应再做一些批评性评价。在问卷评价过程中,应当考虑以下原则:①问题是否必要;②问卷是否太长;③问卷是否回答了调查目标所需的信息;④问卷的外观设计;⑤开放式问题是否留足空间;⑥问卷说明是否用了明显的字体标注等。

步骤7　获得各方认可

问卷设计进行到这一步,说明问卷的草稿已经完成。草稿的复印件应分发给管理这一项目的有关部门。一般在问卷的设计阶段,调查项目委托者提出新的要求之后,调查项目负责人需要修改问卷,获得委托者认可。这也是避免后期出现不必要纠纷的重要流程。

步骤8　预先测试和修订

问卷获得管理层的最终认可后,还必须进行预先测试。在没有进行预先测试前,不应进行正式的访问调查。通过预先测试可以寻找到问卷中存在的错误解释、不连贯的地方,为封闭式问题寻找额外的选项,确定调查对象的一般反应。预先测试应与最终访问的形式相同,也就是说,如果最终访问采取入户访问的形式,那么预先测试也应采取入户访问的形式。

在预先测试完成后,对所有需要调整的地方进行修改,在进行实地调查前应再一次获得各方的认同。如果预先测试导致问卷产生较大的改动,应进行第二次预先测试。

步骤9　准备最后的问卷

准备最后的问卷时,应确保问卷内容精准,有关特殊需求应得到妥善处理,并对印制过程进行监督。同时,问卷可能需要特殊的折叠和装订,应确保相关操作正确无误。

 知识平台

一、问卷及其作用

问卷是指调查人员事先根据一定的调查目的和要求,将调查项目转换成一系列问题,向调查对象了解情况或征询意见的书面文件。问卷在市场调查中发挥着不可或缺的作用,合理的问卷有利于全面准确地搜集信息,从而为调查人员后期分析市场现象提供必要的信息支持。

一般来说,问卷的作用主要体现在以下方面:
(1) 把研究目标转化为特定的问题。
(2) 使问题和回答范围规范化、标准化,便于调查人员的记录和携带。
(3) 通过措辞、问题流程和卷面形象的优化取得与调查对象的合作。
(4) 可以作为调研资料的原始记录。
(5) 加快数据整理和分析的过程。
(6) 收集调研前与所做假设命题有关的信息,以验证假设命题能否成立。

好的问卷一定程度上决定了收集数据的质量,进而决定了调研的成败。

二、问卷的类型

问卷的类型可以从不同角度进行划分。按提出的问题可划分为结构式问卷、半结构式问卷、开放式问卷;按调查方式可划分为自填问卷和访问问卷;按问卷用途可划分为甄别问卷、调查问卷和回访问卷等。

1. 按提出的问题划分

(1) 结构式问卷,通常也称为封闭式或闭口式问卷。这种问卷的答案是研究者在问卷上早已确定的,由调查对象认真选择答案就可以了。

(3) 半结构式问卷,这种问卷介于结构式问卷和开放式问卷之间,问题的答案既有固定的、标准的,也有让调查对象自由发挥的。

(2) 开放式问卷,也称开口式问卷。这种问卷不设置固定的答案,让调查对象自由发挥。

2. 按调查方式划分

(1) 自填问卷,是由调查对象自己填答的问卷。自填问卷由于发送的方式不同,又分为发送问卷和邮寄问卷两类。发送问卷是由调查人员直接将问卷送到受访者手中并由调查人员直接回收的调查形式,而邮寄问卷是由调查单位直接邮寄给受访者,受访者填答后再邮寄回调查单位的调查形式。

(2) 访问问卷,是访谈员通过访问调查对象意见,由访谈员填答的问卷,主要用于面对面的访谈。

3. 按问卷用途划分

(1) 甄别问卷,是为了保证调查的受访者确实是调查项目的目标受众而设计的一组问题。市场调查中这组问题的设计一般包括个体自然状态、产品适用性、产品使用频率、产品评价有特殊影响和拒绝调查 5 个方面。

(2) 调查问卷,是问卷调查最基本的内容,也是研究的主体形式。任何调查,可以没有甄别问卷,也可以没有回访问卷,但是必须有调查问卷,它是调查分析的基础。

(3) 回访问卷,又称复核问卷,是指为了检查调查人员是否按照访问要求进行调查而设计的一种监督形式的问卷。

事实上,大多数的调查问卷是混合式问卷,在调查问卷中也会有甄别式的问题,同时在问题设计上,既有封闭式问题,也会有开放式问题。

三、问卷的构成

一般来说,一份问卷通常包括问卷介绍、主体、基础数据、结束语、编码及作业证明信息等主要组成部分。

1. 问卷介绍

1)问卷标题

问卷的标题概括说明了调查研究的主题,使调查对象对所要回答的问题有一个大致的了解。确定标题时应简明扼要,易于引起回答者的兴趣。例如"大学生消费状况调查""我与广告——公众广告意识调查"等,而不要简单采用"问卷调查"这样的标题,它容易引起回答者拒答。

2)卷首语

卷首语旨在向调查对象说明调查的目的、意义,以期获得调查对象的重视与支持。卷首语一般放在问卷开头,可以单独成页。

卷首语通常包括自我介绍、调查主题、调查目的、调查意义,以及调查对象的隐私保护等问题。卷首语既可采取比较简洁、开门见山的方式,也可在卷首语中进行一定的宣传,以引起调查对象对问卷的重视。

需要注意的是,在撰写卷首语时文字要简洁明了,可读性强;目的和意义介绍言简意赅,引起调查对象重视;语气要亲切、诚恳,获取调查对象的支持。

3)指导语

指导语就是告诉调查对象如何正确地填写问卷,或者提示调查人员如何正确完成问卷调查工作的语句。它用于消除调查对象填、答问卷中的障碍,帮助调查对象顺利完成问卷。指导语一般出现在卷首语之后。典型的指导语包括以下情形。

(1)限定回答的范围,如单选还是复选。

(2)指导回答的方法,如在所选答案处打钩,或者将答案写在题干结尾处。

(3)指导回答的过程,如"若本题回答为是,请结束作答"。

(4)限定回答的要求,如"填写问卷时请不要与他人商量"。

(5)规定或解释概念和问题的含义,如"品牌知名度是指潜在购买者认识到或记起某一品牌的某类产品的能力"。

2. 主体(正文)

调查的主体内容是调查者所要了解的基本内容,也是调查问卷中最重要的部分。它是指调查的具体项目和问题,主要以提问的形式提供给调查对象,这部分内容设计的好坏直接影响整个调查的价值。

在设计主体内容时,问题的设计是最关键的。需要注意的是,第一,与本次调查有关的项目不能遗漏;第二,语言描述要准确无歧义,通俗易懂;第三,设计的问题应尽量关注调查对象的心理反应,不能给调查对象造成心理负担,导致其中途放弃填写问卷。

3. 基础数据

基础数据信息主要指调查对象的一些主要特征。主要包括如下项目。

(1) 对消费者的调查,包括消费者的性别、年龄、民族、家庭人口、婚姻状况、文化程度、职业、工作单位、收入、所在地区等内容。

(2) 对企业的调查,包括企业名称、地址、所有制性质、主管部门、职工人数、商品销售额(或产品销售量)等情况。

这些项目极大地方便了调查人员对调查资料进行统计分组、分析。在实际调查中,列入哪些项目、列入多少项目,应根据调查目的、调查要求而定,并非多多益善。同时,该部分信息的提问应当放置在合理的位置,可置于问卷卷首语之后,也可位于问卷主体之后,但不管怎样都应避免调查对象因担心自身隐私信息泄露而放弃调查。

4. 结束语

在调查内容结束之后,要向调查对象表示感谢,语言简洁精练,同时体现诚意,一般用"再次感谢您的大力支持"即可。

5. 编码

编码是将问卷中的调查项目变成数字信息的工作过程,大多数市场调查问卷均需编码,以便分类整理,易于进行计算机处理和统计分析。在问卷设计时,应确定每一个调查项目的编号,通常在每一个调查项目的最左边写下编号顺序。

6. 作业证明信息

在问卷的最后,应附上调查人员的姓名、访问日期、时间等,以明确调查人员完成了任务。如有必要,还可写上调查对象的姓名、单位或家庭住址、电话等,以便审核和进一步追踪调查,但对于一些涉及调查对象隐私的问卷,上述内容则不宜列入。

案例阅读

以下是关于电脑市场消费者的一份调查问卷示例,仅供参考。

电脑市场消费者调查问卷

尊敬的女士/先生:.

您好!我们是圆心电子有限公司聘请的市场调查人员,正在进行一项关于电脑市场消费者需求的调查,希望能更加了解消费者需求情况,更好地为大家提供良好的服务。希望能耽误您一点时间,请您回答以下问题。

感谢您的参与和配合!

1. 请问您来电脑城主要想购买什么产品?

 A. 电脑及配件

 B. 电脑外设(打印机、扫描仪、投影仪等)

 C. 数码产品(数码相机、MP3、U盘、移动硬盘等)

 D. 耗材(墨盒、墨水、喷头、硒鼓、打印纸等)

 E. 光碟(含软件、影碟、空白光盘等)

 F. 其他(请注明)

 G. 无购买意向(结束调查)

2. 如果您需要购买打印机及打印耗材,您首先会想到哪家公司?
A. 富士　　　　B. 惠普　　　　C. 格之格　　　D. 京瓷
E. 映美　　　　F. 其他(请注明)

3. 您购买以上产品时主要看重什么因素?
A. 质量　　　　B. 产品价格　　C. 售后服务　　D. 品牌
E. 耗材费用　　F. 功能　　　　G. 其他(请注明)

4. 您购买这些产品的主要用途是什么?
A. 公用　　　　B. 家用　　　　C. 其他(请注明)

5. 假如您想购买打印耗材,您会选择去什么样的公司购买?
A. 打印机的销售商　　　　　　B. 耗材专卖店
C. 无固定倾向　　　　　　　　D. 其他(请注明)

6. 如果您的打印机出现故障,需要维修,你会选择什么公司提供服务?
A. 打印机的销售商　　　　　　B. 授权的维修中心
C. 专业的打印机维修公司　　　D. 其他(请注明)

7. 请问您有没有听说过圆心电子有限公司?
A. 有——继续回答　　　　　　B. 没有——请跳至第15题作答

8. 您通过什么途径知道圆心电子有限公司的?
A. 朋友/熟人介绍　　　　　　B. 圆心电子有限公司店员介绍
C. 其他途径(请注明)

9. 在您印象中,圆心电子有限公司是一家经营什么产品的公司?
A. 数码产品
B. 电脑
C. 打印机
D. 以上都有

10. 您是否在圆心电子有限公司购买过产品?
A. 是　　　　　　　　　　　　B. 否——请跳至第15题作答

11. 您购买过什么产品?（可多选）
A. 打印机　　　B. 耗材　　　C. 扫描仪　　　D. 投影仪
E. 以上都买过

12. 您为什么选择在圆心电子有限公司购买?
A. 售后服务好　　　　　　　　B. 价格便宜
C. 产品质量有保证　　　　　　D. 销售人员态度好
E. 门店多,购买方便　　　　　F. 其他(请注明)

13. 您对在圆心电子有限公司购买的产品及提供的服务满意吗?为什么?
A. 满意　　　　　　　　　　　B. 不满意(请注明原因)

14. 您对圆心电子有限公司有什么建议?

请留下您的个人信息。

15. 您的性别：
A. 男 　　　　　　　　　　B. 女
16. 您的年龄：
A.25 岁以下　　B.25～35 岁　　C.36～45 岁　　D.45 岁以上
17. 您的职业：
A. 教师　　　　B. 学生　　　　C. 公务员　　　D. 公司职员
E. 个体经营者　F. 其他(请注明)
再次感谢您的参与和配合！
问卷编号：
调查人员：
调查时间：
调查地点：

三、问卷设计原则

1. 目的性原则

问卷的每一个问句都是为了调查目的而存在的。设计时应体现这样的思路：询问的题目服务于调查项目，调查项目服务于调查目的。问卷调查是通过询问调查对象问题来进行的，所以，询问的问题必须是与调查目的有密切关联的问题。

在问卷设计时，应重点突出，避免可有可无的问题，并把调查目的分解为更详细的细目，即以具体的问题让调查对象回答。

2. 可接受性原则

问卷中所询问的问题，其知识性应能够为调查对象所理解；答题细节和时间长度能够为调查对象所回忆；问题的内容不会伤害调查对象的自尊心，不会让其没安全感。总之，所提的问题不应妨碍访问的融洽气氛和访问的顺利进行。

可接受性原则具体表现为，在问卷说明中，应将调查目的明确告诉调查对象，让对方知道该项调查的意义和其回答对整个调查结果的重要性。问卷说明词要亲切、温和，提问部分要自然、有礼貌和有趣味，必要时可采用一些物质鼓励，并向调查对象承诺保密，以消除其心理压力，使调查对象自愿参与，认真填好问卷。使用适合调查对象身份、水平的用语，尽量避免列入一些会令调查对象难堪或反感的问题。

3. 顺序性原则

问卷中所列出的所有问题应按照某种逻辑顺序加以排列，以便于调查对象顺利答题。顺序性原则主要表现为：容易回答的问题（如行为性问题）放在前面；较难回答的问题（如态度性问题）放在中间；敏感性问题（如动机性、涉及隐私等问题）放在后面；关于个人情况的事实性问题放在末尾。另外，封闭式问题放在前面，开放式问题放在后面。这是因为封闭式问题已由设计者列出备选的全部答案，较易回答，而开放式问题需调查对象花费一些时间考虑，放在前面易使调查对象产生畏难情绪。总之,问卷设计要注意问题的逻辑顺序,如可按时间顺序、类别顺序等合理排列。

4. 简明性原则

问题要简明,可有可无的问题不要列入,并且应避免重复询问;询问时间的长度要适中;询问措辞要准确明了、通俗易懂。

5. 匹配性原则

问卷中列出的问题要有内在联系,相互匹配,通过分析便能获得更多的信息。同时,问卷设计时就应考虑之后的分组和统计分析工作,确保信息的完整性和准确性。

6. 非诱导性原则

非诱导性原则就是指在问卷的设置过程中,不参与提示或是主观臆断,要保持中立的态度,不影响调查对象的独立性与客观性。

延伸阅读

撰写一份优秀问卷的要点如下。

(1) 避免调查对象可能不明白的缩写、俗语或生僻的用语。例如,"你对 PPO(preferred provider organization,优先提供者组织)的意见是什么"。不是每个人都知道 PPO,如果这一问题以一般公众为目标调查对象,那么研究人员可能会遇到麻烦。

(2) 要具体。含糊的提问会得到含糊的答案。例如,"您的家庭收入是多少",调查对象给出的答案可能是五花八门的,如 2014 年的税前收入是 10 万元、2014 年的税后收入是 10 万元、家庭年度总收入是 10 万元、月度总收入是 1 万元,等等。

(3) 确保问题易于回答。要求过高的问题也会导致拒答。例如,"请您根据您购买新车时考虑的因素的重要性,对下列 20 个项目进行排序"。此时,你正在让调查对象做一次相当大的计算工作,不要让人们为 20 个项目排序,而应让他们挑选出前 5 项。

(4) 不要过多假设(过多假设是一个相当普遍的错误)。问题设计者默认了人们的一些知识、态度和行为。例如,"您对某国总统关于枪支控制的立场倾向,持同意还是反对意见"。这一问题假设了调查对象知道总统对枪支控制有一个立场并知道其立场是什么。

(5) 注意双重问题和相反观点的问题,将多个问题结合起来或运用相反观点的问题会导致模棱两可的答案。例如,"您赞同在私人住宅而不在公共场所抽烟合规化吗?"如果此问题精确描述调查对象的立场,那么就很容易解释"是"这种回答。但是如果回答为"不",可能意味着调查对象赞同在公共场所抽烟而不赞同在私人住宅抽烟,或两者都反对,或两者都赞同。再如,"警长不应该对市长直接负责吗?"这个问题模棱两可,几乎任何回答都可以。

(6) 检查误差。带有误差的问题会引导人们以某一方式回答,但这种方式不能准确反映其立场。有几种使问题存在偏向性的方式,一种方式是暗示调查对象本应参与某一行为。例如,"今年看电影《狮子王》的人比看其他电影的人多。您看过这部电影吗?"为了不显示出"不同",调查对象即使没有看过也可能会说看过。正确问题应该是"您曾看过电影《狮子王》吗?"另一种使问题具有偏向性的方式是使选择答案不均衡。例如,"近年来,我国每年在援助外国方面花费××万美元。您认为这个数字应:①增加;②保持不变;③稍减一点;

④减少一点;⑤大量减少。"这套答案鼓励调查对象选择"减少"的选项,因为其中有3项"减少",而只有一项是增加。

(7)预先测试,即正式调查之前的试调查。预先测试是保证问卷调查项目成功且费用最低的方式。预先测试的基本目的是保证问卷提供给调查对象的是清晰、容易理解的问题,这样的问题将得到清晰、容易理解的回答。

四、问题的设计形式

问题是调查问卷的核心,在设计问卷问题时,不仅要考虑问题的形式,也要考虑问题的用词,还要考虑问题的排列顺序。

1. 开放式问题

开放式问题可以使调查对象不受限制、充分自由地表达自己的看法和理由,进而获得大量丰富、具体的信息资料。但是,开放式问题的资料整理与加工比较费时、费力,调查结果受调查人员业务水平和调查对象表达能力的影响程度较大。例如:

(1)您购买智能手机优先考虑什么?

(2)请说明您的理由。

2. 封闭式问题

封闭式问题的标准化程度高,比较容易回答且答案容易处理和分析,可以节约调查时间。但是,封闭式问题的选项有时无法准确表达调查对象的意见或看法,容易导致调查对象随意乱答。常见的封闭式问题有二项选择题、多项选择题和量表题。

1)二项选择题

封闭式问题最简单的形式是二项选择题,这种类型的问题只允许调查对象在给定的两个性质相反的备选答案中选择其一,调查对象可以快速方便地回答。但二项选择题的答案处于两个极端,忽略了其他可能存在的答案,有时会产生较大的误差。因此,这种方法适用于询问较为简单的事实性问题。例如:

(1)您是否打算在近五年内购买住房?

□ A. 是 □ B. 否

(2)您认为今年租房的费用比去年高还是低?

□ A. 高 □ B. 低

2)多项选择题

多项选择题是指提供两个以上备选答案的问题,调查对象可以根据自己的想法任选其中一项或几项作为答案。在设计这种类型的题目时,设计人员要考虑以下三种情况:

(1)备选答案应涵盖主要的、常规的结果,避免出现重复和遗漏。

(2)要注意备选答案的排列顺序,有些调查对象常常喜欢不假思索地选择排在第一位的答案,从而使调查结果发生偏差。

(3)备选答案的数量一般控制在8个以内,以防因选项过多而引起调查对象的反感。

例如:

您购买热水器时,主要考虑的因素有哪些?
□ A. 价格　　　□ B. 安全性　　　□ C. 省电　　　□ D. 品牌
□ E. 售后服务　□ F. 使用方便

3) 量表题

量表题是指运用排序、选择数值范围、比较等方法对调查对象的行为或态度等进行测量的问题。市场调查中常用的量表有顺序量表、配对比较量表、语义差别量表、固定总数量表和李克特量表等。

(1) 顺序量表。顺序量表是指列出若干选项,调查对象在自主判断的基础上按照先后或主次顺序排列答案的测量表,适用于要求答案有先后顺序的问题。例如:

请按照您喜欢的程度对以下牛奶品牌进行编号,最喜欢的为1号,次喜欢的为2号,以此类推。将数字写在选项前的横线上。

____A. 伊利

____B. 蒙牛

____C. 三元

____D. 君乐宝

____E. 味全

____F. 光明

____G. 新希望

____H. 其他(写出品牌)

(2) 配对比较量表。配对比较量表要求调查对象根据某一标准对一系列选项进行两两对比,从中做出选择。这种量表适用于对质量和效用等做出评价的问题。应用配对比较量表要确保调查对象熟悉所要回答问题中的所有选项,否则会导致空项发生。例如:

下面是十对牙膏品牌,在每一对品牌中,选出你更喜欢的一个,在选中的品牌旁边的□内画√。

(1) □中华　　　　　　　　□高露洁

(2) □中华　　　　　　　　□佳洁士

(3) □中华　　　　　　　　□云南白药

(4) □中华　　　　　　　　□舒适达

(5) □高露洁　　　　　　　□佳洁士

(6) □高露洁　　　　　　　□云南白药

(7) □高露洁　　　　　　　□舒适达

(8) □佳洁士　　　　　　　□云南白药

(9) □佳洁士　　　　　　　□舒适达

(10) □云南白药　　　　　　□舒适达

(3) 语义差别量表。语义差别量表多用于评价产品的性质或属性。具体操作步骤如下:①确定所要进行测定的事物;②挑选能够用来形容这一事物的两个相反的形容词或短语列于量表的两端;③将两个反义词之间的语义差别划分为若干等级(一般为7个),不同等级以数字代表,分别为1、2、3、4、5、6、7或 +3、+2、+1、0、-1、-2、-3,供调查对象选择;④调查人员将调查对象在每一量表上选择的答案进行汇总,从而判断调查对象的意见或态度。

例如:

您认为某品牌产品的包装如何,请您在最能精确地描述您对包装的印象的数字下面标记"×",请确保没有遗漏。

```
         +3   +1  +2  -1  0  -2  -3
   精美         ×                   劣质
   喜欢                   ×          讨厌
   时尚                ×             保守
```

利用语义差别量表可以迅速、高效地检查产品或企业与竞争对手相比所具备的优势与劣势。研究表明,"7点评分"量表的测量效果较令人满意,即评分点数目为7个时最佳。如果评分点数目太少,整个量表会过于粗糙;如果评分点数目太多,又可能超出大多数人的分辨能力。

(4)固定总数量表。固定总数量表是指调查人员规定总数值,由调查对象将数值(通常是100分或10分)进行分配,通过分配数值的不同来表明调查对象不同态度的测量表。这种量表适用于对产品、企业形象及某影响因素的作用做出评价的问题。需要注意的是,调查对象在填写量表时,必须保证分配的各数值之和等于总数值。例如:

根据喜爱程度,对A、B、C、D四种品牌的巧克力进行打分,四种品牌总分为100分。调查对象的打分结果如表2-10所列。

表2-10 调查对象对四种品牌巧克力的评分表

调查对象	品牌				合计
	A牌巧克力	B牌巧克力	C牌巧克力	D牌巧克力	
甲	60	20	10	10	100
乙	50	30	15	5	100
丙	30	40	10	20	100
总计	140	90	35	35	300

从各种品牌的总得分可以看出,A牌巧克力得分最高,说明A品牌可能是调查对象最喜爱的品牌。

固定总数量表与配对比较量表相比,可以避免次数繁多的配对比较,还可以将某种特性如实地表示出来。但是,当特性或项目的数量增加时,调查对象可能会感到混乱,不太容易分配数值,计算也更困难,易导致差错。因而,使用这种量表测量的特性或项目不宜过多。

(5)李克特量表。李克特量表是在问卷设计中运用十分广泛的一种量表。它将调查对象对测试项目的态度分为"非常同意、同意、不一定、不同意、非常不同意"五个等级,并分别记为1、2、3、4、5,调查对象根据自己的意愿在给出的五个选项中做出选择。如表2-11所示。

例如:

请您对某餐饮店做出整体评价,在五种评价中选出最能表示您的观点的一个评价,在相应数字下画√。其中,1=强烈反对,2=反对,3=中立,4=赞成,5=强烈赞成。

表 2-11 李克特量表示例

评价	1	2	3	4	5
服务态度很好				√	
价格适中			√		
环境舒适				√	
上菜速度快		√			

五、问题的设计用词

1. 通俗易懂，避免复杂

问题的语言应通俗易懂，避免因理解错误而产生偏差。此外，问题应避免使用双重否定结构的句子，也尽量不要使用长而复杂的复合句。例如，"您赞不赞成某些酒店不允许自带酒水的规定？"这类结构的句子往往会导致调查对象不能快速读懂句子的真实含义，也就无法顺利回答问题。若改为"您赞成酒店不允许自带酒水的规定吗？"会更容易理解。

2. 避免诱导性问题

诱导性问题会影响调查的准确性，应避免使用。例如，"消费者普遍认为海尔冰箱好，您的看法如何？"这类问题有明显的暗示性，会影响调查对象的回答。如果把问题改为"您认为海尔冰箱如何？"就可以避免这种暗示性。又如，若问卷的前几个问题都与某品牌或某机构有关，那么调查对象很容易就能识别出调查发起者，这样就可能使回答发生偏差。

3. 有技巧地提出敏感性问题

敏感性问题是指涉及调查对象秘密、禁忌而不愿意公开表态或陈述的问题。例如，涉及私人财产、个人情感经历等问题。这类问题若直接提问往往会引起调查对象的反感，导致调查对象不愿意做真实回答或拒绝回答。因此，问卷中应尽量避免敏感性问题。但是，一些敏感性问题基于调查目的而无法回避时，这就需要对其进行一定的处理，具体包括以下几种方法。

1）释疑法

在问卷的开头运用说明性语言，消除调查对象的顾虑。例如，针对大学生恋爱观的调查，在问卷开头说明："您好，我们是××调查公司的调查人员。为了解目前在校大学生的恋爱观念，我们将征询您的看法。请您客观陈述您的观点，我们将对您的回答和个人信息予以严格保密。谢谢您的支持和配合！"

2）转移法

不直接询问调查对象的观点，而是把问题转移到其他人身上，请调查对象对他人的行为进行评价。例如，"少数同学在考试中存在作弊的行为，您知道是什么原因吗？"

3）假定法

用一个假定条件句作为前提，询问调查对象的看法。例如，"如果不考虑经济压力，您会选择更换目前的工作行业吗？"

4. 避免含糊的问题

含糊不清的问题容易产生歧义，会使调查对象无所适从。例如，有时、经常、偶尔、很少、很多、相当多、几乎等词语对不同的人而言有不同的理解。因此,为了避免产生歧义,问题措辞必须具体、细致,要做到标准统一。例如,"您通常几点上班?"这是一个不明确的问题,调查对象难以分辨"几点"到底是指离家时间还是指在公司开始工作的时间。问题若改为"通常情况下,您几点到单位?"就比较明确了。

再例如:
本月您加班情况如何?
模糊选项:□不加班　　　□偶尔　　　□经常　　　□定期
准确选项:□没有　　　　□1~3次　　□4~6次　　□6次以上

5. 避免双管问题

双管问题是指涉及两个或两个以上问句的问题。双管问题很难获得某一个观点的具体答案。例如,"您认为可口可乐的味道和原料如何?""您认为某航班是否安全、准时?"这些问题实际上是询问了两件事情,应当分成两个问题来提问。

六、问题的设计顺序

1. 先易后难,敏感问题置于最后

为了赢得调查对象的信任和合作,问卷开头至关重要。因此,应将容易的问题置于靠前的位置,较难的问题置于靠后的位置,敏感性问题置于最后。在建立友好关系后,调查对象一般会认真参与,他们对较难回答的问题及敏感性问题的抵触情绪就会降低,从而增加答题的可能性。

2. 封闭式问题在前,开放式问题在后

一般来说,封闭式问题的填写比较简单,适合置于靠前的位置;开放式问题的填写需要花费较长时间去思考,将其放在前面会使调查对象产生畏惧心理,从而影响其填写问卷的积极性,因而适合置于靠后的位置。

3. 注重问题的逻辑顺序

问题应当以一种符合逻辑的顺序提出,具体要求如下:
(1)有关调查目标的问题置于靠前的位置,有关个人基本情况的问题置于靠后的位置。
(2)同一类别的问题位置相邻,并考虑优先提问。
(3)行为性问题尽量置于靠前的位置,态度、意见、看法等方面的问题尽量置于靠后的位置。

例如,有关沐浴乳的问卷首先可以提问"在过去1个月里,你曾经购买过沐浴乳吗?"促使人们开始考虑有关沐浴乳的问题,然后问及沐浴乳的购买频率、购买的品牌、对所购品牌的满意程度及再次购买的意向,再问理想的沐浴乳有哪些特点、调查对象的皮肤特质,最后设置有关调查对象的年龄、性别等人口统计方面的问题。这样的排列可以快速得到调查对象的信任,并使其愿意提供个人信息,进入答题。如果一开始就询问个人的基本情况,可能会让调查对象产生抵触的心理,从而拒绝回答后面的问题。

实训任务

请根据服务企业的调查目标和调查内容,设计一份调查问卷。具体要求:设计一套完整的调查问卷,题目数量不少于15题。

任务8　形成调查方案

任务导航

洗碗机进入中国已经有二十余年,却始终无法扩大市场。而与其同类型的家电产品,如消毒柜、微波炉等,早已进入千家万户。欧倍力洗碗机与其他品牌洗碗机一样,在中国的普及率远不及欧美、日本等国家和地区。

欧倍力公司生产的洗碗机在进入中国市场前,认为洗碗机在中国市场遇冷是因为宣传力度不够,因此,他们寄希望于广告媒体,制定了大量有关广告效果的市场调查方案,其内容主要包括:

①市场上有关洗碗机的广告策划;②消费者接受广告的途径;③消费者看电视的时间段;④令消费者印象深刻的广告及其特征;⑤消费者对洗碗这件事的态度。

根据调查结果,欧倍力公司推出了以"洗碗机比手洗更卫生""解放双手,节约时间"等为主题的广告,以宣传洗碗机清洗餐具的功能。但是,高招用尽,消费者对洗碗机仍提不起兴趣。

随后,欧倍力公司重新制定市场调查方案并实施具体的调查活动,找到了洗碗机在中国市场未能畅销的主要原因——中国消费者普遍认为洗碗机性价比低,价格昂贵不说,且并不是所有餐具都能洗;此外,一般家庭一次只有几个碟碗需要清洗,且多数成员都可以洗碗,并不会花费太多时间。

任务分析

在确定好调查问题、目标和内容,选择好调查方法和方式后,调查人员便可以着手制定市场调查方案了。市场调查方案是整个市场调查的行动纲要,一份高质量的市场调查方案将为市场调查活动的有效实施提供强有力的保证。本节任务主要介绍如何制定市场调查方案,以及对其进行评价。针对以上案例请思考:

(1)欧倍力洗碗机为何没能在中国市场大开销路?
(2)欧倍力公司先前市场调查失败的原因有哪些?

工作步骤

市场调查方案是对整个市场调查工作进行全方位、全过程的考虑,应当包括整个调查工作的全部过程。虽然不同调查项目的调查方案所包含的具体内容有所区别,但一般都包括以下几个部分,即调查背景、调查问题及目标、调查内容、调查对象及范围、调查方法、资料的整理分析、时间和经费安排、附录等,具体如图2-3所示。

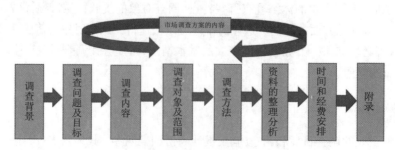

图2-3　市场调查方案的内容

步骤1　梳理调查背景

调查背景是市场调查方案的开头部分,应当简明扼要地介绍调查问题产生的背景或本次调查工作的意义。例如,调查博物馆文创产品的发展前景及改善方向时,调查背景部分应当说明博物馆文创产品的近期销售情况、存在的有利和不利条件等。编写调查背景时,调查人员应尽量从满足调查需求的角度出发,简明扼要地把委托方的问题说清楚。

需要注意的是,在获取背景资料时,调查人员如果对营销现象知之甚少,或者对调查问题难以清晰地界定,可以采用探索性调查获取所需要的背景资料。

步骤2　明确调查问题及目标

明确调查问题及目标是编写市场调查方案的关键一步。只有事先明确调查问题及目标,调查人员才能确定调查的内容、对象和方法,才能保证市场调查具有针对性。调查问题及目标不仅应指出调查项目所要解决的问题,即调查的原因是什么,调查的结果有何用处,还应指明调查结果能给企业带来的决策价值,明确调查问题及目标的经济效益、社会效益及在理论上的重大价值。

步骤3　确定调查内容

调查内容是收集信息资料的依据,是为实现调查目标服务的。调查人员可以根据具体的调查目标确定具体的调查内容。例如,确定的调查目标为"分析影响产品销量的消费者购买行为",那么,调查人员可以将消费者购买、使用前和使用后对产品的评价列为调查的具体内容。

一项市场调查可能包含多方面的内容,但调查内容并非越多越好,盲目增加内容不仅不会对调查目标起到应有的作用,还可能加大调查的工作量。此外,在对市场调查方案的具体内容进行取舍时,调查人员还要考虑调查的预算经费和人力资源等情况。

步骤4　确定调查对象及范围

确定调查对象及范围是为了解决向谁调查或由谁来提供信息资料的问题。在调查前,调查人员应当严格界定调查对象的含义,准确描述调查对象的特征,以明确区分哪些个体应作为调查对象。例如,以城市职工为调查对象,就应当明确"城市职工"的含义,划清城市职工与非城市职工、职工与居民的界限。

调查范围则是纳入调查的调查对象,可以是个人、家庭或企业等。例如,全面调查某市职工家庭基本情况,那么,该市所有的职工家庭是调查范围,而每一户职工家庭是调查对象。

需要注意的是,如果采用抽样调查来确定调查对象的范围,市场调查方案中应当列示所选抽样方法的操作步骤、所取样本量的大小和所要达到的精度指标。

步骤5　选择调查方法

市场调查方案应当详细说明信息资料的收集方法和具体操作步骤。如果选择访问调查或网络调查,并选择问卷作为收集信息的工具,市场调查方案应当详细说明问卷的长度、问卷问题的设计思路、问卷问题的类型等;如果选择观察调查或实验调查,则应准备好观察表和实验表等工具,并在编写的市场调查方案的正文部分或附录中加以说明。

在实际调查中,为了准确、及时、全面地获取信息资料,调查人员可综合运用多种调查方法。

步骤6　制定资料整理分析方案

资料整理是对收集到的信息资料进行分类、加工的过程,其目的是为市场调查提供系统化、条理化的综合资料。调查人员应在市场调查方案中列明对资料审核、修正、编码、分类、汇总等做出的具体安排。

资料分析是对收集到的信息资料进行处理、总结的过程。市场调查方案需要明确资料分析的方法,如平均指标分析、离散程度分析等。由于每种分析方法都有其自身的特点和适用性,因此,调查人员应根据实际调查要求,选择最合适的分析方法并在市场调查方案中加以确定。

步骤7　组织时间和经费安排

1. 编制市场调查进度表

市场调查时间安排主要是具体详细地安排各个阶段的工作,如什么时间需要做什么事、由谁负责、有哪些需要注意的问题等,最终总结成市场调查进度表。

市场调查进度表是市场调查活动的时间依据,也是提高工作效率、合理控制调查成本的手段。在实际调查中,市场调查进度表的拟定需要考虑以下两个方面的问题。

(1)客户的时间要求与信息资料的时效性。对于时效性强的信息资料,调查人员应当严格把控信息的获取时间。对于某些有特殊要求的调查项目,市场调查应当控制在一定时间段内完成。例如,调查某产品在国庆黄金周的销售情况,应当将调查活动控制在黄金周7天内,然后根据具体情况,列出调查活动每一个阶段需要花费的时间,具体如表2-12所列。

表2-12　市场调查进度表

工作与活动内容	时间	参与小组成员	主要负责人员	备注
调查方案和问卷初步设计	9月5—12日			
预先调查及问卷测试	9月13—22日			
问卷修正、印刷	9月23—30日			
调查访问	10月1—7日			
资料整理分析	10月8—14日			
撰写调查报告	10月15—18日			

(2)调查的难易程度与调查活动中可能出现的问题。调查人员应当根据以往总结的经验,提前考虑各种可能出现的情况,避免影响市场调查的效率。

需要注意的是,市场调查进度表不是一成不变的,它可以随时根据市场调查过程中出现的实际问题进行修改,以保证市场调查活动的顺利进行。

2. 编制市场调查经费预算表

在进行经费开支预算时,调查人员应尽可能充分考虑可能产生的费用,以避免在调查过程中出现经费短缺而影响调查进度的情况。需要注意的是,调查经费的预算一定要合理,切不可随意多报、乱报，否则会影响市场调查方案的审批或竞标。

为了使调查经费一目了然，调查人员通常会编制市场调查经费预算表。一般来说，市场调查经费预算表包括资料收集费、复印费、问卷设计费、印刷费、实地调查劳务费、数据处理统计费、计算机数据处理费、报告撰稿费、打印装订费、组织管理费等内容，如表2-13所列。

表2-13 市场调查经费预算表

经费项目	数量	单价/元	金额/元	备注
1. 资料收集费				
2. 复印费				
3. 问卷设计费				
4. 印刷费				
5. 实地调查劳务费				
6. 数据处理统计费				
……				
总计				

步骤8　编写附录

附录一般包括市场调查项目的主要负责人及主要参加者、抽样方案及技术说明、问卷及有关技术说明、数据处理的方法等，还包括对团队成员的专长和分工情况的简单介绍。

知识平台

一、市场调查方案基本内容

市场调查方案是指在调查工作正式实施之前，调查人员根据确定的市场调查目标、对象、内容等实际情况，对市场调查工作做出的总体安排。市场调查方案是否科学、可行，直接关系到整个市场调查工作的成败。

1. 市场调查方案的作用

1）为市场调查工作提供方针指导

市场调查方案在市场调查中起着十分重要的作用。它是整个市场调查工作的指导大纲，又是具体调查活动的说明书，还是对调查内容、方法的详细规定。因此，市场调查方案可以帮助调查人员有计划、高质量、高效率地完成市场调查工作。

2）有利于资源的合理配置

在市场调查工作实施过程中，调查人员会遇到许多困难和障碍。此时，调查人员可以利用制定好的市场调查方案，抓住主要矛盾，高效合理地配置资源，以提高调查工作的效率和效果。

3) 为取得委托方信任提供依据

对于委托外包的市场调查项目,常常有多个调查团队竞争。而市场调查方案可以衡量市场调查团队专业水平,是其赢得委托方信任、取得委托调查业务的依据。

2. 市场调查方案的类型

市场调查方案有各种不同的类型。根据作用不同,市场调查方案可以分为市场调查项目建议书和正式市场调查方案两种类型。

1) 市场调查项目建议书

市场调查项目建议书是社会专业市场调查机构面向各类商业企业承揽市场调查业务时,提交给企业管理层,供其审核参考的市场调查方案。在市场调查机构与企业长期合作或对企业经营情况比较了解的情况下,市场调查项目建议书稍加修改便可用作正式市场调查方案。

2) 正式市场调查方案

正式市场调查方案是在市场调查机构与企业签署合作协议后编制的用于指导实际市场调查活动的行动指南。正式市场调查方案必须根据实际情况在市场调查项目建议书上进行修改,它将市场调查项目建议书中的设想具体化,使市场调查更具有操作性。

课堂互动

某市场调查机构在为某企业出具市场调查项目建议书后,一字未改,便将其作为正式市场调查方案交给企业,最终导致企业的调查结果不太准确。对此,你有什么看法?

二、市场调查方案的可行性分析

在完成市场调查方案的初稿后,为了使方案能够切实可行地指导实际调查工作,调查人员应当对市场调查方案进行进一步的讨论和修改,主要表现为对市场调查方案进行可行性分析,使其更加完善。

可行性分析是对市场调查方案从成本、技术、实施环境、实施效果和管理等方面进行的综合性分析,确定其有利和不利因素,估计调查成功率大小,从而评估项目是否可行。分析方法主要包括逻辑分析法、经验判断法和试点调查法。

1. 逻辑分析法

逻辑分析法是指检查调查方案的内容是否符合一般逻辑规律或情理的方法。例如,调查某市偏远山区贫困学生上学现状,需要考虑该地区网络普及率较低的情况,因此实施网络访问是不符合情理的。

逻辑分析法可对市场调查方案中的调查项目设计进行可行性研究,但无法对其他方面的设计进行判断。

2. 经验判断法

经验判断法是指组织一些具有丰富市场调查经验的人员,对市场调查方案进行初步研究和判断,以说明市场调查方案的合理性和可行性的方法。例如,对大学生了解和继承中华传统文化的情况进行调查研究,不宜采用普查方式,而适合采用抽样调查方式;对棉花、茶叶等集中生产的农作物的生长情况进行调查研究,则适宜采用重点调查方式。

经验判断法能够节省人力,在比较短的时间内做出结论。但是,由于人的认知是有限的且具有差异性,而事物总是在不断发生变化,各种主客观因素都会对人们判断的准确性产生影响。

3. 试点调查法

试点调查法是指通过在小范围内选择部分调查对象,对调查方案进行实地检验,以说明调查方案可行性的方法。试点调查可以理解为"实战前的演习",其目的是在大规模推广应用前及时了解调查工作中的合理环节和薄弱环节。

1) 检验市场调查方案设计是否合理

试点调查法可以检验调查目标是否合理、调查方法是否正确、样本是否具有代表性、抽样误差是否控制在最小范围内等。试点后,调查人员应当及时做好工作总结,认真分析试点调查的结果,对不合理的设计内容进行修改和调整。

2) 检验市场调查工作安排是否合理

试点调查法可以了解调查工作安排是否合理、是否需要调整人力资源、是否需要延长调查时间、调查中是否存在需要注意的问题等。在实际调查中,应保持整个调查工作的灵活性。

 课堂互动

如果不对市场调查方案进行可行性分析会有哪些后果?

三、市场调查方案的评价标准

1. 是否体现调查目标与要求

是否体现调查目标与要求是评价市场调查方案的最基本要求。明确市场调查目标是设计市场调查方案的关键。若调查目标不够明确,将会导致一些重要的项目被遗漏或一些无关紧要的项目被纳入,进而影响调查结果的准确性。

2. 是否科学、完整、适用

在市场调查实践中,每个细节活动都可能有多种选择,因此,调查人员应当做到综合考虑,权衡利弊后再制定市场调查方案。在对市场调查方案进行评价时,调查人员应当充分考虑各环节之间的关联性,是否有科学依据做支撑,是否已进行通盘考虑。

3. 是否具有较强的可操作性

市场调查方案是否具有较强的可操作性是制定市场调查方案最实际的意义。方案内容能够顺利落地,切实可行地指导调查活动的实施是制定市场调查方案的出发点。因此,在制定市场调查方案时,调查人员应当避免一味追求形式上的美观等问题而忽视市场调查方案的可操作性。

 知识平台

市场调查方案范文1

"采乐"洗发水的市场调查方案

一、调查背景

宝洁公司凭借其强大的品牌运作能力及资金实力,在中国洗发水市场牢牢地坐稳了第一把交椅。西安杨森制药有限公司(以下简称"西安杨森")通过市场细分,在药品和洗发水两个行业间找到了一个交叉点,推出兼有去屑和洗发两种功能的药用洗发水——"采乐"。为了提高"采乐"洗发水在全国重点城市中的市场占有率,并为其今后的营销策略提供科学依据,西安杨森拟在全国重点城市进行专项市场调查。

二、调查问题及目标

本次市场调查的主要问题是确定"采乐"洗发水的市场前景。根据该问题确定的具体调查目标是"采乐"洗发水今后营销策略的重点。

三、调查内容

(1)消费者使用"采乐"洗发水后的感觉如何?
(2)"采乐"洗发水的哪些方面更加吸引消费者?
(3)"采乐"洗发水的哪些方面需要改进?
(4)消费者是否会选择再次购买"采乐"洗发水?
(5)消费者如何评价其他药用洗发产品?
……

此外,调查人员还需要收集消费者的年龄、性别、收入、职业、发质等基础资料,以备统计分析之用。

四、调查对象及范围

(1)调查对象要有广泛的代表性。调查对象要能基本反映消费者对"采乐"洗发水的看法,并能反映"采乐"洗发水前期营销策略的实施情况。

(2)调查对象要有针对性。"采乐"洗发水主要针对有头屑的消费者,其价格偏高。因此,此次调查应针对大中城市使用过药用洗发产品且具有一定消费能力的消费者。

基于以上原则,建议采用如下标准甄选调查对象:①使用过药用洗发产品的20~45周岁的城市居民;②本人及亲属不在相关单位工作(如调查公司、广告公司及洗发水行业等)的人员;③在过去6个月内未接受或参加过任何形式的相关市场调查的人员。

五、调查方法

信息资料的收集通过电话访问和入户访问获取,并以问卷的形式进行;调查方式采用抽样调查。具体操作如下。

(1)设计问卷:根据与西安杨森达成的共识设计问卷,问卷题量控制在能够在10分钟左右答完为宜,问卷经双方商讨确定之后正式启用。

(2)确定样本量:根据最大允许误差"±2"的要求、统计分析对样本量的要求、经济效益的要求和以往的调查经验,建议本次调查的样本量为每个城市400个。

(3)问卷抽样方法:在北京、哈尔滨、上海、广州、长沙、成都、西安7个城市中分别选取400人作为调查对象。在每个城市的调查对象电话簿中随机选择电话号码,通过过滤性问题选取符合条件的调查对象,直到选够400人为止。

市场调查方案范文 2

杭州倒车雷达系统市场调查策划方案

一、调查背景

随着我国汽车业的快速发展,汽车用品的电子产业也进入了快速发展阶段,汽车电子用品以其高利润和市场的广阔性越来越受商家的关注。倒车雷达在汽车用品行业中成了商家的电子新宠。

浙江通福科技有限公司推出新一代的"无线倒车雷达",准备进入汽车电子用品市场。为了做好对市场环境的评估,制定相应的营销策略和销售政策,并为公司的决策提供客观依据,公司决定进行市场调查。

本次市场调查主要就倒车雷达的销售渠道、市场状况、使用者(购买者)、竞争者四个方面进行。

二、调查目的

(1) 了解倒车雷达的行业市场状况及主要的竞品情况,为制定产品竞争策略提供依据;

(2) 了解倒车雷达的主要使用对象,为公司选择目标市场及市场定位提供依据;

(3) 了解倒车雷达使用者(购买者)的购买行为及态度,为公司宣传、规划、设计、建立新的品牌形象提供依据;

(4) 了解倒车雷达的主要分销渠道和销售模式,为公司进入该市场快速建立销售通道提供决策依据;

(5) 了解杭州地区主要分销商的情况,为公司选择中间商、制定招商政策提供依据。

三、调查内容

1. 销售渠道

(1) 杭州地区汽车的分销渠道类型;

(2) 杭州地区汽车配件分销渠道类型;

(3) 杭州地区汽车电子用品的主要分销渠道类型;

(4) 杭州地区汽车服务业的业态类型;

(5) 杭州地区目前倒车雷达分销渠道状况;

(6) 杭州地区主要汽车电子用品分销商的情况、分销的模式、行业习惯及要求。

2. 市场状况

(1) 杭州地区倒车雷达的种类、品牌及销售状况;

(2) 杭州地区倒车雷达主要消费群体;

(3) 杭州地区倒车雷达的市场需求及购买力状况。

3. 使用者(购买者)

(1) 安装使用倒车雷达的主要类型(随车自带、购车时配送安装、购车后自行购买安装);

(2) 使用者(购买者)对倒车雷达的消费态度(习惯、看法);

(3) 使用者(购买者)购买考虑的因素(技术、功能、外观、安装、售后服务、价格);

(4)使用者(购买者)对倒车雷达的购买倾向(购买什么、何时何地购买、如何决定购买);

(5)使用者(购买者)对倒车雷达产品的了解渠道;

(6)使用者和潜在购买者对无线倒车雷达的了解程度、态度和可接受的价格。

4. 竞争者

(1)目前杭州地区市场上销售的倒车雷达的主要产品类型、技术及功能卖点等;

(2)目前杭州地区市场上销售的倒车雷达的主要品牌、定位、档次;

(3)目前市场上倒车雷达的销售状况;

(4)各品牌、各类型倒车雷达的主要购买对象的情况;

(5)现有主要竞争对手的销售策略及渠道。

四、调查方法

采取的调查方法主要包括:文案调查、网络调查、现场观察与访谈、问卷调查(定点访问、街头拦截访问)等。

五、调查对象选择、样本分配及相应的调查方法

1. 调查对象组成及抽样

(1)使用者和潜在购买者(主要是中低档汽车拥有者,包括已安装倒车雷达的使用者和还未安装的潜在购买者):400人。

(2)汽车生产企业(直属营销机构):6家。

(3)汽车4S店:12家。

(4)传统的汽车经销企业:6家。

(5)汽车配件专业市场经营户:20户。

(6)汽车美容装潢服务企业(店):24家。

2. 针对各种调查对象的调查方法

(1)使用者和潜在购买者:街头拦截访问与定点访问结合。

(2)汽车4S店、传统的汽车经销企业:现场观察与访谈结合。

(3)汽车生产企业(直属营销机构)、汽车配件专业市场经营户、汽车美容装潢服务企业(店):以深度访谈为主。

六、调查区域及样本分配

1. 街头拦截访问、定点访问(400人)

(1)杭州世贸丽晶城附近、文二西路西城广场、物美超市(文一店):150人。

(2)武林门:100人。

(3)庆春路:100人。

(4)浙江大学玉泉、西溪校区,杭州下沙高教园区:50人。

2. 现场观察与访谈(68家/户)

(1)传统的汽车经销企业:杭州市区6家(知名经销企业)。

(2) 汽车生产企业(直属营销机构):杭州市区 6 家(中外合资的中低档汽车生产企业)。
(3) 汽车 4S 店:上城区、拱墅区等 12 家。
(4) 汽车配件专业市场经营户:杭州市区共 20 户。
(5) 汽车美容装潢服务企业(店):杭州市区共 24 家。

七、市场调查程序、时间及项目进度计划安排

完成本次调查任务共需约 1 个月,具体时间安排如下。
第一阶段:初步市场调查

  4 天:3 月 30 日—4 月 2 日,收集一些必需的二手资料

第二阶段:计划阶段

  3 天:4 月 3—5 日
  制订计划:1 天
  审定计划:1 天
  确认修正计划:1 天

第三阶段:问卷阶段

  5 天:4 月 6—10 日
  问卷设计:2 天
  问卷调整、确认:2 天
  问卷印制:1 天

第四阶段:实施阶段

  12 天:4 月 11—22 日
  访谈员培训:7 天
  实施执行:5 天

第五阶段:研究分析

  5 天:4 月 23—27 日
  资料归类整理:1 天
  数据输入处理:2 天
  数据研究、分析:2 天

第六阶段:报告阶段

  3 天:4 月 28—30 日
  报告书写:2 天
  报告打印:1 天

八、调查实施方案

整个调查的步骤包括总体研究设计、准备工作、实地访问执行与管理、数据资料的处理和分析、撰写报告等几个部分。调查实施过程中应注意以下几点:
(1) 根据调查对象的不同,可以组建访谈员团队,每个访谈员团队安排一名项目组负责人具体

督导、管理并执行此次调查项目。

(2)在执行消费者街头拦截访问时,每天收发一次问卷,收到的问卷即时进行审核,对于不合格的问卷要重新访问或作废,及时发现问题或处理违规者。

(3)对于深度访谈,则由调查项目组成员分工完成,尽可能了解实际情况。

九、项目组主要成员及调查人员名单

1. 项目组主要成员

(1)项目组人数:9人。其中指导老师3人,学生6人。

(2)临时访谈员:10人。

2. 分工合作

(1)项目统筹:方××。

负责制定总体方案,调查项目,进行调查问卷的设计、修改和制作。

(2)文案调查指导:方××、李××。

负责文案实施的具体方式、方法及操作流程。

(3)实地调查指导:李××、方××。

①传统的汽车经销企业访谈负责人:王××、张××、赵××。

②汽车4S店访谈负责人:黄××、叶××、陈××。

③汽车配件专业市场经营户访谈负责人:陈××、黄××、王××。

④汽车美容装潢服务企业(店)访谈负责人:张××、赵××、叶××。

⑤问卷调查督导:陈××、张××、王××。

(4)数据统计分析处理指导:毛××;数据整理、录入:陈××。

(5)研究总负责人:方××、李××;撰写调查报告:张××、王××、赵××、叶××、陈××、黄××。

十、经费预算

调查问卷设计与制作:(400份+100份)120元。

访谈提纲制作与印刷:(70份+20份)24元。

交通费用:600元。

文具及资料费:100元。

餐费:1200元。

人工费:2200元。

调查报告打印费用:30元。

十一、附调查问卷和其他相关表格

附:调查问卷。

思想火炬

习近平总书记在2021年秋季学期中央党校(国家行政学院)中青年干部培训班开班式上指出，"要了解实际，就要掌握调查研究这个基本功。要眼睛向下、脚步向下，经常扑下身子、沉到一线，近的远的都要去，好的差的都要看，干部群众表扬和批评都要听，真正把情况摸实摸透。"

调查研究，是我们党开展工作的传家宝。面对新矛盾、新问题，领导干部要了解真实情况，掌握工作主动权，做出科学决策，深入实地的调查研究必不可少。

1930年5月，毛泽东同志在《反对本本主义》一文中严厉批评党内存在的"饱食终日，坐在机关里面打瞌睡，从不肯伸只脚到社会群众中去调查调查"的现象，指出"没有调查，没有发言权"。毛泽东同志在闽粤赣三省交界处的寻乌进行了一次大规模调查。他与各界群众开调查会，与群众一起劳动、谈心交流……基于这次著名的"寻乌调查"，苏维埃政府将城市政策定为"取消苛捐杂税、保护商人贸易"，纠正了"左"倾错误，也解决了供应难题。

问题是时代的声音。开展调查研究，就要坚持问题导向、奔着问题去，做到有的放矢。这些年，了解到基层干部的苦与累，减轻基层负担的举措接连推出；为破解"看得见的管不着，管得着的看不见"基层治理难题，有的地方实施"街乡吹哨、部门报到"机制；针对城乡医疗服务不平衡、山区看病难等问题，"分级诊疗"应运而生……实践证明，调研瞄准真问题，下足真功夫，才能让政策措施更有针对性，才能解决真问题。

好的调查研究，要从群众中来、到群众中去。领导干部开展调查研究，就是走好党的群众路线的过程，要放下架子、扑下身子，深入田间地头、车间企业，倾听群众的心声、体察群众的情绪，总结他们的经验、汲取他们的智慧，抓工作的思路也就有了。正如基层干部坦言：坐办公室都是问题，走进基层都是办法。

"一语不能践，万卷徒空虚。"衡量调查研究开展得好不好，关键要看实效，看调研成果能否解决问题。不以解决问题为目的，调研就失去了意义。党员干部要发扬求真务实的精神，既要在调研中摸清情况，也要在调研后认真分析研究问题，由表及里、去伪存真，用以指导政策制定和工作部署。

调查研究是谋事之基、成事之道。广大领导干部应经常、广泛、深入地开展调查研究，多到基层听民声，多去一线"抓活鱼"，不断增强工作的主动性、科学性，推动事业不断向前发展。

(资料来源：孟祥夫《掌握调查研究这个基本功》，载《人民日报》2021年10月19日第19版)

课后作业

一、单选题

(1)进行市场调查，首先要明确的是市场调查的(　　)。

A. 目标　　　　B. 计划　　　　C. 战略　　　　D. 策略

(2)下列各项中,不属于确定调查区域时应考虑的因素是( )。
　　A.企业产品的销售范围　　　　　　　B.产品在各地区的销售状况
　　C.消费者文化程度、消费特点　　　　D.产品原料来源
(3)探索性调查的常用方法不包括( )。
　　A.与决策者交流　　B.全面调查　　C.二手资料分析　　D.定性调查
(4)当对技术性较强的产品或企业进行市场调查时,适合选择的探索性调查方法为( )。
　　A.与决策者交流　　B.向专家咨询　　C.二手资料分析　　D.定性调查
(5)( )是指一个国家或地区的经济发展水平、产业结构、劳动力结构、资源状况、消费水平、消费结构等方面的环境。
　　A.物质环境　　　　B.文化环境　　　　C.经济环境　　　　D.政治环境
(6)在产品调查中,应当了解消费者对该产品和同类产品( )的意见。
　　A.价格、渠道、包装等　　　　　　　B.样式、口味、包装等
　　C.经营、管理、销售等　　　　　　　D.形象、渠道、包装等
(7)( )是指生产或营销企业的产品数量在市场同类产品总数量中占的比例。
　　A.企业产品市场占有率　　B.产品占有率　　C.市场容量　　D.市场占有率
(8)采用纯粹偶然的方法从总体中选取样本的抽样方法是( )。
　　A.简单随机抽样　　B.分层抽样　　C.系统抽样　　D.任意抽样
(9)可以获得全面、系统的信息资料的调查方式是( )。
　　A.普查　　　　　　B.抽样调查　　C.重点调查　　D.典型调查
(10)某市有书店500家,其中大型书店50家,中型书店150家,小型书店300家。为了调查该市图书销售情况,拟采用等比例分层抽样抽取30家书店进行调查。那么,应从大型书店中抽取( )家书店进行调查。
　　A.3　　　　　　　B.9　　　　　　　C.10　　　　　　　D.18
(11)调查某市居民收入状况,先按职业把居民分为一线工人、技术人员、管理人员等若干组,然后在各组中运用简单随机抽样抽取预定数目的样本进行调查的抽样方法是( )。
　　A.简单随机抽样　　B.整群抽样　　C.分层抽样　　D.配额抽样
(12)在访问调查中,获得信息量最大的调查方法是( )。
　　A.入户访问　　　　B.邮寄访问　　C.电话访问　　D.网络调查
(13)麦当劳总部聘用一些人员作为"神秘顾客"到麦当劳餐厅现场了解服务人员服务水平、餐厅环境等情况,这属于( )。
　　A.观察调查　　　　B.访问调查　　C.实验调查　　D.深度访谈
(14)下列属于观察调查的是( )。
　　A.参加商品博览会　　　　　　　　　B.在商场安装摄像机记录顾客购物行为
　　C.参加展销会　　　　　　　　　　　D.询问商场营业员商品销售情况
(15)实验调查通过实验对比,可以比较清楚地分析事物的( )。
　　A.变化规律　　　　B.变化原因　　C.变化结果　　D.因果关系
(16)设计调查的问卷应当尽量避免( )。
　　A.统一性　　　　　B.诱导性　　　C.灵活性　　　D.确定性

(17)下列选项中,属于开放式问卷的特点是( )。
A.易于记录　　　　　　B.成本低　　　　　　C.限制较少　　　　　　D.节约时间
(18)问卷中的问题是"您认为这种高质量麦氏咖啡的口味如何?"这一问题的不当之处是( )。
A.用词不够确切　　　　　　　　　　　B.含有诱导性问题
C.包含了多项内容　　　　　　　　　　D.采用了否定形式的提问
(19)设计问卷问题时,采用多项选择题可能遇到的困难是( )。
A.设计时间过长　　　　　　　　　　　B.设计成本较高
C.回答时间不容易控制　　　　　　　　D.选项没有涵盖所有可能的内容
(20)制定市场调查方案时,首先需要解决的问题是( )。
A.确定调查方法　　　　　　　　　　　B.选定调查对象
C.明确调查目标　　　　　　　　　　　D.计算调查费用
(21)影响调查数据质量高低的因素是多方面的,但对最后的调查数据质量有直接影响的因素是( )。
A.调查目的的明确性　　　　　　　　　B.调查计划的可行性
C.调查项目的完整性　　　　　　　　　D.调查方案的科学性
(22)市场调查方案的制定要在实施调查( )。
A.的同时　　　　　　B.之前　　　　　　C.之后　　　　　　D.的任何时候
(23)市场调查方案的质量评价不包括( )。
A.方案是否科学、完整　　　　　　　　B.方案是否体现调查目标与要求
C.方案是否美观　　　　　　　　　　　D.方案是否具有可操作性

二、简答题
(1)如何分析决策问题的背景?
(2)确定调查目标需要注意哪些问题?
(3)确定调查区域需要注意哪些问题?
(4)简述如何确定调查对象。
(5)简述市场调查的主要内容。
(6)如何对社会环境进行调查?
(7)如何对消费者进行调查?
(8)简述调查市场营销活动的内容。
(9)简述抽样调查的优缺点。
(10)简述抽样调查的步骤。
(11)简述文案调查的步骤。
(12)简述观察调查的优缺点。
(13)简述网络调查的优缺点。
(14)简述市场调查方案的评价标准。
(15)如何对市场调查方案进行可行性分析?

实训任务

评价反馈：

各组派代表进行课后作业展示，并配合指导老师完成考核评价表（表2–14）。

表2–14 考核评价表

项目名称	评价内容	分值	评价分数		
			自评	互评	师评
素养评价（20%）	仪容仪表得体	6分			
	具备团队精神，能够积极与他人合作	6分			
	积极、认真参加实践活动	8分			
技能评价（30%）	熟练应用各种信息检索方法	10分			
	所选案例均具有较强代表性	10分			
	按时完成实践任务	10分			
成果评价（50%）	PPT重点突出、详略得当，有效揭示市场调查是影响企业成败的关键因素	30分			
	讲解口齿清晰，仪态大方	10分			
	PPT制作精美，图文并茂	10分			
合计		100分			
总评	自评（20%）+ 互评（20%）+ 师评（60%）=_____	综合等级：_____	教师(签名)：_____		

项目三　组织市场调查

【项目描述】

市场调查的实施首先需要组建一个市场调查项目组。小组内人员的组成、专业技能、职业道德等因素将决定资料收集工作的质量。因此，对于参加市场调查工作的调查人员，市场调查企业还需要对其进行相关培训。此外，市场调查负责人还要及时掌握调查工作进度的完成情况，协调好各项工作，及时解决在调查过程中出现的问题。在市场调查活动中，确定好市场调查方案、调查方法后，调查人员便可以开始市场调查资料的收集工作，根据不同的调查情景，工作人员需要做好调查问卷制作、访问提纲制作、实验方案制作、街头拦截工作、深度访谈工作、入户访问工作、电话访问工作等准备工作，以便后续实施市场调查。

习近平总书记强调，要"按照党中央关于在全党大兴调查研究的工作方案"，"以深化调查研究推动解决发展难题"。调查研究是我们党的优良传统。习近平总书记多次强调调查研究的重要性，指出调查研究是我们党的传家宝，是做好各项工作的基本功。怎样认识这个传家宝、如何掌握这个基本功，是学习领会习近平总书记重要讲话精神、贯彻落实党中央决策部署、深入开展主题教育的一个重要课题。本项目的主要目标是完成市场调查组织工作。在这个过程中，需要完成一系列的典型任务。

【项目情景】

为了解成都市场消费者对旅游产品的消费偏好情况，四川某地的调研公司乐友咨询公司开展了一次市场调查工作。本次市场调查项目开展情况如下。

实施时间：2021年3—5月。

调查样本：500个家庭消费者，200个单位团体消费者。

调查方法：采用面对面访谈和问卷调查形式。

实施工作安排：①调查前制定访谈员工作手册，其中包括个人调查能力提升常规培训手册和问卷培训手册；②分别在成都市内不同区域的高校招聘10名在校大学生做兼职调查人员，人员确定之后对他们进行严格培训；③乐友派出一位主管在此期间进行工作督导，帮助调查人员解决问题并对每天的调查结果进行验收和复核；④按照访谈员自查、督导检查、项目负责人验收三个阶段回收问卷；⑤项目负责人与督导再次一起对回收的问卷进行复核；⑥确认无误的问卷收回公司数据处理部门进行数据处理工作。

制定好市场调查方案，选定适当的调查方法，制作好调查问卷，准备有关的调查工具或设备，组建完调查团队并对调查人员进行培训后，便可开始市场调查资料的收集工作。通过严格的工作流程，乐友咨询公司获取了有效信息，为后期开拓旅游市场打好了基础。

【项目分解】

在组织市场调查阶段需要完成以下几项任务。

任务1：市场调查准备工作——市场调查的团队组建，调查人员的培训。

任务2：市场调查实施工作——进行预先调查，对市场调查活动进行监控。

【任务清单】

完成一项学习任务后，请在对应的方框中打钩。

目标	完成情况	具体学习任务
知识目标	□	明确市场调查项目组的组成及职责
	□	熟悉调查人员应具备的基本素质
	□	明确调查人员的培训内容和形式
	□	掌握市场调查活动的管理要求
	□	掌握市场调查资料的整理步骤
	□	掌握分析数据集中趋势和离散程度的方法
实训目标	□	调查各小组的调查主题，总结调查对象的基本特征
	□	能根据本地旅游市场调查数据，分析我国旅游市场的发展现状和趋势
技能目标	□	能够根据调查项目要求组建市场调查项目组
	□	能够组织实施市场调查活动
	□	能够根据实际情况对市场调查活动进行有效管理和控制
	□	能够对市场调查资料进行简单分析
思政目标	□	树立团队合作意识和管理意识
	□	具备良好的调查人员职业道德和素养
	□	树立分析问题的意识，培养专业分析技能，发扬工匠精神
	□	认同数据的重要性，培养职业素养，贯彻实事求是的精神

任务1　市场调查准备工作

任务导航

为了准确地获取市场信息，了解消费者的购买意愿，某电视机生产企业专门组织了市场调查活动。为了保证调查结果的准确性，该企业组建了两个实力相当的市场调查项目组，均使用相同的问卷和抽样方法实施调查活动。

调查结果显示，就问卷中"列举您会选择的电视机品牌？"这一问题，两个市场调查项目组得出的结果大相径庭。其中,第一组的结果是"15%的消费者表示本企业的产品将成为其购买的首选",第二组的结果却是"36%的消费者表示本企业的产品将成为其购买的首选"。为什么用完全相同的问卷和抽样方法,结果会出现这么大的差异呢？为了弄清楚事情缘由,该企业决定聘请专业的调查机构前来诊断。

调查机构的执行小组通过与两个市场调查项目组进行交流,很快就得出了诊断结论:第二组在实施调查活动过程中存在误导行为。在实施调查活动期间,第二组调查人员统一佩戴了企业发放的标有该企业标志的领带,从而影响了调查对象的选择,导致市场调查结果未能如实反映实际情况。

(资料来源:袭宝仁、曾祥君《市场调查与预测》,航空工业出版社,2012年版)

任务分析

细节决定成败。实施市场调查活动前,市场调查项目组的组成有哪些？他们对应的职责分别有哪些？招聘调查人员的标准有哪些？在实施市场调查的过程中需要注意哪些问题？市场调查企业是否需要对调查人员进行培训？如果需要,应当从哪些方面着手？

工作步骤

步骤1　组建市场调查项目组

在市场调查活动中,调查人员对市场调查工作有着决定性作用,其本身的素质、条件、责任心在很大程度上影响了市场调查工作的质量,影响了市场调查结果的准确性和客观性。因此,调查人员的选择至关重要。同时,为了保证市场调查工作有条不紊地进行,市场调查企业还应组建市场调查项目组,共同完成市场调查工作。

步骤2　培训调查人员

市场调查活动中,招聘好调查人员之后,下一步的工作就是对他们进行培训。由于调查人员的表现是影响市场调查质量的重要因素之一,因此,很多市场调查企业会将对调查人员的培训放在整个调查工作的首位,通过培训调查人员的工作能力,进一步降低拒访率,使调查工作更加有效率。

步骤3　宣传与联系

1. 宣传

在实施市场调查前,市场调查项目组可以通过各种渠道进行宣传,以扩大调查活动的影响,为调查活动的顺利开展提供便利。例如,将本次调查活动的主题、目的、意义向调查对象或有关单位宣传,争取让他们积极配合。同时,市场调查项目组负责人也要加强对小组成员的宣传工作,调动他们的工作热情。

2. 与调查对象取得联系

为了降低拒访率,在实施市场调查前,市场调查项目组可以直接与调查对象取得联系,或通过其他渠道了解调查对象的相关情况,进一步提高与调查对象接触的成功率。例如,入户访问调查时,提前预约访问时间;网络访问调查时,先通过已有的网络渠道告知调查对象相关调查内容。

步骤4　准备辅助工具

1. 编写调查指导手册

由于市场调查涉及的工作内容和人员较多,为了方便统一化和标准化管理,市场调查项目组需要事先编写相关手册,一是分享工作技巧,二是明确工作标准。

条例清楚的调查指导手册对调查人员的工作指导具有不可忽视的作用。调查指导手册包括调查人员手册和督导人员手册。

1)调查人员手册

调查人员手册的内容会因不同的市场调查项目而有所不同,但其主体部分均是调查人员在现场需要遵守的操作条例和有关的技术指导。调查人员手册一般包括以下内容。

(1)与调查对象接触:怎样与调查对象第一次接触,怎样确保所接触到的调查对象是正确的样本,如何进行就近访问。

(2)一般的访问技巧和技术:详细说明访问的方法,给出特殊调查示例。

(3)问卷的审核:要求调查人员在调查现场或调查结束后立即进行问卷审核,详细说明审核方法和规则。

(4)疑难解答:调查中所使用的概念和术语的定义,调查中最可能出现的问题,以及处理这些问题的建议与方法。

2)督导人员手册

督导人员手册是专门为督导人员编写的为管理调查活动提供指引的手册,一般包括以下内容。

(1)作业管理:如何给调查人员分配任务,怎样向调查人员分发和回收问卷。如果调查人员的财务由督导人员负责,手册中还应该包括如何处理开销凭证及向调查人员分发报酬的相关内容。

(2)质量检查:对调查人员的工作进行质量检查的原则和方法。

(3)执行控制:如何通过各种表格记录调查实施过程中各环节的执行情况。

2. 其他材料

除了编写调查指导手册外,在实施市场调查前,市场调查项目组还需要准备好其他需要打印或印刷好的文字、图片材料等。例如,调查表、调查问卷等调查工具;单位样本名单,包括调查对象的地址表、地理位置图等;介绍信、调查员证等证明文件。

3. 物品准备

物品准备是指与调查有关的所有实物的准备。现场调查中常用物品有礼品、测试用品和工具。

(1)礼品。礼品通常是在调查活动结束后,为向调查对象表示感谢而准备的物品。一般情况下,市场调查项目组应根据调查时间的长短或难易程度、调查对象的差异准备他们乐于接受的礼品。

(2)测试用品。包括定价测试、包装测试、口味测试等调查项目测试需要的用品。在项目开始前,市场调查项目组要做好这些用品的准备工作。

(3)工具。如笔、文件夹、手提袋(装问卷及礼品)、手表(记录访问时间)等。

课堂互动

如果你要到学校周边某小区开展一次入户访问,你会如何做好调查前的相关准备工作和宣传沟通工作?

知识平台

一、市场调查项目组的组成及职责

1. 项目主管

项目主管是实施市场调查具体执行过程中的最高领导者,负责管理整个调查项目,应具备较强的组织、管理和协调能力。具体来说,项目主管具有以下职责。

(1)对项目团队进行培训,如对团队成员进行市场调查的原则、标准、方法、流程等方面的培训。

(2)推进项目计划和控制阶段的工作。例如,估算调查周期、报告项目进展状况、负责解决问题、总结经验教训、风险管理,等等。

(3)跟踪和分析成本。

(4)确保调查项目的计划得以执行。

2. 实施主管

实施主管是项目调查方案具体执行的领导者,应当具备丰富的市场调查运作经验。实施主管具有以下职责。

(1)了解调查的目标及具体的实施要求。

(2)根据调查设计方案的有关要求挑选调查人员。

(3)负责督导团队的管理和培训。

(4)负责调查实施中的质量控制。

实施主管是项目主管和督导人员的中间桥梁,既要掌握市场调查的基本理论和方法,又要具备较强的组织和管理能力,还要具有丰富的现场操作经验。

3. 督导人员

督导人员是指在收集调查资料的过程中,负责检查调查人员工作过程、审核与验收调查结果的监督人员。督导人员具有以下职责。

1)对调查人员实行监督

督导人员负责对调查人员实行监督,包括公开监督和隐蔽监督两种。对于训练有素、动机明确的调查人员,在没有任何迹象表明其可能存在欺骗或错误的情况下,督导人员可以不实行公开监督,但还是有必要对其进行隐蔽监督,具体操作方法有以下两种。

(1)在访问名单或访问现场安排相关调查人员不认识的工作人员,并要求这些工作人员及时汇报接受访问时的情况。

(2)在调查人员不知情的情况下对其访问进行监听或录音。

2)对调查人员进行指导

督导人员负责对调查人员进行指导。督导人员分为现场督导员和技术督导员两种。现场督导员主要负责日常工作的管理,对调查人员的工作进行现场指导、监督和管理;技术督导员主要对调查人员的访问技巧进行指导,并协助实施主管把控调查质量。在实际调查过程中,现场督导员和技术督导员通常由同一人担任。

3) 对调查工作进行检查

督导人员应本着"一天一检查"的原则,对调查人员当天收集到的调查资料进行检查,及时发现问题并予以纠正,进而保证调查资料的完整性与有效性。

4. 调查人员

调查人员是实施市场调查活动的具体执行者,是指对调查对象进行访问调查、采集原始数据的专职或兼职人员。

5. 数据录入员

数据录入员负责对收集到的问卷资料进行编码,并将数据资料录入计算机,以便研究人员进行统计分析处理。数据录入员应熟悉各种软件的使用,且具有较快的打字速度。

二、招聘调查人员

在调查实践中,项目主管、实施主管、督导人员一般由市场调查企业的专职人员担任,而调查人员则通过招聘来组织。调查人员一般由专职调查人员和兼职调查人员两部分组成。为了节约运营成本,市场调查企业一般不会保持一个庞大的调查人员队伍,而是根据不同调查项目的需求和预算,临时招聘一些兼职调查人员。

由于调查人员的自身素质是成功实施市场调查的重要保证,因此,无论是专职调查人员还是兼职调查人员,在招聘过程中,市场调查企业除了考察他们是否具备如市场调查理论、市场营销学、心理学、社会学、统计学、计算机信息处理等基本知识和技能外,还要对其基本素质进行考察。

1. 道德品质

道德品质是决定调查人员成长方向的关键性因素,也是决定市场调查结果的一个重要因素。一个优秀的调查人员应当具备较好的道德品质,其中事业心、责任感、实事求是、认真细致等都是重要的素质要求。

1) 强烈的事业心和责任感

市场调查工作是一项重要而又艰巨的工作,并且具有明显的服务性。在市场调查活动中,调查人员需要接触社会上方方面面的人,工作量大且烦琐。一般情况下,调查人员独立工作的可能性较大,遭遇挫折或被拒之门外的概率也较高。因此,市场调查工作对调查人员在事业心和责任感方面有较高的要求。

2) 实事求是的工作态度

在市场调查活动中,调查人员可能遇到棘手和敏感的问题,如涉及个别单位或个人的切身利益,也可能遇到影响调查工作正常进行的各种干预和阻挠情况。因此,调查人员要做到实事求是,既不能为了完成任务敷衍了事,也不能迫于某种压力,屈从或迎合某些单位或个人。

3) 认真细致的工作作风

调查的目的是为决策提供翔实、可靠的依据。调查人员在工作中稍有疏忽,就可能会给整个调查造成无法弥补的损失。因此,严谨、认真、细致是调查人员应具备的基本素质。此外,调查人员还应具有敏感性、警惕性、坚韧性的特点,不放过任何有价值的数据资料,也不混入任何虚假的数据资料,对有疑点的数据资料要进行反复核对,进一步保证调查资料的准确性。

2. 业务能力

业务能力是衡量调查人员能否胜任市场调查工作的首要条件。一名合格的调查人员应当具有的业务能力包括以下几个方面。

(1)利用各种数据资料的能力。

(2)对调查环境有较强的适应能力。调查环境经常是复杂多变的,这就要求调查人员必须具有迅速适应环境的能力。在各种调查方式中,访谈调查对调查人员的环境适应能力要求最高。一般情况下,访谈调查会采取对话形式,不仅要求调查人员思维敏捷,具有善于发现问题和解决问题的能力,还要求调查人员有较强的记忆能力,对于一些不能或不宜当场记录的情况能够进行事后追记。

(3)分析、鉴别、综合数据资料的能力。调查人员要能够识别各种数据资料的真伪,鉴别各种信息对本次调查活动的作用,进而综合各种数据资料并加工整理成对决策有一定价值的信息。

(4)较强的语言和文字表达能力。较强的语言和文字表达能力是对调查人员的基本要求。无论是进行访谈调查,还是对调查结果进行介绍、说明,调查人员都需要有较强的语言表达能力。此外,调查结果最终都要形成文字,即调查报告,而调查报告在内容上要做到有观点、有创意、有深度和有说服力,这就要求调查人员具备一定的文字表达能力。

(5)创新精神。市场调查活动不是简单地对某些问题和情况进行收集、记录和整理,而是一项具有较强探索性的工作。在市场调查活动中,调查人员面对的是一系列错综复杂、瞬息万变的市场问题,需要随时对市场中出现的新情况、新问题进行详细的调查,在获得大量初始数据资料的基础上,经过仔细思考和深入分析,提出有创造性的建议。这些都要求调查人员应具备开拓能力和创新意识,善于解决问题,并能创造性地运用不同技术手段。

3. 个体素质

调查人员最主要的工作是和人打交道,在市场调查活动中,其作风的好坏、言谈举止的雅俗,不应只被看作调查人员一个人的事情,而应将它作为影响市场调查质量的一个重要因素。因此,调查人员应性格开朗、善于沟通、谦虚谨慎、平易近人。

在调查实践中,态度谦虚、举止平易近人的调查人员,更容易得到调查对象的配合;反之,那些盛气凌人、处处只考虑自己方便的调查人员,容易招致调查对象的拒绝,难以取得详细、真实的数据资料。

综上,在招聘调查人员时,市场调查企业一定要综合考虑应聘者各方面的能力与条件,选择优秀的人员来担任。

 课堂互动

如果你是市场调查项目负责人,在招聘调查人员时,除了考核上述项目外,你还会对调查人员的哪些方面进行考核?

三、培训调查人员

（一）培训内容

在市场调查活动中,招聘好调查人员之后应对他们进行培训。根据调查项目的需要,调查人员的培训内容一般包括基础培训和专业培训。由于培训的目的不同,这两类培训应当分开进行。

1. 基础培训

基础培训主要是对调查人员的职业道德、行为规范和调查技巧进行培训。

1）职业道德培训

（1）告知调查人员必须提供完全真实的调查资料,不能为讨好委托方而故意编造或伪造虚假数据。

（2）要求调查人员恪守保密义务,既不能泄露调查对象的个人信息,也不能将调查资料泄露给第三方。

（3）告知调查人员必须提供完整准确的调查资料,不能因时间、成本等问题而减少必要的调查工作或提供令人误解的数据资料。

2）行为规范培训

在市场调查活动中,调查人员应做到以下几项。

（1）严格按照调查项目要求和抽样规则选择调查对象。在需要使用随机表确定调查对象时,调查人员不能轻易被周围的环境所影响。

（2）严格按照调查规范要求执行调查工作,包括提问、记录答案、使用卡片等。

（3）调查中保持中立的态度,不能加入自己的观点和意见以影响调查对象。

（4）实施市场调查活动前做好相关准备工作。

3）调查技巧培训

调查技巧培训包括培训接触调查对象的技巧、询问问题的技巧、记录答案的技巧、结束访问的技巧、处理意外事件的技巧等。

2. 专业培训

专业培训的目的在于让调查人员了解调查项目及其有关要求和标准,进一步指导调查人员处理在具体调查中的技术性问题。专业培训具体包括项目培训和问卷培训两个方面。

1）项目培训

项目培训主要是对项目背景、调查内容、时间安排、调查人员分工等内容进行培训。通过项目培训,调查人员可以对整个调查项目有一个总体认知,不仅可以让调查人员合理安排自己的工作、有目的地收集资料,还有助于让他们更轻松地配合团队的内部工作。

2）问卷培训

问卷培训主要是对整个调查问卷的结构、内容进行培训,并具体讲解如何提问、如何追问、如何记录等。

（二）培训形式

1. 集中讲授

集中讲授是将接受培训的调查人员集中起来,采用授课的形式对其进行系统性培训。这种培训形式能够有效传达调查项目的相关信息,所耗成本最低且时间最短。一般情况下,讲授的内容包括介绍调查项目的背景、讲解问卷及实施要求、讲授调查技巧等。

(1)向全体调查人员介绍调查项目的背景,包括计划、内容、目的、方法及与调查项目相关的其他情况,以便调查人员对该项工作有一个整体性了解。

(2)讲解问卷及实施要求,说明调查访问的步骤、要求、时间安排、工作量、报酬等具体内容。

(3)讲授一些基本的和关键的调查技巧。例如,如何敲门,如何进行自我介绍,如何取得调查对象的信任,如何尽快与调查对象建立良好的合作关系,如何客观地提出问题,如何记录回答,等等。

此外,项目负责人还要组织调查人员集中学习调查人员须知、调查问卷、调查人员手册等材料,特别是要弄清楚调查问卷的全部内容、提问方式、填写方法、注意事项等。

2. 实践模拟

为了确保市场调查结果的准确性,预防或克服因调查人员缺乏实际经验而可能产生的各种不良影响,在尚未派出调查人员进行实地调查之前,市场调查企业可以采用实践模拟的形式对调查人员进行培训。

实践模拟是由接受培训的调查人员和有经验的调查人员分别担任不同的角色,模拟演练实际调查中可能发生的各种情景,从而增强调查人员解决实际问题的能力。需要注意的是,实践模拟侧重培训调查人员的应变能力。

课堂互动

如果你是调查人员培训师,采用实践模拟形式对调查人员进行培训时,你会如何进行?

3. 督导访问

督导访问是由督导人员陪同调查人员一起到现场进行试访,以帮助调查人员有效记录并解决其在访问中出现的问题和意外情况的培训形式。通过督导访问,调查人员可以边做边学,在短时间提高调查访问能力。需要注意的是,督导访问对人力的投入较大,只能在较小范围内进行短时间的应用。

任务2 市场调查实施工作

任务导航

长春一家饮料生产企业在销售冰茶饮料之前,曾组织过这样一场市场调查:在一间单面镜访谈室(即里面的人看不到外面,外面的人可以看到里面)里,调查对象逐一品尝没贴任何标签的饮料,并将感受写在体验卡上。这场市场调查的目的是预测计划推出的冰茶饮料能否被消费者认同。

通过大量的现场测试,该企业最终得出的调查结果是"调查对象多数表现出对冰茶饮料的抗拒"。就这样,刚刚试制出来的新产品在调查中被否定了。但此后不久,冰茶饮料在中国开始全面畅销。这家饮料生产企业再想迎头赶上为时已晚,一个明星产品就这样因一场调查与市场擦肩而过。

任务分析

经调查,该企业是在冬天进行口味测试的,寒冷的状态、匆忙的进程都会影响调查对象的味觉反应。因此,这个时候调查对象通常会对口感浓烈的饮品表示认同,而对清凉淡爽的冰茶表示排斥。在调查结束之后,部分调查人员虽然产生了是否需要对调查对象进行进一步访问的想法,但他们均未向督导人员提出这一想法,这也是导致此次调查失败的重要原因之一。做好市场调查准备工作,监控调查活动过程,是调查过程中不可忽视的关键步骤。

工作步骤

步骤1 实施市场调查

前期准备工作完成后,下一步就是实施市场调查。经过培训的调查人员应按照市场调查方案中确定的调查方法、抽样方式、调查地点、时间及活动进度安排等内容对调查对象进行调查,收集数据资料。

步骤2 监控市场调查活动

在市场调查活动中,相关负责人需要做好以下三方面的工作:一是对调查人员的监管;二是市场调查计划的执行;三是调查工作的协调管理。

1. 对调查人员的监管

为了保证调查人员严格按照培训的方法和技巧执行市场调查,督导人员可以通过现场监督、问卷审查、电话回访和实地回访等形式对调查人员的调查活动实行有效的监管,主要包括质量控制、抽样控制和作弊行为控制。此外,督导人员还应定期对调查人员进行评估。

1)质量控制

在现场对调查人员执行质量控制时,督导人员应重点关注调查人员的工作是否严格按照规定执行,如对于问卷中需要追问的地方,调查人员是否进行了适当的追问。

在市场调查活动结束后,督导人员还应对调查人员回收的问卷执行质量控制,检查所有问题是否都有答案,是否存在不合格或不完整的答案,字迹是否清晰等。此外,督导人员还应抽取部分调查对象进行回访,核实调查情况是否真实,并就调查内容进行确认。

2)抽样控制

抽样控制是为了保证调查人员按照抽样计划实施调查,主要避免出现以下情形:①调查人员自作主张,不去调查自己认为不合适或难以接触的抽样个体;②在入户访问中,当已确定的样本本人不在家时,调查人员擅自更改样本,而不是再次回访;③调查人员擅自扩大抽样范围,认为调查数量多多益善。

为了防止上述情形的发生,督导人员应当每天记录调查人员的工作完成情况,如应调查的数量、实际调查的数量、被拒绝调查的数量等,并抽取部分样本进行电话回访或实地回访,以确认调查的真实性。

3)作弊行为控制

市场调查中的作弊行为主要包括:①伪造样本;②随意填写未完成的问卷;③未赠送礼品或更

换礼品;④擅自改变访问形式;⑤随意缩短访问时间。

为了防止上述情形的发生,督导人员除了对调查人员进行适当培训,强调调查人员的职业道德和行为规范外,还应加强对调查人员的现场督导和核查力度。

4) 评估调查人员

督导人员定期对调查人员进行评估,不仅有利于调查人员了解自己的工作状况,也有利于市场调查企业组建更高质量的调查团队。调查人员的评估内容主要包括时间成本、应答率、访谈质量和数据质量。

(1) 时间成本。督导人员可以根据工作完成时间和花费成本对调查人员的工作质量进行评估。例如,是否按照时间计划完成调查工作,有无延期或提前,以此实施相应的奖惩措施,提高调查人员的工作积极性。

(2) 应答率。当调查人员工作结束后,督导人员可以通过比较不同调查人员的拒访率,以此判断调查人员的工作质量,进一步对调查人员进行评估。在调查实践中,督导人员应当对一段时间内的应答率进行实时监控,并采取一定措施应对应答率过低的情况。如果某一调查人员的拒访率较高,督导人员应及时给予指导,帮助其顺利进行接下来的调查工作。

(3) 访谈质量。访谈质量的评估包括调查人员的自我介绍是否恰当,提问表述是否准确,追问能力和沟通技巧是否合适,结束调查时的表现是否合适,工作记录是否齐全,调查对象是否给予积极配合等。督导人员可以通过直接观察访问过程进行访谈质量的评估工作,也可以通过查看现场访问录像对访谈质量进行评估。

(4) 数据质量。数据质量的评估包括记录的数据是否清晰易读,问卷的填写是否合格,开放式问题的答案是否记录详细、是否能够编码、是否存在未回答的问题等。

2. 市场调查计划的执行

市场调查计划是为了确保调查工作的顺利开展和按时完成而拟定的具体工作安排,包括制定市场调查方案、设计调查问卷、人员培训、实地调查、数据分析录入、撰写市场调查报告等内容,以及各项工作的计划完成时间。

市场调查计划的执行直接关系到调查工作的质量和效益。项目主管应事先预算调查经费,制定各项费用标准,力争以最少的费用取得最好的调查效果。如果调查中出现一些导致调查项目可能延期的问题,项目主管应分析问题产生的原因,并及时采取相应措施加快项目进程,如增加调查人员、对存在问题的调查人员进行额外培训等。

3. 调查工作的协调管理

项目主管要及时掌握实地调查的工作完成情况,协调好调查人员之间的工作进度;及时了解调查人员在调查中遇到的问题并帮助其解决问题,对于出现的共性问题提出统一的解决办法。比如调查对象如何确定的问题。

确定调查对象即对谁进行市场调查,它不仅关系到调查方法的确定,很大程度上也影响着市场调查的成败。调查对象一般根据调查目标和产品的消费市场范围而定。在以消费者为调查对象时,需要注意某些产品的购买者和使用者可能不一致,如对婴儿食品的调查,其调查对象应当为婴儿的母亲。还需要注意一些产品的消费对象是某一类特定消费群体或侧重于某一类消费群体,这时调查对象应注意选择产品的主要消费群体。例如,对于化妆品,调查对象应主要选择女性;对于酒类产品,调查对象应主要选择男性。

确定调查对象后,需要进一步确定调查对象的规模范围,并在此基础上选择适用的抽样技术。一般来说,调查对象规模越大,调查结果就越全面、准确。

知识平台

地处重庆的某服装公司欲开发一种新的休闲服装,但是国内休闲服装市场品牌众多,市场竞争激烈,公司决策层认为要取得产品开发与市场推广的成功,需要对目前的市场环境有一个清晰的认识,从现有市场中发现机会,做出正确的市场定位并执行合理的市场策略。

因此,决策层决定委托市场调研机构开展市场调查与预测分析,通过对市场的深入了解,确定如何进行产品定位,如何制定价格策略、渠道策略、促销策略以及将各类因素进行有机整合,促进其资源的最优配置,从而使新开发的服装成功投入市场。

现在,某调研公司接受了该服装公司的委托,欲承担项目的市场调研任务,调研公司应当首先开展以下工作。

一、组建项目团队

调研公司接受了委托项目之后,需要根据委托方的要求,进行市场调查和预测,提供企业所需的各类数据资料,为企业的经营服务。调研公司成立项目组,指定项目经理,并由项目经理负责组建项目团队,负责组织实施这项调研任务。在项目经理的带领下,项目组开始着手策划并实施市场调研工作。

二、确定市场调研项目的主题

1. 与委托方接洽,明确调研意图

项目经理考虑,首先要与委托方接洽,了解委托方的意图,明确这次调研的目的与任务,才能策划市场调研的方案并付诸实施。于是,项目经理电话约见该服装公司的负责人员(可能是公司经理、营销经理等,以下简称委托方)。

项目经理:您好!我是××调研公司负责贵公司休闲服装市场调研项目的负责人,在策划安排这一项目的调研工作之前,需要了解贵公司的一些情况,咨询贵公司的调研意图和对调研项目的基本要求,我们能见面谈一下吗?

委托方:可以。明天上午上班后,您到我公司的办公室面谈吧。

项目经理:好吧,明天见!

第二天上午,项目经理带领一名项目组成员到达该服装公司,与服装公司初步沟通,双方就服装公司欲开发的休闲服装的市场调研工作初步达成了共识。双方认为目前竞争市场存在以下问题:①品牌定位不清晰;②服装款式同质化现象严重;③服装版型差距大;④市场推广手法雷同。

项目经理了解到服装公司希望通过调研,了解相关品牌的特征、消费者的消费倾向,为新开发的××品牌男士休闲服装寻找新的市场空间和出路。

双方的接洽使调查人员了解到企业决策者在企业经营管理中面临的问题,即"什么是决策者所要做的"问题。显然,市场调查与预测受经营管理决策的影响和制约,不理解委托方意图的调研

方案,不会是一个好的方案。

2. 收集资料,分析问题的背景

现在,项目经理认为项目组必须考虑"什么信息是所需要的,如何获取这些信息"的问题,从而使调研工作能够实现委托方的目的。于是,项目经理召集项目组成员举行第一次会议。

项目经理:咱们公司承接了重庆某服装公司休闲服装市场调研项目,项目由在座的各位合作完成。今天召集大家共同商议,确定该项目调研方案的有关问题。

调查员:您与服装公司的人员见过面吗?这次调研的主题您清楚吗?

项目经理:昨天我已经与服装公司的负责人洽谈过了,服装公司的意图,我已经写在发给大家的材料中,大家可以认真看一看。我们要满足服装公司的要求,需要收集的就是资料,了解项目面对的市场背景情况。

调查员:既然这样,组长,您分配任务吧。

项目经理在会议上安排项目组成员查阅服装公司提供的资料,检索该服装公司的网站及相关服装网站,查阅相关报刊及文献,经过三天的时间,收集并整理了以下资料。

(1)企业资料。从资料中了解到该公司是一家专门生产与经营休闲服装的企业,该休闲服装品牌在国内属于大众品牌,公司拥有较好的生产设备与技术人员,自动化水平较高,生产的服装销往全国各地,并在一些城市及较大的商场设有专卖店或专柜,公司的经营业绩处于稳定期。

(2)产品市场资料。公司新推出的产品属于男性休闲服装,市场上同类品牌的服装较多,市场竞争激烈,产品更新周期短,新产品上市快,但近几年随着生活水平的提高,人们的生活习惯也在发生改变,休闲服装销售上涨趋势明显。

(3)消费者资料。穿休闲装的男士越来越多,且年龄分布趋于分散,职业特征不明显,对休闲服装款式、质地等的要求也在提高。

这些资料的获取,使项目组对于休闲服装市场有了基本的了解,对于企业的经营状况及实力有了进一步的认识,这些都非常有助于项目组准确把握调研意图,明确调查目标。一般情况下,为了明确哪些信息是调研所需要的,调查人员要掌握与企业和所属行业相关的各种历史资料和发展趋势,包括销售额、市场份额、营利水平、技术等。当一个企业的销售额与整个行业的销售额同时下降,或企业的销售额下降而行业的销售额上升时,两种情况所反映的问题是截然不同的。此外,调查人员还要掌握并分析企业的各种资源和面临的制约要素,如资金、研究技能、费用、时间等。同时,要了解消费者的购买行为、法律环境、经济环境、文化环境、企业开展的市场营销技术,以及企业的人员规模、组织结构、文化、决策风格等因素。

3. 确定市场调研的主题

第四天,项目组组长召开项目组第二次会议,商讨制定该项目的市场调研方案。

项目经理:经过三天的资料收集与分析工作,我们已经清楚了该服装公司的调研意图、项目面对的产品市场的基本情况,现在可以讨论一下这次调研的目标了。

调查员:请问经理,确定市场调研项目的目标,我们应当遵循哪些规则呢?

项目经理:两个规则。一是能使调查人员获得经营管理决策所需的全部信息,二是能指导调查人员开展市场调查与预测活动。比如我们承担调研任务后与服装公司的洽谈,就是为了获得经营管理决策者的意图,但是只了解意图不行,还必须掌握相关的信息,才能使我们正确开展调研工作,这也是我们这三天工作的目的。

调查员：请您告诉我进行产品市场的需求调研需要考虑哪些因素来确定调研主题。

项目经理：我们做的是商品的需求调研，应该主要从商品的需求数量、质量、品种、规格、包装、需求地点和时间、需求的满足程度、市场占有率等方面考虑，并考虑市场需求总量及其构成情况。

调查员：市场需求总量及其构成是指什么呢？

项目经理：市场需求总量及其构成，表明全国或地区市场的不同需求量，是从宏观上对市场需求的调查研究。

调查员：明白了，我们应当针对男士休闲服装的相关商品特征，来确定调研的主题。

项目组在分析了解调研项目背景资料的基础上，就服装公司拟推出的男士休闲服装的市场调研工作需求，最终确定了调研项目的目标或者主题：①了解目前男士休闲服装市场的竞争状况和特征；②了解竞争对手的策略和运作方法；③了解男士休闲服装市场的销售渠道和模式；④了解消费者对男士休闲服装的消费习惯和偏好；⑤了解男士休闲服装市场的品牌"三度"（知名度、美誉度、忠诚度）竞争情况；⑥了解消费者对男士休闲服装产品的认知和看法。

本次调研最根本的目的是真实地反映男士休闲服装市场的竞争状况，为新产品的定位及决策提供科学的依据。

三、策划市场调研方案

调研项目的主题已经确定，项目经理继续组织项目组成员策划市场调研的方案。项目经理要求大家从调查对象、资料的收集方法、调查问卷及访谈提纲的设计、数据处理与分析、组织安排等几个方面进行考虑。项目组继续进行第三次会议，策划调研方案。

1. 确定调查对象

项目经理：下面我们需要围绕调研主题，设计项目的调研方案。大家认为我们都需要收集哪些资料，在哪些城市开展调查，调查哪些企业和消费者呢？

调查员：必须收集全国关于男士休闲服装生产与销售行业的经营情况的资料。

项目经理：是的。这些资料可以让服装公司提供给我们一些，也可以通过网络检索。

调查员：经理，服装公司能给我们提供各地的零售商和代理商的名册和联系方式吗？

项目经理：已经给我们了。

调查员：太好了，这样我们就可以很方便地找到他们，了解情况，收集资料。

项目经理：顾客的需求、消费者的情况是调研资料的主要部分，所以我们还需要抽查一些消费者和经营者。

调查员：经理，这家公司经营范围比较广，我们找哪些地方的消费者和经营者进行调查？

项目经理：考虑到这次调查的经费和时间都比较紧张，我们就以服装公司所在城市为主要调查地，另外考虑南方的5~7座城市吧。

调查员：为什么只调查南方的城市？

项目经理：这家公司经营的服装主要销往南方城市。

项目组成员商议后，达成以下共识。

1）收集资料及资料来源界定

围绕项目主题，项目组认为需要收集下列资料。

(1) 同类企业（竞争对手）的相关资料、男士休闲服装市场的背景资料。这些资料主要通过互联网、委托方获得。

(2) 零售商与代理商经营情况资料。这些资料在委托方提供名录后,通过有针对性的实地调查获得。

(3) 消费者信息资料。这些资料在调查人员选定调查对象后获取。

2) 调查的范围界定

由于服装公司的服装销售渠道是本地及国内其他城市的商场专柜、专卖店,消费者为成年男性,因此将海口、福州、上海、杭州、成都作为调查地,并且以这些城市的商业中心为焦点,同时考虑一些中、高档生活小区。确定调查的范围及需要调查的对象的总体。

3) 调查单位界定

调查范围确定后,项目组确定所要调查的单位为:①零售商——商场的零售专柜经营者;②代理商——专卖店经营者;③消费者——成年的男性。

2. 确定资料的收集方法

调查员:我们已经确定了调查的对象,还需要商量什么呢?

项目经理:商量一下收集资料的方法吧,大家考虑面对零售商、代理商、消费者3类对象,我们该采取什么方法收集调查资料。

调查员:消费者调查肯定要设计问卷,通过访谈了解情况。零售商和代理商怎么办?

项目经理:我认为事先拟定一个提纲,进行实地访谈和考察比较好。因为零售商与代理商不仅可以为我们提供经营资料,还可以为我们提供有关竞争对手、消费者情况的资料,问卷调查很难完全获取想要的信息。

调查员:还需要收集其他资料吗?

项目经理:我们可以通过网络、文献等获取一些背景资料,也可以让服装公司再提供一些竞争对手资料和宏观竞争市场资料。

根据所确定的资料来源和调查对象,考虑到调研工作的人力状况与财力预算,项目组决定本次调研的资料收集工作根据不同调查对象与资料类型按多种形式进行。

(1) 用文献法收集行业背景资料。通过检索同类企业的经营资料、相关网站与媒体提供的信息资料等,获取目前男士休闲服装市场的竞争状况和特征、竞争对手的市场策略和运作方法等方面的调研资料。这部分资料属于二手资料,所检索的企业通过随机方式确定。

(2) 用访谈法、观察法获取零售商、代理商的资料。对所调查的城市的零售商、代理商进行普查,通过访谈、实地考察收集原始资料。

(3) 用问卷法获取消费者的信息资料。利用方便抽样可以保证样本的广泛性,利用配额抽样可以保证样本的代表性,因此,建议采用方便抽样和配额抽样相结合的方法得到调查对象的样本,然后发放调查问卷,收集原始资料。

3. 调查问卷及访谈提纲的设计

项目经理:现在,我们再商议一下问卷及访谈提纲问哪些问题吧。

调查员:消费者调查可以从职业、爱好、喜好的品牌几个方面来考虑。零售商、代理商的调查呢?

项目经理:零售商和代理商访谈,要考虑销售业绩、顾客情况、其他休闲服装品牌经营者情况等。

1) 调查问卷的内容设计

问卷设计的质量对调查结果会产生至关重要的影响,问卷提供了标准化和统一化的数据收集方式,它使问题的用语和提问的程序标准化。针对调研主题与方法,项目组认为必须设计面向消费者个体的调查问卷。

(1) 问卷结构应包括说明部分、甄别部分、主体部分、个人资料部分、访谈员记录部分。

(2) 问卷形式采取开放式和封闭式问题相结合的方式。

(3) 问卷按照调查对象思考问题的逻辑顺序和对产品的了解程度来设计。

(4) 主要问题:消费者所在单位及职业、对休闲服装的着装偏好、曾经购买的休闲服装的情况、最近购买意愿、对于休闲服装品牌的认知等。

2) 零售商与代理商的访谈提纲设计

访谈的内容应当围绕以下几个方面来进行设计。

(1) 所销售或代理的服装的经营情况,包括销售额、利润、进货周期、畅销款式等。

(2) 消费对象(顾客)的信息资料,包括顾客的年龄、职业、款式偏好、价位承受力、回头客数量、淡季与旺季情况,新款服装的销售情况等。

(3) 竞争对手的信息资料,例如同类品牌休闲服装的销售情况与业绩。

4. 数据处理与分析

项目经理:数据处理分析是调查的收获阶段,数据处理与分析技术的高低,直接影响着调研的质量。现在,我们再商议一下调查资料的处理方式吧。

调查员:经理,资料收集上来后,我们是不是要安排专人先审核一下,剔除无效的、不合格的问卷,以保证资料的可靠性?

项目经理:当然需要安排专人负责资料的审核整理,并且编码录入,最后做统计分析。

调查员:我知道,利用 Excel 做统计图表,再做回归分析就行了。

项目经理:这还不行,因为需要了解各类消费者的消费特征、竞争情况等,还要进行聚类分析、影响因子分析、SWOT 分析。

项目组经过认真分析与讨论,计划按照以下方式分类处理并分析信息资料。

1) 数据信息录入技术

对于回收的问卷,项目组安排专人负责,在统一审核的基础上,首先剔除无效的问卷,之后对问卷进行统一的编码,即将问卷中的开放式问题或半开放式问题的答案用标准代码表达出来,便于电脑统计。为了确保原始码表趋于完善,应当对不同地区、不同层次的问卷分别编制。对于可能出现的新码,应在原始码表上留有补充余地,以便灵活加码。数据录入利用 Excel 工作簿完成。

2) 数据信息分析技术

(1) 可以使用专业的市场分析软件 SPSS 对问卷进行数据分析,也可以使用 Excel 软件的统计分析功能进行数据分析。

(2) 数据分析的方法可以采用聚类分析、因子分析、相关分析、SWOT 分析方法等。

5. 商议调研项目的组织安排

调查员:经理,就我们几个人完成整个调研工作吗?

项目经理:当然不是。大家将被派往各调查城市,负责督察样本资料的收集工作。每到一个城市,你们就可以到当地高校召集一些经管类专业的大学生担任我们的访谈员。

调查员:谁来培训他们?

项目经理:我会做统一的招聘规定,并做好培训资料发给大家,大家按要求做就可以了。

调查员:聘用人员的费用支出标准怎么定呢?

项目经理:各个城市可以执行不同的标准,大家可以参照当地工资水平确定标准后上报审批。

项目经理提出了下面的安排意见。

(1)地区间通过互联网保持联系,每个城市派1名公司督导人员,各城市聘1名全职、熟练的专业人员来完成调研和管理工作。

(2)人员招聘渠道由项目组与当地高校联系,以招聘在校大学生担任访谈员和兼职助理督导为主。主要为女性,有经验者优先录用。

(3)关于人员培训,要统一制作培训资料,内容应当涉及职业道德、访谈技术、项目内容介绍、模拟演练等。

(4)按照委托方的时间要求,在30天内完成调查及分析工作。

(5)经费预算由项目经理与公司领导商议后确定。

四、组织及实施

1. 机构安排及职责

设置项目负责人1名,负责项目规划实施的全过程,并对委托方负责;项目实施督导人员7名左右,在项目负责人的领导下组织开展调研工作,负责安排对调查人员的培训、督导调查工作、进行数据资料的整理分析、承担调查报告的撰写任务等;聘用调查人员70名左右,要求其接受培训后,按要求完成调查工作。

2. 调查人员的选拔与培训安排

从某高校三年级学生中选择经管类专业学生70名左右,要求仪表端正,举止得体,懂得一定的市场调查知识,具有较好的调研能力,具有认真负责的工作精神及职业热情,具有把握谈话气氛的能力。培训内容主要是休闲服装个体调查要求及技术。

经过周密的计划与有效的实施,该项目取得了圆满成功,并获得了委托方的高度赞扬。

 课后作业

一、单选题

(1)负责统筹整个市场调查项目的是( )。

A. 项目主管　　　　　B. 实施主管　　　　　C. 督导人员　　　　　D. 调查人员

(2)下列选项中,不属于督导人员职责的是( )。

A. 对调查人员实行监督　　　　　　　　　B. 对调查人员进行指导

C. 对调查工作执行检查　　　　　　　　　D. 对调查对象实施调查

(3)下列选项中,( )不属于监督调查人员的形式。

A. 电话回访　　　　　B. 问卷审查　　　　　C. 现场监督　　　　　D. 抽样控制

(4)对调查人员的评估内容不包括(　　)。
A. 数据质量　　　　　　B. 应答率　　　　　　C. 时间成本　　　　　　D. 道德品质

二、简答题

(1)培训调查人员的形式有哪些？

(2)调查人员的专业培训包括哪些内容？

(3)督导人员可以从哪些方面对调查人员进行监督？

项目四　市场调查资料整理分析

【项目描述】

宁波市北仑区流动人口数据分析报告(2021年)

流动人口是推进我国工业化、城镇化发展的主力军,已成为我国产业工人的主体,是"中国制造"走向世界的有力支撑,为经济社会发展做出了巨大贡献。宁波市北仑区是传统的工业大区,流动人口已经成为该地区产业工人的主体、租赁房屋的主体、公益服务的主体以及社会消费的重要力量,其作用在很多方面已经超过户籍人口。中共宁波市北仑区委八届十次全体(扩大)会议审议通过了《中共宁波市北仑区委关于制定北仑区国民经济和社会发展第十四个五年规划和二〇三五年远景目标的建议》,提出"十四五"时期力争新增青年人口15万名左右,力争到2025年,青年常住人口占全区人口40%以上,为更好地服务于"十四五"时期北仑经济社会的高质量发展,进一步掌握北仑区流动人口总量、结构、流向的变化,北仑区流管中心根据公安机关流动人口基础数据和全年实地走访、问卷调查情况,就2021年度全区流动人口数据分析如下。

一是流动人口总量稳中有升。2021年是极不平凡的一年,北仑区统筹经济社会发展和常态化疫情防控工作,流动人口总量保持稳中有升,2021年末为57.05万人,比2020年末的54.35万人增加了2.7万人,同比上升4.97%。如图4-1所示。"青年北仑"建设成效显现,其中18~35周岁的青年人口数为25.36万人,比2020年的24.76万人增加了0.6万人,同比增长2.42%。

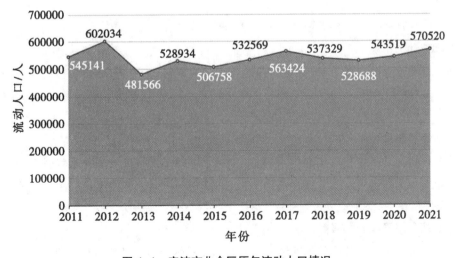

图4-1　宁波市北仑区历年流动人口情况

二是区域分布格局总体保持稳定。2021年,新碶街道、小港街道(含戚家山街道)、大碶街道(含甬保街道)流动人口总量分别为19.87万人、11.04万人和14.89万人,合计占全区流动人口总量的80.29%,同比增加1.52万人。新碶街道、大碶街道(含甬保街道)流动人口总量分别增加1.03万人和0.7万人,小港街道(含戚家山街道)流动人口总量减少0.21万人。其他6个街道总量保持相对稳定,同比均有增加,其中春晓街道增加0.53万人,梅山街道增加0.18万人。总体来看,大部分街道流动人口总量都在稳步增加。如表4-1所示。

表4-1 宁波市北仑区人口分布情况

街道	2020年/万人	占比	2021年/万人	占比	总量增减/万人
新碶	18.84	34.66%	19.87	34.84%	+1.03
大碶	11.36	20.90%	11.88	20.83%	+0.52
小港	11.25	20.70%	11.04	19.35%	−0.21
霞浦	4.31	7.93%	4.35	7.63%	+0.40
柴桥	2.40	4.42%	2.72	4.77%	+0.32
白峰	0.63	1.16%	0.69	1.21%	+0.06
春晓	2.06	3.79%	2.59	4.54%	+0.53
甬保	2.83	5.21%	3.01	5.28%	+0.18
郭巨	0.34	0.63%	0.37	0.65%	+0.03
梅山	0.34	0.63%	0.52	0.91%	+0.18
全区	54.36	100.00%	57.04	100.00%	+2.68

(资料来源:宁波市北仑区人民政府,《北仑区流动人口数据分析报告(2021年)》,有删改)

【项目情景】

通过流动人口数据分析可以解决以下四个现实问题。

1. 理解劳动力市场

流动人口是灵活的劳动力资源,他们通常会在不同地区、不同行业之间流动,对劳动力市场的供求关系产生影响。研究流动人口趋势可以帮助政府、企业和研究机构识别劳动力的空缺和过剩,提前调整政策和资源配置,以满足劳动力需求。

2. 推动经济发展

流动人口的流动性使得他们能够参与不同地区的经济活动,为经济发展提供了动力。研究流动人口趋势可以帮助决策者更好地了解不同地区的经济需求和潜力,以便制定相应政策和措施来促进经济增长。

3. 改善社会保障和公共服务

流动人口通常面临着与居住地不稳定相关的社会保障和公共服务问题。研究流动人口趋势可以揭示这些问题的本质和影响因素,为改善社会保障和公共服务提供参考和指导。

4. 促进城乡一体化和区域协调发展

流动人口往往是城乡之间资源和人才的流动媒介。研究流动人口趋势可以帮助政府制定政策和规划,促进城乡之间的协调发展,实现社会经济的整体提升。

总之,研究流动人口趋势的意义在于深入了解流动人口的特点和变化趋势,为政府、企业和社会各界提供科学依据,实现劳动力市场的平衡,改善社会保障和公共服务,推动城乡一体化和区域协调发展。

本项目主要学习对市场调查资料的整理分析,为企业的营销活动提供理论依据和数据支持。

【项目分解】

市场调查资料整理分析阶段需要完成以下几项任务。

任务1:调查资料整理认知——确定调查资料整理的具体内涵。

任务2:调查资料整理分析——确定调查资料整理的方法及步骤。

【任务清单】

完成一项学习任务后,请在对应的方框中打钩。

目标	完成情况	具体学习任务
知识目标	☐	理解市场调查资料整理的含义
	☐	掌握市场调查资料整理的步骤
	☐	掌握分析数据集中趋势和离散程度的方法
实训目标	☐	加深对我国本土企业品牌的了解
	☐	能根据本土企业品牌的市场调查数据,分析其市场的发展现状和趋势
技能目标	☐	能够完成市场调查资料的整理工作
	☐	能够对市场调查资料进行简单分析
思政目标	☐	树立分析问题的意识,培养专业分析技能,发扬工匠精神
	☐	认同数据的重要性,培养专业分析职业素养,贯彻实事求是的精神

任务1 调查资料整理认知

任务导航

一家汽车制造商想要开发一款新型的电动汽车,以满足日益严格的环保要求和日益增长的节能需求。为了了解目标市场的规模、特征、需求和偏好,以及竞争对手的情况和优势,该公司邀请某咨询公司进行了一项全面的市场调研。

咨询公司首先明确了市场调研的目标,即确定新型电动汽车的潜在用户群体、购买动机、期望功能和价格区间等。然后,选择适合该目标的市场调查方法,包括二次数据分析、问卷调查、深度访谈、焦点小组等。通过这些方法,咨询公司收集了大量有关市场、消费者、竞争对手等方面的数据,并进行了系统的分析和解释。

根据数据分析结果,咨询公司为汽车制造商提出了以下建议。

(1)新型电动汽车应该定位为高端环保时尚品牌,以吸引年轻、富裕、教育程度高、追求品质生活的消费者。

(2)新型电动汽车应该具备高效节能、低碳排放、智能安全、舒适便捷等特点,以满足消费者的核心需求和期望。

(3)新型电动汽车应该采用创新的设计和技术,以与竞争对手的产品相区别,形成独特的竞争优势和品牌形象。

(4)新型电动汽车应该定价在30~50万元,以符合目标市场的消费能力和心理预期。新型电动汽车应该通过多种渠道进行宣传和推广,包括网络、电视、杂志等,以提高品牌知名度。

任务分析

作为实现大数据价值的关键环节,调查资料整理对现代社会和商业决策具有重要意义。它不仅可以提升企业决策效率,优化产品设计和服务,还可以为政策制定和社会研究提供有力支持。然而,我们也应关注到数据收集与整理过程中所面临的挑战,如数据的真实性和可靠性、数据隐私和安全问题等。未来,我们需要借助新的技术手段,不断完善数据收集和整理的方法,以便更好地挖掘大数据的潜在价值。

工作步骤

步骤1 明确市场调查资料整理的含义

市场调查所呈现的结果均来自各个分散的被调查单位,这些数据是原始的、零星的、不成系统的。为得到正确的、系统的、综合化的市场调查报告,相关人员需要按照一定程序,采用科学的方法对市场调查获得的信息进行初加工,为分析研究准备数据。

步骤2 理解市场调查资料整理的意义

市场调查资料整理是根据市场分析研究的需要,对市场调查获得的大量原始资料进行审核、分组、汇总、列表,或对二手资料进行再加工的过程。其任务在于使市场调查资料综合化、系统化、层次化,为揭示和描述调查现象的特征、问题和成因提供初步加工后的信息,为进一步的分析研究准备数据。

例如,在一项对2023年上海世博会园区接待服务满意度的调查中,调查人员通过面访获得了20000份调查问卷。如果不对这些问卷上的数据进行审核,也不加以任何统计处理,调查人员将无法从总体上认识调查现象的数量表现和特征,也无法得出正确的调查结论,更无法解释调查结果。因此,市场调查资料的整理是从信息获取过渡到分析研究的承上启下的重要环节,是从个体调查到总体分析的必由之路。

步骤3　把握市场调查资料整理的基本原则

原始的信息资源表现为问卷或调查表中的原始数据、定性调研的原始资料或二手资料等,它们往往是零星的、不成系统的,甚至是相互矛盾的。因此,需要对这些原始信息进行加工整理,这个过程应遵循如下原则。

1. 真实性

市场调查资料的整理首先要保证原始数据的真实性,禁止弄虚作假或主观杜撰。真实性是整理市场调查资料的最根本要求。

2. 目的性

市场调查资料的整理要服从于市场调查的目的和要求,要根据市场调查需要解决的问题,有针对性地加工整理出综合性数据。

3. 完整性

整理的市场调查资料应能尽可能全面、完整地反映某一现象,避免以偏概全。

4. 时效性

市场形势千变万化,机会很可能稍纵即逝,而市场调查资料的整理往往需要耗费一定的时间,如果不提高加工整理的效率,数据的时效性就会受到影响。因此,应利用计算机技术及时对最新数据进行加工处理和传输反馈。

总之,整理出来的数据要力求真实、准确、完整、及时,并能够为调查目的本身服务。

任务2　调查资料整理分析

任务导航

某购物中心拥有百余家分店。最近,管理人员计划更多地了解顾客的满意度。李艾是该购物中心的市场调查负责人,现在她车子的后备箱中堆满了1000多份调查问卷。她仔细看了许多问卷,很多问题的回答五花八门。

李艾起初试图凭直觉了解每个问题的一般答案,但后来她想比较顾客的年龄、收入和来该购物中心的次数,以便更好地找出不同人群的特征。虽然她急着将这些调查问卷进行分类和手工计算,但她知道自己没有时间做。因为一个人整理这些表格并记录正确的数据得花上一两周的时间。

她应该怎样做才能把这些信息变为一张分析表呢?调查人员可以阅读所有的问卷,记下笔记,并从中得出结论,但这显然是比较笨的做法。专业调查人员应遵循一定的程序进行资料的整理与分析。

任务分析

在市场调查活动中,通过市场调查获得的数据资料反映的是调查对象各单位的具体情况,但这些资料通常是分散而无规律的,不能完整、系统地反映调查总体的全貌。因此,调查人员必须采用各种方法对其进行整理、对比与分析,去粗存精、去伪存真、由表及里、由此及彼,从中总结出更实用、更有价值的信息,为下一阶段的统计分析做准备。

工作步骤

市场调查资料整理分析工作一般遵循的流程如图 4-2 所示。

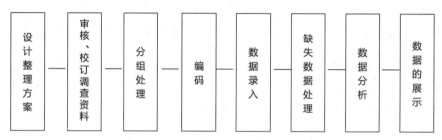

图 4-2 市场调查资料整理分析程序

步骤 1　设计整理方案

市场调查资料的整理方案一般包括整理的目的和要求、资料审核、整理内容、汇总方法、整理时间、人员安排、数据管理等方面的设计和规定。

步骤 2　审核、校订调查资料

为保证录入数据的有效性,对回收的问卷进行审核和数据校订是市场调查特别是数据分析过程中必不可少的步骤。如果掌握的是二手资料,同样也需要对其可靠性、准确性、时效性、可比性进行评估。

在这个环节中,主要是审核调查问卷的完备性、完整性和填答的准确性,并对发现的问题及时进行修正和补充。

1. 审核内容

原始数据一经汇总处理,其差错就被掩盖起来了。因此,在加工处理原始资料时首先要对收回的问卷进行审核,主要审核内容包括:①调查对象是否真正参与了调查;②调查对象是否符合被调查条件;③调查过程是否按照标准进行;④问题内容是否完整(包括信息的齐备性、完整性、准确性、真伪性和时效性等)。

2. 编制整理

(1) 登记与编号。登记内容包括调查人员姓名、调查地区、调查时间、实发问卷数、收回问卷数、有效问卷数等。

(2) 查验存在的问题。查验调查对象是否作弊、问题是否疏忽遗漏、回答是否真实合理等。

(3) 筛选出无效问卷。无效问卷包括不完整、回答不全、调查对象误解问题、所有答案差不多、缺乏时效性、调查对象不符合要求、记录不准确、答案前后不一致等的问卷。

3. 问卷校订

在审核问卷之后,要对问卷上答案模糊、前后不一致、跳答等信息进行修正校订。对于不满意的答案,通常有3种处理方法。

(1) 返还现场。对于存在不合格回答的调查问卷,当样本容量小、调查对象易于辨认时,可以将这些问卷返还调查现场,与调查对象重新取得联系。

(2) 找出遗漏值。当不可能将调查问卷返还现场的时候,可以通过进一步的信息整理来避开遗漏信息,保留剩余有用信息。

(3) 排除不合格问卷。在以下条件下,可以选择将不合格的问卷剔除:①样本容量相当大;②不合格问卷占总量比例较小;③缺少对关键变量的回答;④不合格回答在一份问卷中所占比例较大;等等。

课堂互动

小郭在一次关于消费者购物情况的调查中被要求采访10位经常在大型商场购物、年龄在50岁以上的男性消费者。由于客观原因,小郭在规定的时间内寻找符合条件的调查对象有一定的难度。当寻找到一位愿意配合完成问卷调查的受访者时,该受访者的年龄却不到50岁。这时小郭便诱导这位调查对象,在公司进行电话审核时,请他帮忙谎称自己是50岁,进而完成了一份调查问卷。

请问,小郭的做法违反了市场调查的哪项规定?

步骤3 分组处理

市场调查资料审核、校订无误后,可进入分组处理环节。分组是根据调研需要,按照一定标准将总体各单位区分为若干组的一种数据加工处理方法。通过分组,把相同性质的现象归纳在一起,把不同性质的现象分开,从而可以反映出调查对象的本质和特征,为后续分析工作打下良好的基础。

1. 分组的作用

(1) 通过分组,可以将各种社会经济现象在本质上进行区分,以识别各种类型现象的本质特征及其发展变化规律。例如,工程招标代理公司在寻求高层次投标合作企业时,经常会调查这些企业的性质是国有企业、民营企业还是三资企业等,因为不同类别的企业在诸如效益分配、领导者思维方式和享受国家政策等方面存在较大差异。

(2) 分组可以用来分析、研究社会现象之间的依存关系和因果关系。例如,分析经常(一周三次及以上)在宿舍使用违规电器的大学生和不经常(一周三次以下)在宿舍使用违规电器的大学生对学生食堂餐饮的满意度是否相同,反映不同类型大学生的态度,可以帮助高校通过提升学生食堂服务水平来降低大学生的违规电器使用率。

(3) 通过分组能反映事物内部结构和比例关系,从而为企业寻找目标市场提供基础数据。科学的分组方法,一方面可以表明组中频数的分布情况,使调查人员对调查对象的结构情况有一个大体的了解;另一方面,可以使许多普通分组显示不出来的结论明显化,为企业寻找目标市场提供基础数据。

2. 分组的步骤

(1) 选择分组标志。分组标志是将总体资料分为具有不同性质的不同部分的标准,也是分组的前提条件和关键所在。究竟选择何种分组标志,要根据调查目的和总体的特点来决定。按分组标志特征不同,分组可分为品质标志分组和数量标志分组。品质标志分组是按反映事物属性的标志分组,如按性别、职业等分组,表 4-2 就是按文化程度与性别分组的品质标志分组。数量标志分组是按照某一分组标志的不同数量,将总体单位划分为若干组,如收入、人口、年龄、企业规模等。

表 4-2 按调查对象文化程度与性别分组

单位:人

文化程度	性别		合计
	男	女	
小学以下	6	4	10
初中	210	176	386
高中、高职	297	321	618
专科	248	265	513
大学本科	226	177	403
硕士、博士	48	22	70
合计	1035	965	2000

(2)确定分组界限。分组界限是组与组之间划分的界限。分组标志确定后,就需要确定分组界限。对于品质标志分组而言,性别、职业等分组界限就比较明确、简单。数量标志分组因素包括组数、组距、组限、组中值。

组数是分组的个数。组距是各组中最大值和最小值的差额。组距相等的分组叫等距分组,组距不相等的分组叫不等距分组。当标志值的变动不均匀时,可采用不等距分组。组限是组距的两个端点,每组最小值为组的下限,每组最大值为组的上限。组中值的计算公式为:

$$组中值 = (上限 + 下限)/2$$

在分组过程中,需要注意以下几点。①不要遗漏任何原始资料所提供的数据。组距应尽可能取整数,并且尽量使用等距分组。如果问卷已经分类,尽量按照已有分类进行排列。②使用的组距应该出现在问卷答案中。③分类间隔是相互排斥的。

步骤 4 编码

编码是将原始资料转化为数字(或符号)资料的过程,其对每个问题的每种可能的回答都规定了一个数字。编码有 3 个目的:一是便于数据录入;二是便于计算机统计分析软件对数据进行有效处理;三是便于市场调查资料的量化。对品质标志分组来说,编码环节尤其重要。根据进行的时间,可将编码分为当时编码和事后编码。

当时编码是指在设计问卷时,即将编号标注在各备选答案旁边。例如:

请问您家的计算机是什么牌子的?

①□联想 ②□戴尔 ③□华硕

④□苹果 ⑤□惠普 ⑥□其他(请注明)

当时编码的最大优点是节省时间和劳动力。但当时编码只适用于篇幅短、内容较为简单的问卷，而对于复杂资料，特别是开放式问题，问卷设计者是无法用当时编码概括全部回答的。

事后编码是在作答之后，给予每个答案一个数字代码或符号。这项工作是由专门的编码员完成的。事后编码一般应用于封闭式答案的"其他"项或开放式问题答案，不仅便于简化编码，而且允许编码员对单一变量的多种回答进行编码。例如，一个问题可能有 10 多个可选答案，而调查对象实际只选择了 5 个，此时只需要 5 种编码就够了。再例如，如果要求调查对象从 5 项答案中任选 1 项，但问卷设计欠周到或调查过程中出错，导致编码员面对多项作答无法决定将哪一项答案作为分析资料，此时通过事后编码可以在不歪曲原始数据的基础上进行分析。

编码要与分组相适应，具有唯一性、完备性。要正确掌握分类尺度，对于每个问题中的分类应含义明确，避免与其他分类产生交叉。

编码方法有以下几种。

(1)封闭式问题多用于当时编码，方法较为简单，在此不再赘述。

(2)开放式问题通常采用事后编码，但难度较大，通常可采用以下 4 个步骤进行编码。

①列出答案。编码员需列出一份载有每个开放式问题答案的清单。当总体数量较小时，所有答案都应该列出。在大型抽样调查中，只需列出某些样本的回答即可。

②合并答案。对于开放式问题而言，有些回答尽管形式上不同，但本质一致，可以将这类回答合并为一类。例如，"您为什么选择那个品牌的计算机？"该问题有 12 个回答者的答案，如表 4-3 所示。

表 4-3　选择某品牌计算机的理由

序号	理由	序号	理由
1	质量好	7	是名牌
2	外形美观	8	大家都买这个牌子
3	价格适中	9	经常在广告中看见
4	耐用	10	说不清楚
5	高科技	11	不知道
6	体积小	12	没什么特别原因

由表 4-3 可以看出，以上答案中有些可以合并为一类，如第 1、4、5 项可以合并为一项"质量好"。

③设置编码。在合并答案之后，对每个合并后的类别分配一个数字编码。例如，表 4-3 中的 12 个答案可以编码为表 4-4 所示形式。

表 4-4　开放式问题的合并与编码

回答类别描述	表 4-3 中的回答	数字编码	回答类别描述	表 4-3 中的回答	数字编码
质量好	1、4、5	1	体积小	6	4
外形美观	2	2	是名牌	7、8、9	5
价格适中	3	3	不知道	10、11、12	6

④选定编码。选定编码的主要内容包括:读取每个开放式问题的回答;找出与该回答相符的回答并合并类别;确定该类别的数字编码;在调查表的适当地方,注明每个回答的数字编码。

(3)编制编码手册。编制编码手册是编码的首要工作,其目的就是要知道编码过程及规定数字编码的意义,说明变量在数据文件中的位置。对于事后编码和许多无法准确预测答案的开放式问题,编制一本独立的编码手册是有必要的。

案例阅读

手机用户情况调查问卷及其编码表

在某次针对手机用户开展的市场调查中,问卷中的部分问题如下所示。

您好!我是××调查公司的调查员,想向您了解关于购买手机方面的问题。请您在相应的选项框内画√。我们将对您填写的资料内容完全保密,非常感谢您的合作。

1. 您的性别:
□男   □女

2. 您的年龄(各选项范围不包括上限值):
□20岁以下   □20～30岁
□30～40岁   □40岁及以上

3. 您的职业:
□学生   □白领
□公务员   □自由职业者   □其他

4. 您的月收入(各选项范围不包括上限值):
□3000元以下   □3000～5000元
□5000～10000元   □10000元及以上

5. 您认为手机在您生活中的重要性:
□非常不重要   □不重要   □一般重要
□重要   □非常重要

6. 您通过什么渠道了解手机(可多选):
□电视   □报纸
□宣传活动   □卖场海报
□朋友   □网络
□其他

7. 请将下列手机品牌按照您的喜好排列,最喜爱者为1号,以此类推。
□小米   □三星
□华为   □魅族
□一加   □vivo
□苹果   □OPPO
□荣耀

根据以上问题制作手机用户情况调查编码表,如表4-5所示。

表 4–5　手机用户情况调查编码表

列数	变量名称及变量说明	问题编号	编码说明
1～3	问卷编码	—	001～100
4	调查对象的性别	1	1—男；2—女；0—未回答
5	调查对象的年龄	2	1—20岁以下；2—20～30岁；3—30～40岁；4—40岁及以上；0—未回答
6	调查对象的职业	3	1—学生；2—白领；3—公务员；4—自由职业者；5—其他；0—未回答
7	调查对象的月收入	4	1—3000元以下；2—3000～5000元；3—5000～10000元；4—10000元及以上；0—未回答
8	手机的重要性	5	1—非常不重要；2—不重要；3—一般重要；4—重要；5—非常重要；0—未回答
9～15	了解手机的渠道	6	1—电视；2—报纸；3—宣传活动；4—卖场海报；5—朋友；6—网络；7—其他；0—未回答
16～24	喜好的手机品牌	7	排在第一位的为最优先考虑的手机品牌，小米记为1，三星记为2，以此类推，未排列的选项用0表示

步骤 5　数据录入

根据编码手册，每一份问卷可转译为一个数字记录，即数据。这个过程是要将计算机不可识别的数据形式转换成计算机能够识别的形式。这一环节要求录入人员耐心细致，严格遵循编码手册的规定，对原始资料逐题进行编码。数据录入通常要借助专业的数据库软件。

当采用纸质问卷收集数据资料时，数据是在数据收集完成后通过键盘录入计算机的。当采用计算机辅助收集数据资料时，计算机可以自动录入数据。

第一步，数据录入人员用 SPSS 软件录入数据，数据录入过程包括录入变量、录入数据和对录入数据的质量进行审核三个步骤。

数据录入工作由人工完成，难免出现差错。可能出现的错误一般有两种：一是录入选项在回答项目中无法找到，如性别编码只有 1 和 2，男性为 1，女性为 2，如果编码为 6，显然是错误的；二是回答内容不真实。

检查错误的方法有两种：一是借助软件的错误自动识别功能，如输入性别编码 6 时，系统自动提示输入无效；二是逻辑判断，以调查对象的年龄和学历为例，通过交叉分析，即可查到错误所在，如表 4–6 所示。

表 4–6　人口年龄与学历调查表

单位：人

年龄	无	小学	初中	高中或中专	大学及大学以上
0～5岁	10	1	—	—	—
6～11岁	—	15	2	—	—

续表

年龄	无	小学	初中	高中或中专	大学及大学以上
12～14岁	—	4	20	1	—
15～17岁	—	—	5	25	2
18～22岁	—	—	5	—	11
22岁以上	2	3	4	7	8

从表4-6中可以看出，15～17岁年龄段有2人为大学及大学以上学历，其中很可能出现了逻辑错误。22岁以上调查对象中存在2人无任何受教育经历，也是值得重新审核的。

第二步，数据录入员可利用Excel工具录入数据。仍以上述手机用户市场调查问卷为例，假设收到20份调查问卷，录入的数据格式如表4-7所示。

表4-7 手机用户市场调查问卷数据录入格式

问卷编号	性别	年龄	职业	月收入	手机重要性	了解手机的渠道	手机品牌的喜好
001	1	1	1	1	5	1034000	145623897
002	1	1	1	1	5	1004007	546123789
003	2	1	1	1	4	0004007	451627389
004	2	2	3	4	4	1234000	167234589
005	2	2	2	2	4	1030500	174235698
006	2	2	3	3	4	1004500	567412398
007	1	2	3	3	4	1004060	213674589
008	2	2	2	2	4	1004067	312897456
009	2	1	2	1	3	1230000	123654789
010	1	3	2	3	4	1230500	174235698
011	1	3	2	3	5	1000560	213674589
012	1	3	2	2	5	1000507	546123789
013	2	2	3	3	4	1004000	174235698
014	1	3	3	3	3	0000067	561732489
015	2	3	4	3	5	1230067	167234589
016	2	4	4	3	3	1000500	893210000
017	2	4	2	3	3	1000060	000000000

续表

问卷编号	性别	年龄	职业	月收入	手机重要性	了解手机的渠道	手机品牌的喜好
018	2	4	2	3	5	1000060	213674589
019	1	3	2	3	5	1000060	123654789
020	1	1	1	1	5	1204000	546123789

步骤6　缺失数据处理

在实际的数据库中通常会遇见缺失值,也就是对某个变量的取值不明。在大型的随机访问中,即使有非常严格的质量控制,含有缺项、漏项的记录也是非常容易达到样本总数的10%的。而在涉及家庭收入、以往病史等敏感问题的调查中,缺失值问题更突出。缺失数据常见的处理方法有如下几种。

(1)用平均值代替。这种方法不能保证准确性,因为实际答案可能高于平均值,也可能低于平均值。

(2)用模型估计代替。例如,牙膏使用量可能与家庭规模有关,通过建立二维模型,根据调查对象的家庭规模估计出牙膏的使用量。

(3)删除整例。删除整份问卷可能会导致样本量减少。另外,丢弃大量数据会浪费大量的人力、物力。当含有缺失值的问卷与完整的问卷存在总体上的差异时,如将整份问卷删除,会严重影响分析结果。

(4)结对删除。在结对删除时,研究人员不是丢弃有缺失值的问卷,而是分别在每一步计算中采用有完整答案的问卷。这种方法只适用于样本数量大、缺失数据不多、变量间不是高度相关的情况。

步骤7　数据分析

在所需要的数据全部录入统计软件之后,需要按照调研目的,利用各种数量分析方法,特别是统计分析方法对各类数据及其相互关系进行分析处理,以便为撰写调研报告提供可靠依据。

课堂互动

电商界流传很广的一句话是"三分靠技术,七分靠管理,十二分靠数据"。随着大数据时代的到来,谈谈你对这句话的理解。

步骤8　数据的展示

1. 统计表

统计表是以纵横交叉的线条所绘制的表格来展示数据的一种形式,如表4-8所示。用统计表展示数据资料有两大优点:一是能有条理地、系统地排列数据,使人们阅读时一目了然、印象深刻;二是能合理地、科学地组织数据,便于人们阅读时对照比较。

从形式上看,统计表是由总标题、横行标题、纵栏标题、指标数值4个部分构成的。

表 4-8　某企业男女比例

性别	人数／人	比重／（％）
男	250	32.1
女	530	67.9
合计	780	100

总标题：统计表的名称，概括统计表的内容，写在表的上端中部。
横行标题：横行的名称，即各组的名称，写在表的左方。
纵栏标题：纵栏的名称，即指标或变量的名称，写在表的上方。
指标数值：列在横行标题和纵栏标题交叉对应处。

从内容上看，统计表由主词和宾词两大部分构成。主词是统计表所要说明的总体的各个构成部分或组别的名称，列在横行标题的位置。宾词是统计表所要说明的统计指标或变量的名称和数值，宾词中的指标或变量名称列在纵栏标题的位置。有时为了编排的合理性和使用上的方便，主词和宾词的位置可以互换。

规范的统计表的绘制要求包括：①总标题包含时间、空间、内容，简洁明了。②左右开口，上下横线加粗。③行的数字单位一致，单位放行标题；列的数字单位一致，单位放列标题，不一致时添加单位列；如果行和列的单位全部一致，放在表的最上方或总标题后。④设置合计行或列。⑤数字区域不应有空，不该有内容的单元格填上"—"等。

2. 统计图

统计图以圆点的多少、直线长短、曲线起伏、条形长短、柱状高低、圆饼面积、体积大小、实物形象大小或多少、地图分布等来展示调查数据。用统计图展示调查数据具有"一图抵千字"的表达效果，因为图形能给人以深刻而明确的印象，能揭示现象发展变化的结构、趋势、相互关系和变化规律，便于表达、宣传、讲演和辅助统计分析，如图 4-3 所示。但统计图能包含的统计项目较少，且只能显示出调查数据的概数，故统计图常配合统计表、市场调查报告使用。

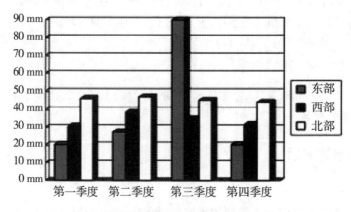

图 4-3　某年某国各地降水量对比图

统计图的注意事项包括：①每张图都要有号码和标题，标题要简明扼要；②图标说明要简洁；③图形清楚简明；④作图时最好既使用不同颜色说明，又使用文字说明，颜色的选择要有逻辑性，突出重要的部分;⑤一般应说明数据的来源。

常用的统计图有以下几种形式。

①条形图(图 4-4)、直方图(图 4-5)。条形图和直方图大都是用来表现频数分布的,但两者适用的数据类型不同。条形图是使用等宽条形的长短或高低来表示数据多少的图形。直方图是用一定宽度与长度所围成的矩形面积来表示数据大小的图形,矩形的宽度与高度均有意义。此外,还可根据累积频数或累积频率,绘制累积频数或累积频率分布图。

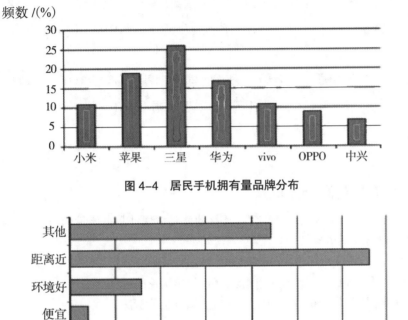

图 4-4 居民手机拥有量品牌分布

图 4-5 学生选择网吧考虑的因素

②饼形图、环形图。饼形图及环形图是用来描述各种比例的图形。饼形图(图 4-6)是用圆内扇形的面积表示数值大小的图形,它以圆为整体,形象地说明各部分在总体中所占的份额。环形图是用圆内各环中每一段的面积来表示数值的大小的图形,能够同时显示多个总体的内部结构。

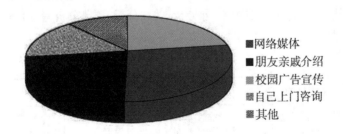

图 4-6 学生选择驾校的途径

③线图(图 4-7)。线图是反映时间序列数据的图形,是在平面坐标系上标注各数据点并连接成折线,表现数量变化规律及特点的统计图。其横轴上列示时间的先后次序,纵轴上列示变量值。

图 4-7 中国 CPI 数据

知识平台

一、市场调查资料的分析方法

整理市场调查资料,确保数据的有效性,其目的就是在保证数据质量的前提下,对数据进行各种分析,进而得到隐含在其中的结论。

市场调查资料的分析是指根据市场调查的目的,运用多种分析方法对市场调查、收集、整理的各种资料进行对比研究,通过综合、提炼、归纳、概括得出结论的过程。

常用的市场调查资料的分析方法有定性分析法和定量分析法。

1. 定性分析法

定性分析法是从事物"质"的方面入手,利用经验判断、辩证思维、逻辑思维、创造性思维等思维方法进行判断和推理。定性分析法主要用于界定事物的大小、变化的方向、发展的快慢、产品的优劣、态度的好坏、问题的性质等方面。

2. 定量分析法

定量分析法是从事物"量"的方面入手,运用一定的统计分析方法和工具进行研究,挖掘事物的本质特征和规律,从数据中提炼有价值的信息。定量分析的本质是数据的深加工,从数据导向结论。定量分析法包括描述分析、统计推断、差异分析、关联分析、预测分析等五种常用的统计分析方法,具体内容如表 4-9 所列。

表 4-9 五种常用的定量分析法

分析方法	使用目的	例子	统计概念
描述分析	概括数据,推出总体的一般结果	描述典型的调查对象;描述与典型调查对象的类似程度	平均数、中位数、众数、频数分布、标准差
统计判断	决定总体参数,检验假设	估计总体值	标准误差、零假设
差异分析	确定组与组之间是否存在差异	估计样本中两组均值差异的显著性	对差异进行 t 检验、方差分析

续表

分析方法	使用目的	例子	统计概念
关联分析	确定相关性	确定变量之间是否系统相关	相关系数
预测分析	以统计模型为基础进行预测	在给定 x 数值的情况下预测 y 的水平	回归分析

二、数据的描述统计分析

数据的描述统计分析包括数据的集中趋势分析和数据的离散程度分析。

1. 数据的集中趋势分析

集中趋势是指数据趋向于一个中心的分布。常用于分析数据集中趋势的统计量有平均数、众数和中位数。

1) 平均数

平均数是描述数据集中程度的一个统计量。在实践中,它既可以用来反映一组数据的一般情况,也可以用于不同组数据的比较,进而识别组与组之间的差别。常用的平均数有简单算术平均数和加权算术平均数。

(1) 简单算术平均数是用变量值的总和除以变量的个数,计算公式如下:

$$\bar{x} = \frac{\sum_{i=1}^{n} x_i}{n} = \frac{x_1 + x_2 + \cdots + x_n}{n}$$

其中,$\bar{x}$ 为简单算术平均数,x_i 为各个变量值,n 为变量的个数。

(2) 加权算术平均数是指具有不同比重的数据(或平均数)的算术平均数,计算公式如下:

$$\bar{x} = \frac{\sum_{i=1}^{k} m_i f_i}{n}$$

其中,$\bar{x}$ 为加权算术平均数,m_i 为各组的组中值,f_i 为各组的频数,k 为组数,n 为各组频数之和。

【例 4-1】从某地区抽取 20 户家庭,得到每户月平均用水费用(元)如下:25,27,29,25,28,30,35,37,38,18,17,22,21,24,27,15,45,40,55,29。按费用进行分组,得到分组数据的频数分布表如表 4-10 所列。分别计算该地区 20 户家庭每月实际用水费用的简单算术平均数和加权算术平均数。

【解】

简单算术平均数 $\bar{x}$ = 587 元 /20 户 = 29.35 元 / 户

加权算术平均数 $\bar{x}$ = (15 × 3 + 25 × 10 + 35 × 4 + 45 × 2 + 55 × 1) 元 /20 户 = 29 元 / 户

表 4-10 某地区 20 户家庭月平均用水费用分组数据的频数分布表 (分组不含上限)

按费用分组 / 元	10～20	20～30	30～40	40～50	50～60
居民数(频数)/ 户	3	10	4	2	1

课堂互动

每次国家统计局公布平均工资数据以后,一些群众就会反映自己"被平均""拖后腿"了。国家统计局公布的平均工资是如何计算的呢?又该如何使用平均工资这个数据呢?

2)众数

众数是指数据中出现次数最多的变量值,主要测定数据的集中趋势。在实践中,众数用来反映最普遍的现象或最主要的问题。它虽然弥补了平均数指标受极端值影响的缺陷,但仍存在不足之处。例如,如果一组数据中的各变量值只出现了一次,那么这组数据就没有众数;又例如,如果两个或两个以上变量值出现次数都是最多的,那么出现次数最多的这几个数都是这组数据的众数。

【例4-2】某制鞋企业为确定进一步的生产计划,对某地区女士的鞋码进行了一次抽样调查,抽取的样本量为2000人。调查结果如表4-11所示。

表4-11 女士鞋码的调查结果

鞋码/码	34	35	36	37	38	39	其他
人数/人	90	200	450	790	320	100	50

根据表中信息可知,该组数据中的众数是37码,因为其人数最多。

3)中位数

中位数是将数据按大小顺序排列起来,居于数列最中间位置的那个数据。中位数位置平均,不受极端变量值的影响。在具有极大值和极小值的数列中,中位数比算术平均数更具有代表性。例如,在研究城乡居民收入水平时,总体中既存在极高收入者,也存在极低收入者,这时居民收入的中位数比算术平均数更能代表居民收入的一般水平。中位数的计算方法有以下两种。

(1)如果总体个数是奇数,按从小到大的顺序排列,选取位于中间位置的那个数。例如,求"2,3,4,5,6"的中位数,这个数列共有5项,则

$$中位数的位置 = (n+1)/2 = (5+1)/2 = 3$$

即位于第三位的数字"4"就是中位数。

(2)如果总体个数是偶数,按从小到大的顺序排列,选取位于中间位置的两个数的平均数。例如,求"2,4,5,7,9,15"的中位数,这个数列共有6项,中位数的位置落在第三个数和第四个数之间,即

$$中位数 = (5+7)/2 = 6$$

2. 数据的离散程度分析

离散程度是指数据偏离分布中心的程度,用来反映数据之间的差异程度。常用于分析数据离散程度的统计量有全距、方差、标准差和标准差系数。

1)全距

全距,又称"极差",是指总体内两个极端值之差,计算公式如下:

$$R = 最大值 - 最小值$$

全距可以检验平均值的代表性大小:全距越大,平均值的代表性越小;全距越小,平均值的代表性越大。需要注意的是,全距是数据两个极端值的差额,只受最大值和最小值的影响,因此,它只是一个粗略测量离散程度的指标,不能如实反映中间数据的分布状况。

【例4-3】某品牌专卖店的两个分支机构1—5月份的销售额如表4-12所示,试判断哪个分支机构的销售额比较集中。

表4-12 专卖店1—5月份的销售额

销售额单位:万元

月份	1	2	3	4	5
分支机构一	20	30	35	55	60
分支机构二	36	38	40	42	44

【解】通过表4-12可以计算出,两个分支机构1—5月份的平均销售额均为40万元。因此,使用平均数无法判断哪个分支机构的销售额比较集中。如果用全距来衡量,则

$R_1=60$ 万元 -20 万元 $=40$ 万元;$R_2=44$ 万元 -36 万元 $=8$ 万元

$R_1>R_2$,说明分支机构二的销售额比较集中。

2)方差、标准差和标准差系数

(1)方差和标准差。

方差是各变量值与其均值之差的平方再求平均;标准差是方差的平方根。方差和标准差的计算公式分别如下:

$$s^2 = \frac{\sum_{i=1}^{n}(x_i - \overline{x})^2}{n-1}$$

$$s = \sqrt{\frac{\sum_{i=1}^{n}(x_i - \overline{x})^2}{n-1}}$$

其中,s^2 为方差,s 为标准差,x_i 为变量值,$\overline{x}$ 为变量值的平均值,n 为变量值的个数。

这两个指标都是测量离散程度的重要方法。指标数值越大,表示组中各个数据越离散,平均数的代表性就越小;指标数值越小,表示组中各个数据越集中,平均数的代表性就越大。

(2)标准差系数。

标准差系数是指标准差与平均数的比值,通常用百分数表示,计算公式如下:

$$v_s = \frac{s}{\overline{x}} \times 100\%$$

在对比不同规模的两个总体的变异程度时,直接比较标准差是没有意义的,此时可用标准差系数来进行比较,标准差系数越小,数据的离散程度越小。

实训平台

实训一 绘制统计直方图

为了解某市城镇居民的收入水平,某调查企业组织了问卷调查,其中一个问题如下:
您的月平均收入水平是?(分组不含上限)

1. □ 2000元以下
2. □ 2000~4000元
3. □ 4000~6000元
4. □ 6000~8000元
5. □ 8000元及以上

其中，抽取20户家庭，其月平均收入水平分别为1800元、7500元、1850元、3600元、9500元、5500元、3600元、4800元、3800元、6600元、7600元、7900元、2200元、8900元、5000元、7000元、7400元、9600元、4500元、4800元。利用Excel绘制直方图。

步骤1：编码。"1"表示"2000元以下"；"2"表示"2000~4000元"；"3"表示"4000~6000元"；"4"表示"6000~8000元"；"5"表示"8000元及以上"。

步骤2：录入。启动Excel 2021，并将收集的数据资料录入Excel表格中，如图4-8所示。

图4-8　录入数据资料

步骤3：执行"数据"—"数据分析"命令，系统弹出"数据分析"对话框。

步骤4：在"数据分析"对话框中，选择"直方图"选项，如图4-9所示。单击"确定"按钮，系统弹出直方图参数设计对话框，如图4-10所示。

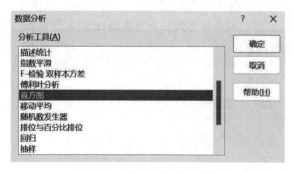

图4-9　"数据分析"对话框

图4-10　直方图参数设计对话框

步骤5：在"输入区域"编辑框中，输入需要分析的数据区域"\$B\$2：\$B\$21"，如图4-11所示，或者直接用鼠标从B2单元格拖至B21单元格。

步骤6：在"接收区域"编辑框中，输入频数的边界值"$H$2：$H$6"，如图4-12所示，或者直接用鼠标从H2单元格拖至H6单元格。

步骤7：在"输出选项"中选择"输出区域"单选钮，然后在其后的编辑框中输入任意位置，表示数据结果显示的单元格位置，如图4-12所示。

图4-11 选择输入区域

图4-12 直方图参数选择

步骤8：选择"累积百分率"和"图表输出"复选框，单击"确定"按钮，系统在输出一张频数分布表（包括接收（编码值）、频率、累积百分率三个指标）的同时，会生成一个嵌入式直方图，如图4-13所示。

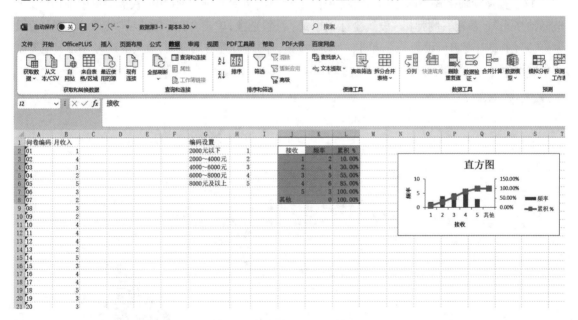
图4-13 生成频数分布表和直方图

步骤9：生成的直方图实际上是一个柱形图，需要对其进行调整，具体操作步骤如下。

(1)单击图中任意一个柱形图，然后单击鼠标右键，在弹出的快捷菜单中选择"设置数据系列格式"。

(2)系统右侧弹出"设置数据系列格式"设置选项，单击"系列选项"选项卡，将"分类间距"设置为0%。单击"关闭"按钮，即可将柱形图转换为直方图，如图4-14所示。

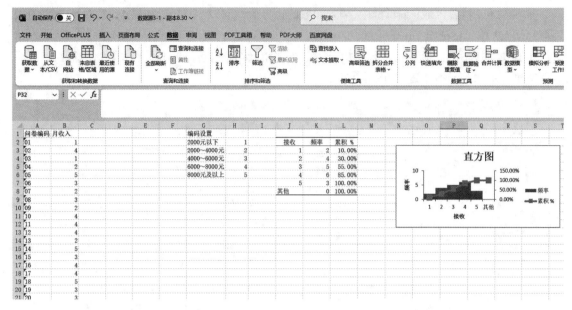

图 4-14 调整后的直方图

步骤 10：为了使直方图更加直观地反映不同收入水平的分布状态，可以对其进行如下调整。

（1）设置坐标轴格式。单击选择左侧纵轴，然后单击鼠标右键，在弹出的快捷菜单中选择"设置坐标轴格式"。系统右侧弹出"设置坐标轴格式"设置选项，单击"坐标轴选项"选项卡，最大值设为"7.0"，主要刻度单位设为"1"，单击"关闭"按钮。同理设置右侧纵轴，最大值设为"1.2"，主要刻度单位设为"0.2"，设置完成后，如图 4-15 所示。

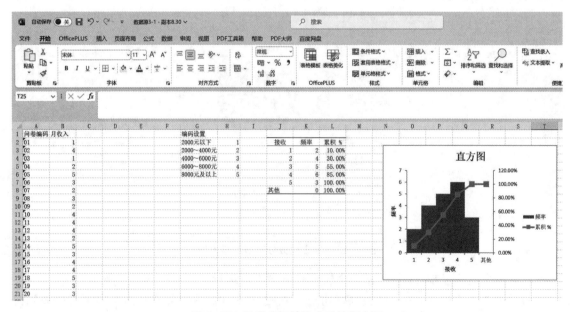

图 4-15 设置坐标轴格式后的直方图

（2）对直方图、横坐标和纵坐标命名。在图中直接双击需要修改的名称，将"标题"命名为"某市城镇居民月平均收入统计直方图"，将"横轴"命名为"月平均收入(元)"，将"纵轴"命名为"频数"。

(3)将图例中的"频率"改为"频数"。在图表区单击鼠标右键,在弹出的快捷菜单中选择"选择数据",系统弹出"选择数据源"对话框。单击"图例项(系列)"选项卡中的指标进行"编辑",将"频率"修改为"频数",单击"确定"按钮,结果如图 4-16 所示。

(4)适当调整图表的高度和宽度,结果如图 4-17 所示。

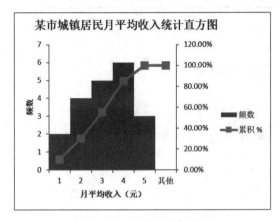

图 4-16 命名后的直方图 　　　　图 4-17 调整高度和宽度后的直方图

(5)将横轴的编码替换为具体的分类。在图表区单击鼠标右键,在弹出的快捷菜单中选择"选择数据",系统弹出"选择数据源"对话框。单击"水平(分类)轴标签"选项卡中的"编辑",直接用鼠标框选 G2 单元格至 G6 单元格,单击"确定"按钮,结果如图 4-18 所示。

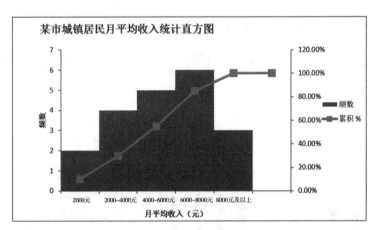

图 4-18 某市城镇居民月平均收入统计直方图

步骤 11:适当调整图表宽度。

通过图 4-18 可以看出,该市城镇居民的月平均收入集中在 6000~8000 元,月收入在 2000 元以下的人数非常少,仅占 10%。

实训二　绘制柱形图

2023 年 1—12 月某冰箱的销售量频数分布如表 4-13 所示。

表 4–13　2023 年 1—12 月某冰箱的销售量频数分布

月份	1月	2月	3月	4月	5月	6月	7月	8月	9月	10月	11月	12月
销售量/万台	450	500	380	320	310	480	520	640	480	180	150	120

利用 Excel 绘制柱形图。

步骤 1：将收集到的数据录入 Excel 表格中，如图 4–19 所示。

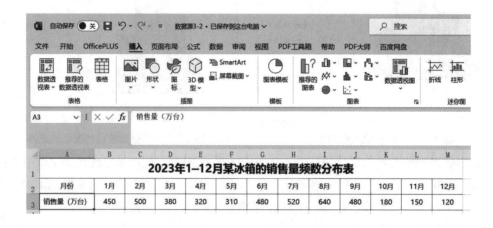

图 4–19　录入数据资料

步骤 2：选择销售量数据，执行"插入"—"图表"—"柱形图"命令，将横坐标轴设置为月份数据，便可得到一个柱形图，如图 4–20 所示。

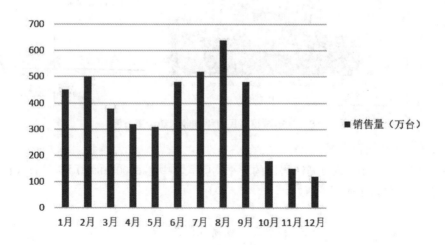

图 4–20　柱形图

步骤 3：将图表标题设置为"销售量(万台)统计柱形图"，增加坐标轴标题，如图 4–21 所示。

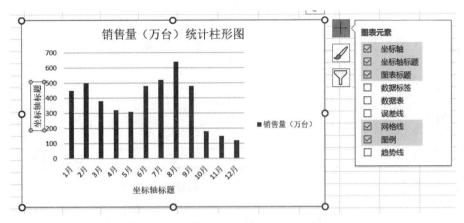

图 4-21　设置图表标题，增加坐标轴标题

步骤 4：将调整后的柱形图横轴命名为"月份"，纵轴命名为"销售量(万台)，"如图 4-22 所示。

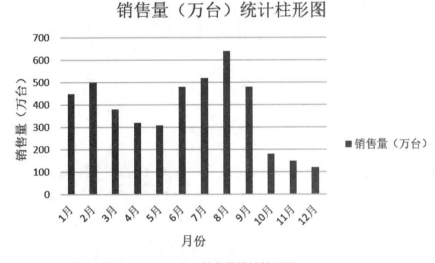

图 4-22　销售量统计柱形图

由图 4-22 可以看出，该冰箱在 8 月份的销售量最高，在 12 月份的销售量最低。这说明冰箱的销售量随季节变化波动较大。

实训三　绘制饼图

为调查消费者购买冰箱的渠道，某调查企业抽取 670 个样本量进行问卷调查，频数分布如表 4-14 所列。

表 4-14　消费者购买冰箱的渠道的频数分布

购买渠道	频数	频率/(%)
国美电器	150	22.4
大中电器	100	14.9

续表

购买渠道	频数	频率/（%）
苏宁电器	250	37.3
网上	70	10.4
大型超市	20	3.0
各品牌专卖店	50	7.5
其他	30	4.5
合计	670	100

利用 Excel 绘制饼图。

步骤1：将收集到的数据录入 Excel 表格中，如图4-23所示。

步骤2：选择 A1:C8 单元格区域，执行"插入"—"图表"—"饼图"—"三维饼图"命令，便可得到一个三维饼图，如图4-24所示。

步骤3：将图表标题设置为"销售统计饼图"，然后在"图表工具"中单击"设计"按钮，找到"快速布局"选项中的"布局6"，调整饼图，如图4-25所示。

步骤4：在图表区数据标志处单击鼠标右键，在弹出的快捷菜单中选择"设置数据标签格式"。系统右侧弹出"设置数据标签格式"设置选项，单击"数字"选项卡，选择"百分比"类别，在"小数位数"中录入"1"。单击"关闭"按钮，完成饼图的制作，如图4-26所示。

图4-23　数据录入

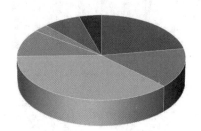

图4-24　三维饼图

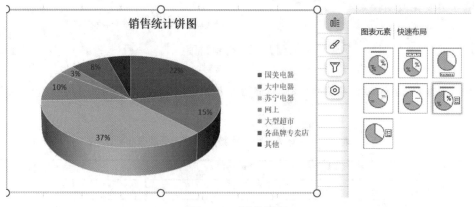

图4-25　调整饼图

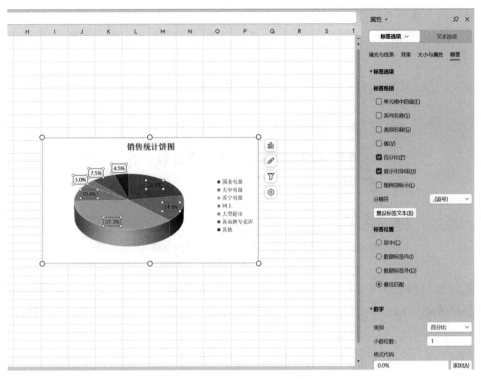

图 4-26 销售统计饼图

实训四　绘制折线图

折线图用来反映某种现象在时间上的动态变化,或者某种现象随另一种现象的变化趋势。
以实训二中的数据为例,利用 Excel 绘制折线图步骤如下。

步骤 1:执行"插入"—"图表"—"折线图"命令,便可得到一个折线图,如图 4-27 所示。

步骤 2:将图表标题设置为"销售量统计折线图",然后在"图表工具"中单击"设计"按钮,找到"快速布局"选项中的"布局 10"。

步骤 3:将调整后的折线图横轴命名为"月份",纵轴命名为"销售量(万台)",如图 4-28 所示。

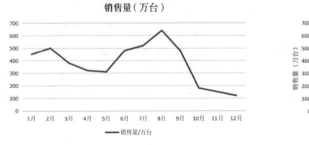
图 4-27　折线图

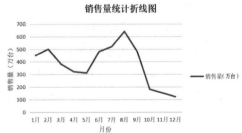
图 4-28　销售量统计折线图

实训五　描述统计分析

利用例 4-2 中的数据,用 Excel 对数据进行描述统计分析。

步骤1：将收集到的数据录入Excel表格中。

步骤2：执行"数据"—"数据分析"命令，系统弹出"数据分析"对话框，选择"描述统计"选项，如图4-29所示。

图4-29 "数据分析"对话框

步骤3：单击"确定"按钮，系统弹出"描述统计"对话框。在"输入区域"编辑框中输入需要分析的数据区域"$B$2：$B$8"，在"输出选项"中选择"输出区域"，然后在其后的编辑框中输入"$D$1"，并勾选"汇总统计"复选框，如图4-30所示。

步骤4：单击"确定"按钮，便可得到计算结果，如图4-31所示。

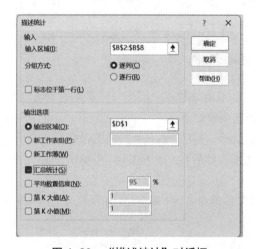

图4-30 "描述统计"对话框　　　　图4-31 数据分析计算结果

对数据分析计算结果中部分指标的解释如下：①平均——算术平均值；②标准误差——抽样平均误差；③峰度——概率密度分布曲线在平均值处峰值高低的特征数；④偏度——概率密度分布曲线相对于平均值不对称程度的特征数；⑤区域——全距；⑥求和——数据之和；⑦观测数——数据个数。

实训六　数据的方差分析

某公司对某一产品A、B、C不同类型的包装在6家超市的销售情况进行了调查，调查结果如表4-15所示。利用Excel确定产品包装对销售量产生的影响。

表 4–15　A、B、C 不同类型的包装在 6 家超市的销售情况

项目	A 包装销售额	B 包装销售额	C 包装销售额
超市 1	20	12	16
超市 2	12	7	17
超市 3	8	16	9
超市 4	10	13	14
超市 5	9	10	6
超市 6	15	7	7

步骤 1:将调查数据录入 Excel 表格中。

步骤 2:执行 “数据” — “数据分析” 命令,系统弹出 “数据分析” 对话框,选择 “方差分析:单因素方差分析” 选项,单击 “确定” 按钮,系统弹出 “方差分析:单因素方差分析” 对话框。

步骤 3:在“输入区域”编辑框中输入需要分析的数据区域“$B$2:$D$7”,“分组方式”选择“列”,在 “输出选项” 中选择 “输出区域”,然后在其后的编辑框中输入 “$F$1”,如图 4–32 所示。

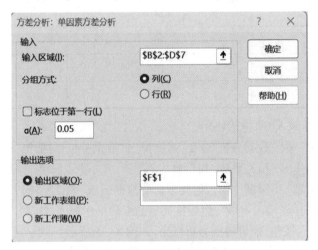

图 4–32　设置单因素方差分析参数

步骤 4:单击 “确定” 按钮,便可得到分析结果,如图 4–33 所示。

项目	A包装销售额	B包装销售额	C包装销售额
超市1	20	12	16
超市2	12	7	17
超市3	8	16	9
超市4	10	13	14
超市5	9	10	6
超市6	15	7	7

方差分析：单因素方差分析

SUMMARY

组	观测数	求和	平均	方差
列 1	6	74	12.33333	20.26667
列 2	6	65	10.83333	12.56667
列 3	6	69	11.5	22.7

方差分析

差异源	SS	df	MS	F	P-value	F crit
组间	6.777778	2	3.388889	0.183073	0.83454	3.68232
组内	277.6667	15	18.51111			
总计	284.4444	17				

图 4–33　单因素方差分析结果

一般情况下,通过比较差异源 F 与 F_{crit} 即可判断因变量是否影响自变量。如果 $F > F_{crit}$,表示有显著影响;如果 $F \leq F_{crit}$,表示不产生影响或产生的影响不大。通过图4-33可以看出,F(0.183073)远小于 F_{crit},说明不同包装对销售量不产生影响或产生的影响不大。

实训七　数据的相关分析

某公司2020年1—6月份的广告费用和销售额的数据如表4-16所示,利用Excel对数据进行相关分析。

表4-16　某公司2020年1—6月份的广告费用和销售额

月份	广告费用	销售额
1	40	210
2	55	350
3	24	250
4	30	200
5	18	150
6	9	130

步骤1:将数据资料录入Excel表格中。

步骤2:执行"数据"—"数据分析"命令,系统弹出"数据分析"对话框,选择"相关系数"选项。单击"确定"按钮,系统弹出"相关系数"对话框。

步骤3:在"输入区域"编辑框中输入需要分析的数据区域"\$B\$2:\$C\$7","分组方式"选择"逐列",在"输出选项"中选择"输出区域",然后在其后的编辑框中输入"\$E\$1",如图4-34所示。

步骤4:单击"确定"按钮,便可得到分析结果,如图4-35所示。

由图4-35可以看出,两个变量的相关系数为0.878067。因此,广告费用与销售额之间存在很强的相关性,即广告费用支出越多,销售额就越大。

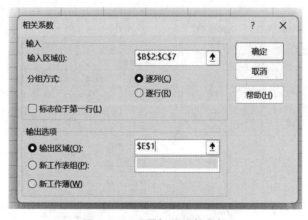

图4-34　设置相关系数参数

A	B	C	D	E	F	G
月份	广告费用	销售额			列1	列2
1	40	210		列1	1	
2	55	350		列2	0.878067	1
3	24	250				
4	30	200				
5	18	150				
6	9	130				

图4-35　相关系数分析结果

思想火炬

《摩泽尔记者的辩护》发表在1843年1月出版的《莱茵报》上,它是马克思在担任《莱茵报》主编的第二年发表的文章。马克思写此文的目的是就莱茵省总督冯·沙培尔对《莱茵报》上记者发表的两篇文章提出无理指责并要求报刊做出解释进行回应。马克思以摩泽尔记者的名义,在仔细分析了各种材料,对摩泽尔河沿岸地区居民生活状况进行深入调查研究的基础上,以极其详尽的事实和无可辩驳的论证对总督的指责以未署名的形式做出了客观的答复,从而揭露了摩泽尔河沿岸地区政府脱离人民的管理机构的"官僚本质"。这篇文章也被认为是马克思关于调查研究的开篇之作,表明了马克思在青年时代就逐步确立起为受苦难的下层民众代言的鲜明立场。

受到莱茵省总督的非难

1842年12月,《莱茵报》记者彼·科布伦茨在《莱茵报》第346和348号分别登载了《摩泽尔河沿岸地区居民关注新闻界的下一步行动》和《关于乡镇财产必须退还》的两篇文章。文章反映了摩泽尔河沿岸地区葡萄种植者向当地政府发出求助的强烈呼声。

时任莱茵省总督的冯·沙培尔看到《莱茵报》上刊登的这两篇文章后极为不满,认为其损害了政府的威信。于是,他在《莱茵报》第352号上专门刊登文章,并在文章中以莱茵省最高行政长官的口吻做出指示,向该报主编提出了一系列问题并要求尽快做出答复。当时任《莱茵报》主编的正是24岁的马克思。

马克思并没有对莱茵省总督沙培尔的"指示"立即做出答复,其原因就在于马克思想花费一些时间尽可能地掌握详尽的材料。

深入调研收集辩护材料

占有事实的最好办法就是开展调查研究,马克思通过深入调查研究,对总督的非难做出了回应。马克思在查阅"特里尔乡区和城区以及萨尔堡区的葡萄园收入数据"时发现,官方发言人和协会理事会在计算支出的问题上存在着明显的分歧。例如,"葡萄园主施行修剪侧枝和松土这些作业"是要算到葡萄园收入成本中去的,而当地财政局的局长却说"这是不符合事实的"。

葡萄种植者为了使自己不彻底破产,必须使用一切办法来提高葡萄的质量。匪夷所思的是,当局却"对它加以压制"。马克思发现,在摩泽尔河沿岸地区的葡萄种植者,甚至已经到了无力养活自己的地步了,官方却说他们在"通过夸大其词的描述,为自己求得种种照顾和优待"。

马克思还查阅到摩泽尔河沿岸地区某乡镇委员会的会议记录,记录中用坦率的语言这样写道:"摩泽尔河沿岸地区,从特里尔到科布伦茨,从艾费尔高原到洪斯吕克山,在物质上都非常贫困,因为这个地区的居民专靠种植葡萄为生,而由于同德意志签订了通商条约,这个行业已遭到了致命的打击;这个地区在精神上也是贫困的……"

马克思列举了1838年一位高级行政官员巡视摩泽尔河沿岸地区的事例。他在询问当地一位县长关于葡萄种植者的财产状况时,得到的答复竟然是:"葡萄种植者过着挥霍无度的生活。仅就这一点来看,他们的情况也不可能是坏的。"马克思经过调查还发现,《法兰克福报》第349号上登载的一篇评论,甚至荒唐地声称"摩泽尔河沿岸地区种植葡萄的农民的贫困状况是虚构的"。

维护广大贫苦农民的利益

显而易见,管理机构在消除摩泽尔河沿岸地区葡萄种植者贫困状况时采取了一些不切实际的措施,还理直气壮地说"在这种制度下他们是可以勉强度日的"。马克思在充分调查研究的基础上得出的结论是:摩泽尔河沿岸地区葡萄种植者的悲惨状况长期受到上级机关的怀疑,他们求助的呼声被看作无理取闹。马克思通过调查研究揭示了摩泽尔河沿岸地区政府官员傲慢、偏执的态度和对法律的无视,以及自私自利的种种行径。

马克思由关注摩泽尔河沿岸地区贫苦的葡萄种植者,进而为改善下层民众的生活状况进行调查研究和法律论证,再到对造成贫苦原因的国家行政管理层面的追问,所体现的正是对贫苦农民的关怀,并把这种关怀归结到法律和政治管理的层面。与此同时,他敢于控诉官僚特权阶层对劳苦大众的欺压与剥削,反映出他对下层民众的道德同情和道义支持,这同马克思逐步确立的无产阶级的政治立场、全人类彻底解放的价值目标是相互印证和一以贯之的。

(资料来源:陈安杰《马克思关于调查研究的开篇之作——重温〈摩泽尔记者的辩护〉》,《学习时报》,2020年05月13日,有删改)

  课后作业

一、单选题

(1)平均数用来反映(　　)。
A.总体分布的集中趋势　　　　　　B.总体中总体单位分布的集中趋势
C.总体分布的离散趋势　　　　　　D.总体变动的趋势

(2)集中趋势指标中,最容易受极端值影响的是(　　)。
A.众数　　　　B.平均数　　　　C.中位数　　　　D.标准差系数

(3)假设一名学生的考试成绩为70分,在统计分组中,这个变量值应归入(　　)。
A.60~70分　　　　　　　　　　B.70~80分
C.60~70分或70~80分　　　　　D.作为上限的那一组

(4)对于不同水平的总体不能直接用标准差比较其离散程度时,需分别计算各自的(　　)来比较。

A. 标准差系数　　　　B. 平均差　　　　　　C. 全距　　　　　　　D. 均方差

二、简答题

(1) 市场调查资料的审核内容有哪些?

(2) 如何处理不合格的市场调查资料?

(3) 什么是众数？它有什么特点？

(4) 如何运用方差、标准差对数据进行离散程度分析？

三、案例分析题

关于消费者购买空调情况的调查

为了解消费者购买空调的情况，某家电经销商从某市城镇居民中抽取 1000 户进行了问卷调查，整理的数据资料如下。

(1) 调查的 1000 户家庭中，计划近 3 年内购买空调的共有 200 户(1000 户家庭中，868 户已有空调，132 户没有空调)。

(2) 计划购买空调的 200 户家庭中，相关情况如下。

①关注空调服务、质量、促销、价格、其他要素的分别有 28 户、144 户、4 户、20 户、4 户。

②准备购买单冷机、冷暖两用机、购买时再做决定的分别有 23 户、170 户、7 户。

③准备购买窗式机、柜式机、壁挂机的分别有 39 户、43 户、118 户。

④从网络广告、电视广告、报纸广告、户外广告、卖场、朋友处获取空调信息的分别有 90 户、87 户、11 户、6 户、4 户、2 户。

⑤购买空调的渠道为专卖店、大型电器商场、综合性商场、网上旗舰店、厂家直销店的分别有 77 户、94 户、82 户、56 户、48 户(其中有同时选择多个渠道的情形)。

⑥购买时间选在夏季、冬季、厂家促销期、春秋季的分别有 86 户、60 户、42 户、12 户。

⑦空调价位选在 2000 元以下、2000～3000 元、3000～4000 元、4000～5000 元、5000 元及以上(分组不含上限)的分别有 22 户、67 户、45 户、36 户、30 户。

⑧对空调降价持非常欢迎、无所谓、不欢迎态度的分别有 182 户、16 户和 2 户。

⑨关于对绿色环保空调的看法，认为其符合空调发展方向的有 152 户，认为符合消费需求的有 10 户，认为属空调必备要求的有 19 户，认为是厂家炒作手段的有 12 户，回答不知道的有 7 户。

⑩认为厂家宣传推广对购买决策有很大影响的有 70 户，认为有影响的有 80 户，认为影响程度一般的有 35 户，认为无影响的有 15 户。

问题：

根据上述调查资料，绘制相应的频数分布表和统计图。

项目五　组织市场预测

【项目描述】

市场预测是市场调查与分析的延续和发展,在进行了充分的市场调查和科学的市场分析后,便可以预测市场的发展趋势。市场预测准确与否,直接影响决策者制定的价格策略、销售渠道策略、销售产品策略等市场营销策略的有效性,对企业产品销售和效益提高起着至关重要的作用。

【项目情景】

党的二十大报告提出,实施就业优先战略。强化就业优先政策,健全就业促进机制,促进高质量充分就业。奋进新征程,要落实好党的二十大精神,通过实施健全就业公共服务体系、健全终身职业技能培训制度、完善促进创业带动就业的保障制度等举措,大力促进高质量充分就业。而拼多多的崛起为我们提供了一些就业和创业机会。来看一下历史数据。

2019年8月1日,国际知名投行高盛集团发布研究报告称,基于电商行业的强劲增长和拼多多平台用户参与度的持续提高,拼多多的股价仍有大幅上涨空间。2019年第二季度,拼多多成交总额占中国电商市场总额的9%,成交总额增长占中国电商行业总增长的28%;当季的总收入达到72.9亿元人民币,同比增长169%;年活跃用户数量增长至4.83亿人,同比增长近40%。

研究报告还指出,中国电商行业在2019年第二季度实现强劲增长,其中拼多多平台的包裹占比不断提升。高盛集团预计2021年中国电商包裹中将有33%的包裹来自拼多多平台。此外,高盛集团还在研究报告里列举了拼多多未来发展的三大亮点,具体如下。

(1)拼多多在中国电商行业的渗透率将不断提高。

(2)拼多多在2019年"6·18"大促期间表现亮眼。拼多多通过农产品进城战略,成功把平台核心类目扩展到服装、家电及其他领域,而这些领域曾被认为是阿里巴巴和京东的优势领域。

(3)拼多多将不断提升对平台商品质量的把控。在不断打击假冒产品的进程中,拼多多推出了"新品牌计划",旨在帮助商家在平台上建立自己的品牌,这对平台和商家来说是"双赢"。

可见,高盛集团的市场预测对拼多多及其投资者有积极的影响和导向。

【项目分解】

随着市场经济的发展,掌握各种信息资料,并据此做出合理的市场预测,已成为企业开展市场竞争、做出经营决策的必要前提。本项目主要介绍市场预测的分类、内容,以及市场预测的基本方法。具体来说,在组织市场预测阶段需要完成以下几项任务。

任务1:市场预测认知——认知市场预测的作用,选择合适的预测方法。

任务2:集合意见法——掌握集合意见法的步骤。

任务3:时间序列预测法——掌握时间序列预测法的步骤。

任务4:图表预测法——掌握图表预测法的步骤。

【任务清单】

完成一项学习任务后,请在对应的方框中打钩。

目标	完成情况	具体学习任务
知识目标	☐	了解市场预测的分类
	☐	掌握市场预测的内容
	☐	掌握各种预测方法的实施步骤
	☐	掌握时间序列预测法和回归预测法的相关公式
实训目标	☐	对国货品牌及其发展有一定的了解
	☐	了解知名国货品牌的产品销售现状
	☐	能提出知名国货品牌在品牌理念、产品策略、营销策略方面存在的问题
技能目标	☐	能根据特定任务情境,灵活运用市场预测方法
	☐	能完成市场预测任务,提升分析问题和解决问题的能力
思政目标	☐	在实施市场预测时实事求是,明辨是非,不弄虚作假
	☐	分析市场预测工作中市场调查人员的职业道德和职业义务,强化职业道德素质

任务 1 市场预测认知

任务导航

市场预测是指在市场调查的基础上,运用科学的方法,预先判断或估算企业和市场未来的发展趋势,并为企业的经营决策提供可靠依据的一种活动。市场预测能降低企业决策的盲目性和风险性,提高企业适应市场环境的能力。

根据中国制浆造纸研究院发布的《2021中国生活用纸和卫生用品行业年度报告》,2021年成人纸尿裤用品的消费量相比2020年显著增长,占市场总规模的9.8%,约为112.1亿元。成人失禁用品的消费群体主要包括4类:因疾病容易尿失禁人群、失能或半失能老人、孕产妇和术后康复人群。目前,我国已有多家上市企业开拓新品牌,布局成人失禁用品领域。

随着老年消费市场扩容、产品认知提升,加之受到人口老龄化和政策利好的双重影响,我国成人失禁用品需求增长不断提速,该行业有望进入高增长赛道。

目前,我国成人失禁用品市场呈现出品类差异性、价格阶梯化,以及线上销量增长迅速的趋势。未来,相关品牌可以从多样尺寸、舒适裁剪、智能技术、贴心细节和潮流设计5大方面出发,不断创新研发,满足银发族更加个性化的需求,以产品设计和先发优势继续领跑我国成人失禁用品领域。

任务分析

俗话说:"买卖赔和赚,行情占一半。"如果能充分获取有利的信息,并对各种信息进行分析研究,对市场发展趋势做出基本判断和相关预测,就能引导企业朝着正确的方向不断发展。因此,现代企业营销必须关注市场,预见未来,以便在市场上占据有利地位。实施市场预测时需要考虑市场预测的内容有哪些、市场预测的方法有哪些。查阅各大机构的行业研究报告时,你更关注预测结果和对市场的大致判断,还是更关注预测逻辑和预测方法?

工作步骤

市场预测,并非只是做出预测推测那一瞬间的行动,而是一个过程。市场预测过程包括归纳和演绎(推断)两个阶段。在归纳阶段,需要从确定预测目标入手,收集有关资料,对资料进行分析、处理、提炼和概括,用恰当的形式描述预测对象的基本规律;在演绎阶段,需要利用所归纳的基本演变规律,根据对未来条件的了解和分析,推测出预测对象在未来某期间可能的水平,并对其进行必要的评价。整个预测过程涉及确定预测目标、广泛收集资料、进行分析判断、选择预测方法并建立预测模型、做出预测、评价预测结果、撰写预测报告等内容。总的来说,市场预测的一般步骤如下。

步骤1 确定市场预测的目的

这是进行市场预测的首要问题,确定市场预测的目的就是明确市场预测所要解决的问题是什么。只有确定了预测的目的,才能进一步落实预测的对象和内容,选择适当的预测方法,调查或收集必要的资料,才能决定预测的水平和所能达到的目标。

确定市场预测的目的,主要是根据商品生产和营销决策的要求针对不同的需要进行不同的市场预测。

步骤2 调查、收集、整理市场预测所需资料

市场预测所需资料的调查、收集和整理是市场预测的一个非常重要的步骤。市场预测能否完成,预测结果准确程度的高低,预测是否符合市场现象的客观实际表现等,在很大程度上取决于预测者是否占有充分的、可靠的历史和现实的市场资料,因此市场预测必须以充分的历史资料和现实资料为依据。

(1)历史资料是指预测期以前的各种有关的市场资料,这些资料反映了市场的各种重要因素的历史状况和发展变化规律。

(2)现实资料是指进行预测时或预测期内市场及各种影响因素的资料。它一般是预测者根据需要对市场进行调查的结果,也可以是各种调查机构的已有资料。市场预测必须收集有关现实资料,才能使市场预测的结果既不脱离市场现象的长期发展规律,又能对市场的现实变化做出及时的反应,使市场预测结果更加符合客观实际。

步骤3 对资料进行周密分析,选择适当的预测方法

对市场预测的资料进行周密分析,主要分析市场现象及各种影响因素是否存在相关关系,以及

其相关关系的紧密程度、方向、形式等特征,并对市场现象及各种影响因素的发展变化规律和特点进行分析。

在市场预测中,只有通过对资料的周密分析,选择适当的预测方法,才能正确地描述市场现象的客观发展规律,才能发挥各种预测方法的特点和优势,对市场现象的未来表现做出可靠的预测。

步骤 4　根据市场预测模型确定预测值,并测定预测误差

在建立了适当的预测模型后,我们就可以运用这一模型来计算某预测期内的预测值。需要注意的是,这一预测值只是一个估计值,它与实际值之间存在一定误差,因而我们在计算预测值的同时,还要测定预测值与实际值之间的误差。

步骤 5　检验预测成果,修正预测值

市场预测者必须根据市场现实情况的变化,适当地对预测值进行修正,使之更加符合市场发展的实际变化。

步骤 6　撰写预测报告

最后,需要把预测的最终结果编制成文件和报告,向有关部门上报或以一定的形式公布,并提供预测信息供有关部门和企业参考。预测报告应概括预测研究活动的主要过程,列出预测目标、预测对象、相关因素分析、主要资料和数据、预测方法的选择及模型,以及模型的评价修正等。

知识平台

一、市场预测的含义

在英文中有两个单词都可以翻译成"预测":一个是 forecast,是指对未来不确定事件的推断和测定;另一个是 prediction,它既包含对未来将要发生的事件给予推断和测定,也包含对现在已经发生但尚不明确的事物给予估计和推测。从概念上讲,市场营销体系中的"市场调查与市场预测",其含义应为后者(prediction),从而与西方市场营销体系中的"市场研究"相对应。其方法论的内容既应包括静态的市场分析,也应包括动态的市场预测。当然,本书也同样重点关注动态预测(即 forecast)。

市场预测是在市场调查的基础上,运用科学的方法或数学模型分析调查数据或资料,对未来一定时期影响市场营销活动的各种因素及其变化趋势所进行的推测和估计。它的目的,是为企业制订营销计划和进行营销决策提供依据。对此,可以从以下 3 个方面来理解市场预测。

(1)市场预测是服务于营销活动的一种实践活动,并成为营销活动的一个有机组成部分。在市场经济中,人们通过大量占有由诸多随机因素影响所形成的数据,采用定性分析等科学方法,对未来将要发生的或目前已发生但尚不明确的企业市场营销现象,给予可靠的和准确的估计。

(2)市场预测也是一个系统过程。它是由一系列工作环节、步骤、活动和成果组成的过程,需要

科学的理论和方法指导,也需要进行科学的组织和管理。

(3) 市场预测从本质上讲也是一项市场信息工作,它运用一定的预测技术,遵循一定的程序,加工处理市场信息,并得出结论,为企业决策提供依据,直接为市场营销服务。

二、市场调查和预测的作用

1. 市场调查和预测为制定科学的规划和政策提供依据

国民经济和社会发展计划与规划必须依据统计资料,即必须根据我国过去和现在的各种国民经济和社会发展统计指标,结合实际来制订计划和规划,否则计划和规划就会脱离实际,缺少科学性和可行性。市场调查资料是非常重要的资料,在社会主义市场经济条件下,一方面,市场的统计和调查资料集中地反映出商品的数量、结构、供求关系等;另一方面,国民经济和社会发展计划与规划必须依据经济预测结果来制订,否则就会脱离实际。在社会主义市场经济建立、发展和完善的过程中,党和政府要根据社会主义市场经济发展的实际,制定各种政策,促进社会经济的发展,规范社会经济行为。

在社会主义市场经济条件下,市场调查与预测的资料对于政策制定者来说,能最直接、最综合地反映市场情况,也是制定各项政策不可或缺的重要依据。科学系统的市场调查与预测资料无疑为决策和政策的科学性提供了保证。

2. 市场调查和预测是管理决策正确和提高经济效益的必要条件

正确的管理决策能够使经济活动取得成功;不适当的或错误的决策,会对经济活动造成损失。而正确决策的前提之一,就是对经济做出科学的调查和预测。不以科学的市场调查和预测结果为依据,必然会导致盲目的、主观的不合理决策;只有实施科学的市场调查和预测,才能使科学的决策有基础、有依据,使决策取得预期的效果。

市场调查和预测可以为商品营销部门或企业提供一定时间、一定空间、一定商品的需求数量及其他有关信息,而这些信息是企业组织营销活动的重要依据之一。根据市场调查和预测结果进行的商品营销活动,大大减少了盲目性,增强了自觉性,通常会给商品营销部门或企业带来较高的经济效益,促进商品流通,满足消费者的需要。

企业的营销决策涉及两方面的内容:一是确定企业的营销战略;二是确定企业的营销战术。企业营销战略的决策步骤和内容可以分为市场细分、确定目标市场和市场定位。企业营销战术的决策内容可以分为产品、价格、分销、促销和关系等。

不论是确定企业营销战略还是确定企业营销战术,都需要有一些前提。前提不同,企业的营销战略和营销战术有别,而这些前提,就是企业对相关影响因素发展变化的预测。

3. 市场调查和预测对社会生产的合理化具有促进作用

随着我国经济体制改革的持续推进、人民群众收入水平的提高,我国的社会需求不断发展变化。需求总量的增长,需求的多样化、多层次特征将越来越突出,这就要求我国的生产也要不断增长,促使各种商品的生产朝着多样化、多层次化方向发展,而市场调查和预测便在其中起到了重要作用,为社会生产提供准确的、全面的、系统的调查和预测数据,大大减少了生产的盲目性。

市场调查和预测对社会生产的重要作用,体现在社会生产的各个部门中。其一,根据城乡居民的收入水平,可以调查预测消费品的需求总量;同时根据居民消费资料,还可以调查预测各类消费品的需求量。市场调查和预测工作可以为生产城乡居民消费品的各生产行业、企业提供信息,减少生产盲目性,提高生产自觉性,生产出更多的满足人民生活需要的消费品,使消费品的生产部门紧密结合起来。其二,在生产资料和生产部门中,在基础工业各部门的生产中,市场调查和预测同样起着非常重要的作用。这种作用尤其突出地体现在各生产资料生产部门的联系上,以及生产资料与生活资料生产部门之间的联系上。

4. 市场调查和预测对刺激和满足消费需要具有显著作用

通过市场调查和预测,可以全面系统地了解需求状况,包括需求数量、需求结构和需求发展变化的规律等,向生产部门或生产企业提供可靠的信息,促进新产品的开发与生产,让更多消费者喜爱,这也正是市场调查和预测对消费所起到的引导、满足和促进作用。

综上所述,市场调查和预测对社会生产合理化,满足和促进消费需要,提高国民经济和社会发展计划与规划及各项政策的科学性,提高管理决策水平和商品生产与营销的经济效益等都具有非常重要的作用。

三、市场调查和预测的特点

1. 市场调查的特点

1) 调查目标的明确性

市场调查通常是企业为某特定的营销决策服务的,如选择目标市场、产品定位、提高产品市场占有率等。因此,大部分市场调查从一开始目标就很明确,即收集和分析资料,使企业对产品或市场有清晰的认识和判断,以帮助企业做出正确的营销决策。

然而,也有一些市场调查一开始目标并不清晰明了,如新产品的推广、投资机会的选择、新市场的开拓等,需要企业事先收集一些二手资料,然后对调查的问题进行界定和分析,以使调查的目标逐渐明确和集中。当然,这些问题的调查也非常重要,它们不同于已有产品的调查,对调查者来说往往更具挑战性,也蕴藏着一定的风险。在现实生活中,很多看起来很好的产品或很有前途的项目,在推广或实施过程中或"胎死腹中",或半途而废,有的甚至使企业负债累累,其中很大一部分原因就是企业没有进行正确有效的市场调查。

2) 调查方法的科学性

在市场调查活动中,调查人员采用科学的方法设计方案、定义调查主题,采集数据和分析数据,提取当前有效的、明确的、相关的信息资料。在这个过程中,调查人员可采用多种方法收集信息,如实地观察、问卷访问、现场实验、随机抽样、计算机处理、预测模型分析等。企业只有采用科学的方法,才能保证调查数据的真实性,才能保证调查结果的可靠性。需要指出的是,任何一种调查方法都有其局限性,企业同时采用几种方法收集信息或采用几种方法对资料进行分析验证,可以使调查结论更具有说服力,从而提高市场调查的价值。

市场调查资料的汇总和分析过程更要注重科学性。在这个过程中,要求调查人员运用概率论、统计学及心理学等学科的知识对所收集的市场资料进行加工、分析与整理,使其从某种角度反映市场本来的面目。

3) 调查资料的经济性

同其他营销决策一样，市场调查也有一个投入与产出的问题，即需要比较企业的信息需求和成本费用。为此，企业需要事先确定哪些项目需要调查，哪种方案可以采用，哪些资料需要实地收集，哪种调查方法更加有效，力求在调查中用尽可能少的支出达到预期目标。企业在做调查经费预算时还要考虑以下问题：①企业已收集了哪些资料，如已进行过的市场调查、相关机构公开发表过的资料和报告、企业档案和资料库中现存的资料；②企业需要进行实地调查的信息，如本次调查需要重点收集的信息、该信息的价值与企业经费投入是否匹配；③企业是委托调查还是自行调查。

4) 调查内容的保密性

专业的调查公司经常接受多个企业的委托进行调查，调查过程中难免出现数据交叉使用和信息共享的情况。但调查公司绝对不能同时接受竞争企业的委托，做同专题的调查，更不能未经委托者的同意而将调查内容公开。因此，为防止出现调查内容泄露的情况，企业一开始就应向调查公司提出保密要求，并在合同中明确规定有关约束条款。调查内容的保密性是市场竞争的法则，也是市场调查的委托方、受托方以及调查对象的伦理道德要求。

5) 调查结果的不确定性

市场调查受到多种因素的影响，其结果常常具有不确定性。尤其是在消费品调查中，消费者的心理状态、价值观念及消费者偏好的变化等因素，都会影响调查结果，从而影响决策方案的选择。另外，由于调查工作本身的问题，如调查问卷过于简单、调查样本太少、调查人员缺乏训练、调查对象无能力正确回答问题或不情愿提供有关信息等，都会影响调查结果的准确性。因此，对营销决策者来说，调查结果只能作为决策的参考依据，而不能代替企业决策。当调查结果和市场实际出现偏差时，决策者应根据自己的市场感觉、已经积累的知识和经验，对调查结果进行分析、判断、修正，并在此基础上做出正确的选择和决策。

6) 调查工作的创造性

市场调查工作有一定的程序可循，也有可供选择的研究方法，但是针对具体的调查问题，调查人员必须发挥其创造性，设计出科学合理的调查方案。做市场调查需选用科学的研究方法，有时甚至还要针对调查问题的特殊性创造出新的调查方法。在市场调查过程中，一定要根据每个调查项目的特点，创造性地开展市场调查工作。

2. 市场预测的特点

1) 市场预测的目的性

市场预测是为生产经营或市场营销决策服务的。决策应以科学的预测结果为基础，通过分析比较，选取最优方案。可见，预测是决策的先导，是决策科学化的前提，没有准确、科学的预测，就没有决策的成功。市场预测应从决策的需要出发，有目的地进行有关市场问题的预测。

2) 市场预测的科学性

市场预测是一种科学的预见，不带有任何主观性或毫无根据的臆测。它有着科学的理论指导和科学的手段及方法。它依据收集的大量历史资料和现实资料，运用科学的预测方法，通过分析研究，在探求事物演变的过程、特点、趋势和规律的基础上，有效地预测未来的发展变化。因此，市场预测是一门科学，也是一门艺术。

3) 市场预测的综合性

市场预测不是简单的估计和推测。它要求运用多种定性分析和定量分析的方法，对大量预测资料进行综合分析,在把握运行趋势和规律的基础上,对市场未来的变化做出综合性的推断,并对预测结果进行多方面的评价和论证,从而确保预测结果的准确性和科学性。

4) 市场预测对象的不确定性

市场预测是研究市场不确定性事件的。由于市场存在不确定性,为了获得更多利润,增强生产经营的预见性和主动性,减少决策的盲目性,降低风险,企业有必要开展市场预测。

预测是研究未来状态的,但客观事物的未来状态受一系列不确定因素的影响。未来的发展趋向、规模、水平、结构等会发生怎样的变化往往不能确定,难以十分精确地给出定量描述。因此,市场预测的结果与未来的实际很难完全吻合,即预测误差总是存在的。预测误差有两种情形:一是量的误差,预测结果与实际结果只是在数量上有一定的偏差;二是质的误差,预测结果完全背离实际结果,两者变化完全相反。总之,市场预测的误差是客观存在的,是不可避免的。预测者应防止质的误差,并尽量把量的误差降到较低程度。

四、市场预测的内容和种类

市场预测是企业制定营销战略和营销策略的依据,在市场调查的基础上,企业利用市场预测方法或技术,测算一定时期内市场供求趋势和影响市场营销变化的因素,从而为企业的营销决策提供科学的依据。同时,企业要想在市场竞争中占据有利地位,必须在产品、价格、分销渠道、促销方式等方面制定有效的营销策略。但营销策略制定的有效性取决于预测的准确性,只有通过准确的市场预测,企业才能把握市场机会,确定目标市场和相应的价格策略、销售渠道策略、促销策略等,进而促进产品销售和效益的提高。

1. 市场预测的内容

市场预测的内容十分丰富。由于市场的主体、市场的性质不同,市场预测的目的要求不同,因此市场预测的内容也就有了差别。一般来说,任何市场均可围绕市场环境、市场需求、市场供给、市场价格、市场竞争等方面开展预测。不同性质的市场在预测业务、预测范围、预测要求等方面存在差别。从商品市场角度来看,市场预测的内容主要有以下几点。

1) 市场环境预测

市场环境预测是在市场环境调查的基础上,运用因果性原理和定性与定量分析相结合的方法,预测国际、国内的人口、经济、自然、技术、政治法律、社会文化等环境因素的变化对特定的市场或企业生产经营活动带来怎样的影响,并寻找适应环境变化的对策。如人口总量和人口结构变化,给某产品的需求带来什么影响;人口老龄化所带来的商机;产业、能源等政策的调整对企业的生产经营活动所产生的作用;全球金融危机对外向型企业有何冲击,这些企业应采取怎样的应对策略等,都是市场环境预测的具体内容。市场环境预测应及时收集外部环境变化的信息,运用SWOT分析方法,分析环境变化带来的威胁和机会,分析企业的优势与劣势,这样才能得出较为合理、准确的预测结论。

2) 市场需求预测

市场需求预测,即商品购买力及其趋向的预测。它是在市场需求调查的基础上,运用定性与定量分析相结合的方法,对特定区域和特定时期内的某类市场或全部市场的需求潜力、需求规模、需求水平、需求结构及变动等因素进行分析预测。由于市场需求的大小决定着市场规模的大小,对企业的投资决策、资源配置和战略研发具有直接的重要的影响。因此,市场需求预测是市场预测的重点。市场需求预测既包括对现在市场需求潜力的估计,也包括对未来市场需求潜力的测定。市场需求预测的前提是对影响市场需求变化的人口、收入、储蓄、投资、信贷、价格、经济增长等因素进行分析和研究。

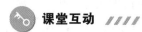

某市场调查人员在预测未来两年内保健品销售趋势时,为了收集资料,采用各种间接方法,掩盖调查目的,并采用欺骗性手段,召开一些针对中老年顾客的座谈会,且未经参加者同意就对参加座谈会的人员进行录像、录音。该调查人员的做法是否违背了调查人员职业道德?请同学们自由讨论,说说自己的看法。

3) 市场供给和供求状态预测

市场供给预测是指对一定时期和一定范围的市场供应量、供应结构、供应变动因素等进行分析预测。由于市场供给的大小反映了满足市场需求的程度,因而,它是决定供求状态的重要变量。市场供应量和供应结构的分析预测,可从消费品与生产资料两方面进行。一般来说,应在市场供给调查的基础上,运用合适的预测方法对那些可能决定供应总量的变量进行因素分析、趋势分析和相关分析。在此基础上,对市场供应量和供应结构的变化前景做出推测。

市场供求状态预测,即市场供求关系变动预测。它是在市场需求与供给预测的基础上将两者结合起来,用以判断市场运行的趋向,分析市场供求总量是否存在总量失衡,分析市场供求结构是否存在结构性失衡,分析市场供不应求是由生产能力不足导致的还是由货币投放过多导致的,等等。市场供求状态预测的核心在于把握市场的供求态势,并从中寻求对策。

4) 消费者购买行为预测

消费者购买行为预测是在消费者调查研究的基础上,对消费者的消费能力、消费水平和消费结构进行预测分析,揭示不同消费群体的消费特点和需求差异,判断消费者的消费目的、购买习惯、消费倾向和嗜好等有何变化,研究消费者购买什么、购买多少、何时购买、何地购买、由谁购买、如何购买等购买行为及其变化。消费者购买行为预测的目的在于为市场潜力测定、目标市场选择、产品研发和营销策略制定提供依据。

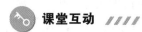

某高校管理学院的调查小组准备组织一次日用品品牌口碑调查活动,按照惯例,调查小组要为被调查群体准备小礼品,但调查小组的经费不足,正当调查小组为经费发愁的时候,某日化企业主动联系调查小组,承诺可以提供资助。该企业没有提出任何的非分要求,只是希望把自己的产品作为赠品送给接受采访的对象。调查小组与该企业达成了合作。一个月后,调查工作完成,这家日化企业获得了非常高的消费者评价。上述做法涉及调查小组职业道德问题吗?请同学们自由讨论,说说自己的看法。

5) 产品市场预测和销售预测

产品市场预测是利用市场调查资料和现成的资料,对产品的生产能力、生产成本、价格水平、市场占有率、市场覆盖率、技术趋势、竞争格局、产品组合、品牌价值等进行预测分析。其目的在于揭示产品的市场发展趋势、市场潜力和竞争能力,为企业产品市场前景分析及制定有效的营销策略提供依据。

产品销售预测是利用产品销售的历史数据和有关调查资料,对产品销售规模、结构、变化趋势、季节型变动规律、市场占有率和覆盖率、客户分布、渠道变动、费用与销售利润变动等做出预测分析和推测,揭示影响销售变动的各种因素和产品销售中存在的问题,寻求扩大产品销售的路径。

6) 市场行情和竞争格局预测

市场行情预测是对整个市场或某类商品的市场形势和运行状态进行预测分析,揭示市场状态是处于扩张阶段还是紧缩或疲软阶段;揭示某类市场是否具有周期波动规律,以及当前和未来周期波动的走向;揭示某种商品因供求变动而导致价格上涨还是下降等。其目的在于掌握市场周期波动的规律,判断市场的景气状态和走势,分析价格水平的变动趋向,为企业经营决策提供依据。

市场竞争格局预测是对产品的同类企业的竞争状态进行预测分析,包括对产品产量、销售量的分布格局,产品行销区域格局,产品质量、成本、价格、品牌知名度和满意度,新产品开发、市场开拓等要素构成的竞争格局及其变化态势等进行分析、评估和预测。

7) 企业经营状况预测

企业经营状况预测是利用企业内部的财务数据和有关的市场调查资料,对企业的资产、负债、权益、收入、费用、利润等方面,以及经营效率、偿债能力、赢利能力的变动趋势进行预测分析。其目的在于正确把握企业的资产配置和经济效益的变化趋势,寻求合理配置资源和提高经济效益的途径,为加强企业的经营管理提供支持。

 课堂互动

小张是某家电企业的市场调查人员,他需要收集资料,预测未来智能电视、智能冰箱、智能洗衣机等智能家电产品的销售趋势。他制定了一份市场预测工作方案,对预测目标、完成时间、预测工作程序及费用等都进行了详细的说明,上司也批准了他的计划方案。有一天他在网上浏览资料的时候,发现外地的一个家电企业刚好也开展了相同主题的预测活动,他心想:"这样我就省事儿多了。"于是,他象征性地对一些企业和用户进行了调查,然后把网上查到的那一家企业的预测报告稍做修改就呈给了上司。请问小张的做法妥当吗?他是否履行了市场调查人员的义务?请同学们自由讨论,说说自己的看法。

2. 市场预测的种类

1) 按预测时间的长短进行分类

市场预测按预测时间的长短分为短期预测、中期预测和长期预测三类。这种分类主要考虑研究对象的结构性变化和环境的不确定性等要素。

(1) 短期预测(又称近期预测)。短期预测一般是指1年以内的预测,包括年度、季度和月度预测,有时还包括时间更短的预测。与其他预测相比,短期预测的信息较为齐全,不确定性较小,预见性较强,结果较为准确。由于短期预测的时间跨度较短,其预测对象发生结构性变化的可能性较小,因此短期预测往往适用于外推型预测场合。短期预测通常为企业的日常经营决策和年度计划提供信息,以辅助决策。

(2) 中期预测。中期预测指 1 年以上 5 年以内的市场预测。中期预测介于短期预测与长期预测之间,一般为企业的中期战略决策提供支持。中期预测因为时间不是很长,不确定因素不是很多,数据资料较齐全,所以预测的精度仍较高。中期预测要结合外推型预测和结构型预测方法使用。

(3) 长期预测。长期预测指 5 年以上的市场预测。长期预测的不确定性很高,所研究的对象一般会发生结构性的变化,预测的准确性会大大下降,通常用于长期发展战略和基础学科发展方面的研究,如产品的有关技术发展趋势预测、能源供求预测等。长期预测大多采用结构型预测和定性预测方法。一般而言,长期预测为中期预测和短期预测提供方向和依据,而中期预测是长期预测的具体化和短期预测的依据,短期预测则是在中期预测基础上的更加具体化。

2) 按预测的空间区域分类

市场预测按预测的空间区域分为区域性市场预测、全国性市场预测、国际市场预测三类。

(1) 区域性市场预测。区域性市场预测以某一个市场区域为研究对象,目的在于了解该区域市场变化的趋势特征。因此,相关的预测变量仅要求代表本区域的市场特征,一般而言较少涉及因素和变量,数据和信息的收集相对较为容易,成本较低。区域性市场预测是最常见的市场预测类型。

(2) 全国性市场预测。全国性市场预测是指对全国市场进行研究,预测全国市场总体发展趋势的活动。全国性市场由各个区域性市场构成,但由于各个区域性市场的结构不尽相同,全国性市场并不等于各区域性市场的简单叠加。全国性市场预测往往需要对各区域性市场进行分类研究和整合,从而得出对全国性市场的总体性预测。全国性市场预测具有预测面广、涉及范围大、变量和不可控因素多、收集资料困难、预测难度较大等特点。全国性市场预测可以是综合市场预测,也可以是专题市场预测。

(3) 国际市场预测。国际市场预测以全球市场作为研究对象,有针对全球总体市场的预测,有针对某个国际区域市场的预测,也有针对某一国家市场的预测。国际市场预测具有预测涉及面广、范围大、影响因素众多、环境的不确定性强、收集资料困难、市场结构差异性大、研究对象及其环境特征较为陌生等特点。

3) 按市场预测的商品内容分类

市场预测按预测的商品内容分为单项商品市场预测、分类别商品市场预测和商品总量预测。

(1) 单项商品市场预测。单项商品市场预测是指对某种商品生产或需求数量的预测,其特点在于预测内容具体化,有极强的针对性。

(2) 分类别商品市场预测。分类别商品市场预测是按商品类别预测其需求量或生产量等,它主要是为了分析商品需求的结构,以合理地组织各类商品的生产和营销活动。

(3) 商品总量预测。商品总量预测是指对生产总量或消费需求总量所做的市场预测。它常常表现为对一定时间、地点、条件下的购买力总量的预测,如国内生产总值预测。

4) 按市场预测的性质分类

市场预测按预测的性质分为定性市场预测和定量市场预测。

(1) 定性市场预测。定性市场预测是指通过对预测对象内在发展规律的分析,判断其未来发展变化趋势的一种预测方法。它是一种经验形态的预测,也是知识密集型的预测。它依据预测者的经验、知识、直觉等对预测对象未来的发展及状态进行判断。定性市场预测往往在数据不足、预测对象的属性难以量化或不需要收集大量信息以进行定量市场预测等情况下采用。

定性市场预测的优点是简便易行,使用范围广,可以综合考虑社会、政治、经济、文化等各种非量化因素,尤其在研究对象或环境发生结构性变化时,定性市场预测具有较好的适应性。其不足之处是对未来的变化趋势难以做出精确的预测,预测结果可靠性也难以评价。

(2)定量市场预测。定量市场预测是指根据历史数据,通过建立预测模型和运算,对预测对象未来发展变化趋势进行量化分析与判断的方法。定量市场预测一般在原始数据比较充足、研究对象和环境比较稳定的情况下采用。因为市场本身是质和量的统一,所以对市场的全面认识需要综合使用定性分析和定量分析。

定量市场预测的优点是:方法科学、不受人为因素的影响;预测结果具有较好的稳定性和可重复性;准确性较高,可估算预测的误差范围和可信度,帮助决策者判断决策的风险范围。其不足之处是:对数据的要求较高,在数据准确性不高时,预测的可靠性不如定性市场预测;受时间限制较强,适用于外推型预测而非结构型预测;定量市场预测的成本往往较高,对预测人员的要求也较高。

定性研究主要是判别事物发展变化的性质、方向、趋向、质量特征等,大多采用判断思维的方法;定量研究主要是运用数据来认识事物的发展变化的规模、水平、结构、速度和数量特征与规律,大多采用统计思维的方法。在市场调查研究中,定量研究通常表现为数据的获取、处理、分析和应用;定性研究通常用来定义问题、项目,制定假设或确定研究中应包括的变量,解释由定量分析所得的结果,获取和处理非量化的信息,帮助调查者理解潜在的活动和动机等。因此,在市场调查研究中,定性研究与定量研究应结合应用。在进行一项新的调查项目时,定性研究应为定量研究提供方向,定量研究应发挥发现市场主体信息的作用,定性研究应解释定量研究所得的结果。

五、市场预测的原则和要求

1. 市场预测的原则

市场预测不是随心所欲、杂乱无章地进行的,它是在一定原则的指导下,按一定的程序有组织地进行的。进行市场预测一般应遵循以下原则。

1)连贯原则

同其他任何事件一样,市场发展变化也有前因后果和来龙去脉,具有一定的历史连贯性。变化过程中的各个阶段,既有区别又有联系,甚至有极大的相似性。现在的市场需求状况是过去市场需求历史的演进,未来市场的需求状况是今天市场需求发展的继续,因此掌握历史和现实的市场资料,分析其变化发展的规律,按照连贯原则的要求进行逻辑推理,才可能预测出未来市场需求的状况。

2)模拟原则

任何一个市场结构的变化和发展都有其各自的特点和规律,即按照一定的模式进行。根据某一特定模式的特点和规律可将市场抽象为一个简化模型,按照模拟原则进行定量分析,从而推断出未来市场发展变化的动态趋向。

3)取样原则

任何一个市场的状况都可通过样本(典型资料、指标、数据)表现出来。进行预测时,样本越具有代表性,样本容量越大越全面,市场预测结果与未来市场状况越接近,误差越小,市场预测的结果越真实、可靠、准确、可信,从而可有效地防止营销决策的失误。

4) 节约原则

市场预测是一项复杂的超前性研究工作,必然耗费人力、物力、财力和时间。按照节约原则进行市场预测,就是在保证预测结果精确度的前提下,合理选择样本容量、计算方法和工具,以恰当的模型和最低的费用、最短的时间,获得最佳的预测结果,切忌过于追求精确性,而不顾费用和时间的耗费。

5) 修正原则

影响市场变化的因素复杂多变,甚至有许多始料不及的因素,由此决定了市场预测精度是一个相对的概念,允许其有合理的误差,这种误差随着时间的推移呈现扩大趋势。市场预测不是一次完成的,它需要随着市场规模、结构、需求的变化而变化,应及时对原预测结果进行修正和补充,减少误差,增加预测的精确度。

2. 市场预测的要求

市场预测是一项复杂细致、涉及层面很广的工作。它既要有经过专业培训的人员从事预测分析工作,又要有决策人员的参与,还需要各部门的支持和配合。只有提供完整有效的资料,才能使市场预测具有可靠的基础,提高预测的准确性和科学性,使市场预测真正成为决策者进行科学决策的前提和依据。市场预测应注意以下几点要求。

1) 对预测人员的要求

市场预测工作是一项经常性、持久性的工作。企业应拥有必要的市场调查和预测人员,并建立健全市场调查和预测机构。预测人员必须具有较广的综合性知识,既要有一定的经济理念和社会科学知识,又要具备一般自然科学知识。另外,预测人员还应懂得市场营销学、统计学、预测学、财务管理等多学科的知识,具有预算、综合、分析、推断等各种能力,并具有一定的市场调查和预测经验,有良好的职业道德和敬业精神。这样的预测人员才能够胜任市场预测工作。

2) 对预测资料的要求

市场预测必须以全面、系统和可靠的数据资料为基础。数据不全或不准确必然影响预测的准确性和可靠性。预测的准确性和可靠性降低到一定的程度时,市场预测就失去了价值。因此,市场预测应重视数据和有关资料的收集、整理和分析工作,完善数据系统,使预测建立在信息充分的基础之上。

3) 对预测方法的要求

一般来说,应根据预测的要求、数据资料的性质和多少、预测费用的高低等因素选择合适的预测方法。各种预测方法都有其应用场合和局限性,为了提高预测的准确性和可靠性,常常把有关的预测方法结合起来,实行组合预测。特别是定性预测与定量预测应结合起来,定性预测应为定量预测的变量选择和现象的发展方向的确定提供参考,定量预测的结果应采用定性分析的方法进行评价。

4) 对预测过程的要求

市场预测是建立在对数据资料进行分析和研究的基础之上的,只有充分认识预测对象发展变化的过程、特点、趋势和规律,才能有效地推断未来市场的发展变化前景。因此,市场预测的过程是分析研究的过程,是信息处理和提取的过程。市场预测应重视预测过程,做到先分析后预测,先把握趋势和规律,后进行预测推断。

5) 对预测结果的要求

市场预测的结果总是存在误差,这种误差应控制在一定的范围内。为此,对预测结果应进行必要的评价,包括误差分析、模型检验、经济理论分析、预测结果可行性评价等。若预测结果经评价证实是可靠的、较为准确的,则应采用市场预测报告的形式反映预测的结果,解释预测结论并提出相应的对策和建议。

> **思想火炬**
>
> 近年来,华为在 5G 领域取得的成就备受瞩目。现在,华为终于向全世界展示了自己的实力,让所有人感受到了华为在 5G 领域的领先地位。接下来我们将带您了解华为在 5G 领域的优势,并探讨华为未来的发展前景。
>
> 1. 华为 5G 优势明显
>
> 1)技术实力强大
>
> 华为在 5G 技术研发方面投入了大量资金和人力资源,掌握了多项关键技术,如毫米波通信、大规模 MIMO 技术等。这些技术使得华为在 5G 网络建设中具有更高的效率和质量。
>
> 2)设备性能优越
>
> 华为推出的 5G 设备,如终端、路由器等性能优异。这些设备不仅能够满足用户的高速上网需求,还具备强大的数据处理能力,为用户带来更好的使用体验。
>
> 3)市场份额领先
>
> 华为在全球范围内拥有大量的 5G 设备市场份额,这为其在 5G 领域占据领先地位提供了有力保障。
>
> 2. 未来发展前景
>
> 1)继续加强技术研发
>
> 华为将继续加大在 5G 技术研发方面的投入,以保持自己在 5G 领域的领先地位。
>
> 2)拓展国际市场
>
> 随着全球 5G 网络的普及,华为将进一步拓展国际市场,扩大市场份额。
>
> 3)加强合作与交流
>
> 华为将加强与其他国家和地区的合作与交流,共同推动全球 5G 网络的发展。
>
> 华为在 5G 领域的优势明显。未来,华为将继续加强技术研发、拓展国际市场、加强合作与交流,为全球 5G 网络的发展做出更大的贡献。我们期待华为在 5G 领域实现更多创新和突破,为我们的生活带来更多的便利和惊喜!

任务 2　集合意见法

任务导航

集合意见法是由调查人员召集企业内、外部的相关人员,根据个人对事件的认识、市场信息、资料及经验,对未来市场进行判断预测,并进行综合分析的一种方法。这种方法简便易行,可靠实用,注重发挥集体智慧,在一定程度上克服了个人直观判断的局限性和片面性,有利于提高市场预测的质量。

任务分析

管理人员和业务人员在日常工作中积累了丰富的经验,掌握着大量的实际信息和资料,他们比较熟悉市场需求及其变化情况,其判断往往更能反映市场的真实趋势。但如果管理人员和业务人员的眼界和知识面狭窄,则其容易以偏概全或考虑不周,那么预测结果就具有一定的片面性,需要借助集合意见法实施预测。

工作步骤

步骤 1　明确预测要求

从企业内部管理人员、企业内部业务人员、企业外部业务人员中选定预测人员,并向其提出预测目标、预测期限和预测要求。

步骤 2　提出各自的方案

预测人员根据预测要求,凭个人的经验和分析判断能力,提出自己的方案。方案中应当包括定性分析和定量描述内容,即在定性分析的基础上,将判断结果以数据的形式表示出来。

步骤 3　计算期望值

分别计算各个预测人员的期望值。根据各个预测人员的最高和最低预测值,计算出每个预测人员的期望值。期望值的计算公式如下:

$$期望值 = 最高预测值 \times 概率 + 最低预测值 \times 概率$$

步骤 4　计算综合期望值

计算各类预测人员的综合期望值。计算综合期望值的方法一般有简单算术平均数法、加权算术平均数法或中位数统计法。

步骤 5　确定预测值

根据综合期望值确定最终预测值。

实训平台

实训　预测汽车企业销售额

第一步,企业选定 9 名预测人员,包括 2 名经理、3 名中层管理者、4 名汽车销售人员。

第二步,预测人员根据预测要求,凭个人的经验和分析判断能力进行定性分析,包括分析企业的历史演变和销售趋势、目前的市场状态、消费者消费心理的变化、市场上同类汽车和替代汽车的销售及供应情况、企业流动资金的数额和使用情况等。

第三步，预测人员对自己的预测结果进行定量表述，包括确定本企业汽车未来的最高销售额和最低销售额，估计不同情况出现的概率等。各类预测人员的预测结果如表5-1～表5-3所示。

表5-1 经理的预测结果

经理	销售量	预测值/万元	概率
A	最高销售量	180	0.8
	最低销售量	120	0.2
B	最高销售量	160	0.9
	最低销售量	100	0.1

表5-2 中层管理者的预测结果

中层管理者	销售量	预测值/万元	概率
C	最高销售量	150	0.7
	最低销售量	100	0.3
D	最高销售量	140	0.6
	最低销售量	110	0.4
E	最高销售量	160	0.8
	最低销售量	120	0.2

表5-3 汽车销售人员的预测结果

汽车销售人员	销售量	预测值/万元	概率
F	最高销售量	130	0.8
	最低销售量	90	0.2
G	最高销售量	120	0.7
	最低销售量	80	0.3
H	最高销售量	140	0.9
	最低销售量	100	0.1
I	最高销售量	125	0.8
	最低销售量	95	0.2

第四步，分别计算经理、中层管理者和汽车销售人员各自的期望值，填入表5-4的第三列

中。例如,经理 A 的期望值 = 180 万元 × 0.8 + 120 万元 × 0.2 = 168 万元,经理 B 的期望值 = 160 万元 × 0.9 + 100 万元 × 0.1 = 154 万元。由于预测人员对业务的熟悉程度、判断能力各不相同,因此不能运用简单的算术平均法,应依个人的综合能力赋以不同的权数,然后运用加权平均法计算。赋以权数的原则是,对业务越熟悉、预测和管理能力越强的人,所占权数越大;反之,则越小。本案例中,经理、中层管理者和汽车销售人员所占权数见表 5-4。

表 5-4 预测人员的期望值和权数

预测人员		期望值/万元	权数
经理	A	168	0.6
	B	154	0.4
中层管理者	C	135	0.4
	D	128	0.3
	E	152	0.3
汽车销售人员	F	122	0.4
	G	108	0.3
	H	136	0.2
	I	119	0.1

各类预测人员的综合期望值分别如下。

经理:168 万元 × 0.6 + 154 万元 × 0.4 = 162.4 万元。

中层管理者:135 万元 × 0.4 + 128 万元 × 0.3 + 152 万元 × 0.3 = 138 万元。

汽车销售人员:122 万元 × 0.4 + 108 万元 × 0.3 + 136 万元 × 0.2 + 119 万元 × 0.1 = 120.3 万元。

第五步:确定最终预测值。在综合三类人员的预测值时,仍然采用加权平均法。假设经理、中层管理者和汽车销售人员的方案的权数分别为 0.5、0.4 和 0.1,则企业的预测值 162.4 万元 × 0.5 + 138 万元 × 0.4 + 120.3 万元 × 0.1 = 148.43 万元。所以,预测该企业下一年度的产品销售额为 148.43 万元。当然,管理决策者还可以根据企业实际情况,对预测值适当调整。

课堂互动

如果经理、中层管理者和汽车销售人员的方案的权数分别是 0.6、0.3 和 0.1,则企业的销售额预测值是多少?

任务 3 时间序列预测法

任务导航

时间序列预测法又称"历史延伸法"或"趋势外推法",是一种重要的定量预测方法。时间序列预测法是根据市场现象的历史资料,运用科学方法建立预测模型,使市场现象的数量向未来延伸,预测市场现象未来的发展变化趋势,预测或估计未来的市场现象。

某诊所是一家私人医疗诊所,位于上海市。这个诊所专攻工业医疗,在该地区经营超过15年。2011年初,该诊所进入迅速增长阶段。在其后的26个月里,该诊所每个月的营业额从57000美元增长到超过30万美元。直至2013年诊所遭遇火灾前,诊所的营业水平一直保持着高速增长。

任务分析

该诊所购买的保险覆盖实物财产,也包括由于正常营业中断而引起的收入损失。虽然根据实物财产申请保险理赔是比较简单的,但是当计算诊所因为重建而7个月没营业导致的收入损失时,就变得复杂了。这需要诊所的业主和保险公司之间进行多次讨论和协商。假如没发生火灾,诊所营业收入将会如何变化?为了测算收入损失的金额,该诊所采用时间序列预测法测算在7个月的停业期间可能实现的营业增长。火灾发生之前诊所的账面收入的历史资料为包含线性趋势和季节成分的预测模型提供了基础资料,这些预测原理及方法将在本部分加以讨论。时间序列预测法可以准确估计诊所重建期间停业所损失的收入。

工作步骤

时间序列预测法是通过对市场现象时间序列的分析和研究,根据市场现象历史的发展变化规律,推测市场现象以此规律发展到未来所能达到的水平,这实际上是将市场现象在时间序列下的数量及其变动规律进行延伸。时间序列预测法的理论依据,是唯物辩证法中的基本观点,即认为一切事物都是发展变化的,事物的发展变化在时间上具有连续性,市场现象也是这样。市场现象过去和现在的发展变化规律和发展水平,会影响市场现象未来的发展变化规律和发展水平;市场现象未来的发展变化规律和发展水平,是市场现象过去和现在发展变化规律和发展水平的结果。因此,时间序列预测法具有认识论上的科学性。

一般来说,时间序列预测法很适合用于短期和近期市场预测。时间序列预测法运用于长期和中期市场预测时,则需要考虑得更周到,依据要更充分。只有当市场现象在中、长期内发展变化的规律与其过去和现在的情况基本一致时,或在预测期内市场现象的新特点能够被明确的条件下,应用时间序列预测法,才能对市场现象未来的发展变化趋势做出预测。

时间序列预测法的步骤与市场预测的一般步骤相比具有共同之处,但又有其自身的特点。

步骤一 收集整理市场现象的历史资料,编制时间序列,并根据时间序列绘制图形

时间序列预测法必须以市场现象较长时期的历史资料为依据。预测人员收集的资料越完整,从时间上对现象观察得越充分,对市场现象的发展变化趋势和规律的分析就越深入,预测结果就越准确。仅仅用五六个数据就建立一个模型进行预测,是不可取的。因为市场现象发展变化的趋势和规律,不可能根据短时期内的几个数据就表现出来,而必须在较长的时间内才能反映出来。市场现象发展变化的趋势和规律也不是一成不变的,在市场现象所处的不同历史时期,其规律和特点会有不同表现。尤其是市场现象发展变化过程中的转折点,更需要观察长期资料才能发现。我国很多历史统计资料,如商品销售额、农副产品收购额、居民收入水平、居民消费水平等的时间序列,在

不同的历史时期具有不同的发展变化趋势和特点。在应用这些历史资料时,预测人员只有对市场现象的长期资料进行分析研究,才能对市场现象在不同时期的变化规律和特征有正确的认识,也才能根据市场现象过去和现在的发展变化规律,对其未来的表现做出准确的预测。

在编制或应用市场现象历史资料的时间序列时,应特别注意各时期统计指标的可比性问题。必须保证各时期的统计指标数值在指标性质、口径范围、计算方法、计量单位、时间长短等各方面都保持一致。若收集到的历史资料存在不可比的情况,预测人员应先对指标加以调整,使之具有可比性后,才能编制时间序列,运用时间序列预测法。

为了能够更加直观地观察市场现象的变化规律,利用时间序列进行市场预测,常常要将市场现象时间序列的指标绘制成图形。绘制图形的方法是,以时间 t 为横坐标,以被研究的市场现象观察值 Y 为纵坐标,绘制散点图或折线图。利用图形观察市场现象的发展变化趋势或规律,是非常直观且奏效的。通过对图形的观察,可以清楚地观察到市场现象是呈线性趋势还是非线性趋势,为分析时间序列建立基础。

步骤二　对时间序列进行分析

编制了时间序列、绘制了图形之后,预测人员必须对现象进行深入分析,以确定具体采用什么方法进行预测。市场现象时间序列观察值,是影响市场变化的各因素共同作用的结果。

传统的时间序列分析法把影响市场现象变动的各因素,按其特点和综合影响结果分为四种类型,即长期趋势变动、季节型变动、循环变动、不规则变动。

1. 长期趋势变动

长期趋势是指时间序列观察值,即市场现象,在较长时期内持续存在的总势态,反映市场预测对象在长时期内的变动趋势。长期趋势的具体表现有趋势型变动(图 5-1)、水平型变动(图 5-2),其中趋势型变动又分为上升、下降两种趋势。

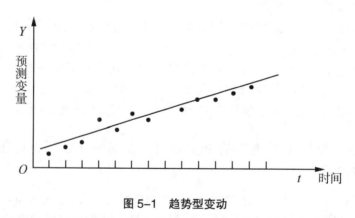

图 5-1　趋势型变动

通常将水平型变动称为无明显趋势变动,将具有上升、下降趋势的变动称为有明显趋势变动。在市场预测中,对于水平型变动和趋势型变动的不同市场现象,必须按其不同的变动规律,采用不同的方法进行市场预测。

长期趋势变动是市场现象发展的必然趋势,是市场现象不以人的意志为转移的客观表现。这种变动是大多数现象都具有的特点,也是分析时间序列、进行市场预测时应该首先考虑的。

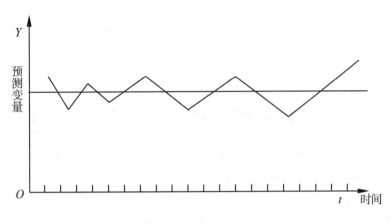

图 5-2 水平型变动

2. 季节型变动

季节型变动一般以年度为周期,随着自然季节的变化,每年都呈现有规律的循环变动,见图 5-3。广义的季节型变动还包括以季度、月份,甚至更短时间为周期的循环变动。

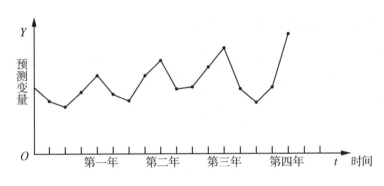

图 5-3 季节型变动

市场现象季节型变动主要是由自然气候、风俗习惯、地理环境等因素引起的。我国地域广阔,大多数地区的四季变化很明显,这就使许多季节性生产和季节性消费的商品供求呈现出明显的季节性规律。如我国春节、端午节、中秋节、元旦、国庆节等节假日期间,消费商品供求呈现明显的季节性;大部分农产品的生产或上市也呈现明显的季节性。此外,假日消费现象也是广义上的季节型变动的内容。在各种经济现象中,市场现象的季节型变动是最明显的。对于季节型变动现象,采用专门的季节型变动预测法加以研究,以反映和描述其变动特点和规律。

3. 循环变动

循环变动泛指间隔数年就出现一次的市场现象变动规律。市场现象循环变动的形成原因是多方面的,根本上是由经济运行周期决定的。

4. 不规则变动

不规则变动是指市场现象由偶然因素引起的无规则变动,如自然灾害、战争、政治运动等偶然因素对市场现象时间序列的影响。对于这些因素产生的影响,预测人员虽然可以辨别,但难以确定其发生时间和影响程度。偶然因素发生的时间和影响是偶然的,是不确定的。

当对时间序列进行分析、采取某种方法预测时,往往会剔除偶然因素的影响,以观察现象的各种变动规律。

上面所谈的四种变动形式的影响因素不同,时间序列的变动也就呈现出不同的变动规律。有些时间序列受某种变动因素的影响比较强,而其他因素变动对它的影响不明显。如某些现象仅呈现明显的长期趋势变动,有些现象仅呈现明显的季节型变动。大多数时间序列受多种变动因素的影响,表现出比较复杂的变动规律。又如有些现象既存在明显的季节型变动,又有明显的长期趋势变动,还夹杂着不规则变动的影响。对时间序列进行分析,就是要观察其主要变动规律,运用适当的数学方法建立预测模型,以便预测市场的未来表现。对于受多种变动因素影响的时间序列,其分析过程往往是较复杂的,很难从时间序列本身直接找出其变动规律,必须通过图形来观察分析。可以利用计算机对各影响因素进行分解,观察时间序列的各种变动规律。

步骤三 选择预测方法,建立预测模型

根据对时间序列的分析,选择与时间序列变动规律相适应的预测方法,并建立相应的预测模型。在本部分介绍的各种预测方法中,都着重说明了各种方法所适用的市场现象变动规律。

步骤四 测算预测误差,确定预测值

对于所建立的预测模型,通过测算其预测误差,可以判定模型是否能用于实际预测。若其误差值在研究问题所允许的范围内,即可应用预测模型确定市场现象的预测值。

知识平台

一、简单平均法

简单平均法是通过计算一定时期内预测对象的平均数来确定其预测值的方法。简单平均法包括简单算术平均数法、加权算术平均数法和几何平均数法。

1. 简单算术平均数法

简单算术平均数法是对观察期内预测对象在时间序列中的各项观测值,进行加总求和并进行平均的方法。该方法适用于预测对象发展基本稳定,只在某一水平上下波动,而且将来还会保持这种特征的情形。这种预测方法简单易用,但精确度差,只能做一个大致的判断。

假设预测对象的观测值为 n 个时间均匀间隔的数据 $x_1, x_2, \cdots, x_n$,则其简单算术平均数的计算公式如下:

$$\bar{x} = \frac{x_1 + x_2 + \cdots + x_n}{n}$$

【例 5-1】某加油站距离主要运输线较远,其顾客主要是周边的居民和路过的长途货车司机。该加油站 2023 年 1—6 月份的销售额分别为 40 万元、50 万元、55 万元、60 万元、35 万元、38 万元。请用简单算术平均数法预测 7 月份的销售额。

【解】由公式得：

$$\bar{x} = \frac{40+50+55+60+35+38}{6} \text{万元} = 46.33 \text{ 万元}$$

运用简单算术平均数法，可预测 7 月份的销售额为 46.33 万元。

2. 加权算术平均数法

采用时间序列预测法时，时间序列中的预测对象的各个观测值都会对预测值产生影响，但并不是以相同的程度对预测值产生影响。通常来说，距离预测期较近的观测值对预测值的影响大一些，距离预测期较远的观测值对预测值的影响小一些。

加权算术平均数法是根据观测值对预测值影响程度的不同，分别赋予不同权数后加以平均的方法。该方法适用于预测对象发展比较平稳或略有增长的情况。

假设预测对象有 n 个观测值 $x_1, x_2, \cdots, x_n$，对应的权数分别为 $f_1, f_2, \cdots, f_n$，则其加权算术平均数的计算公式如下：

$$\bar{x} = \frac{x_1 f_1 + x_2 f_2 + \cdots + x_n f_n}{f_1 + f_2 + \cdots + f_n} = \frac{\sum_{i=1}^{n} x_i f_i}{\sum_{i=1}^{n} f_i}$$

加权算术平均数法的关键是确定权数，对于权数的确定并没有统一的标准，一般由预测人员根据实际情况做出经验判断。

【例 5-2】仍以例 5-1 为例，假设各月销售额的权数分别为 1，3，2，2，4，4，请预测 7 月份的销售额。

【解】由公式得：

$$\bar{x} = \frac{40 \times 1 + 50 \times 3 + 55 \times 2 + 60 \times 2 + 35 \times 4 + 38 \times 4}{1+3+2+2+4+4} \text{万元} = 44.5 \text{ 万元}$$

运用加权算术平均数法，可预测 7 月份的销售额为 44.5 万元。

3. 几何平均数法

几何平均数法是将若干观测值连乘 n 次后再开 n 次方的方法。该方法适用于有明显趋势的市场现象的时间序列，可用于计算预测对象的平均比例和平均发展速度。其计算步骤如下。

(1) 预测对象的平均发展速度的计算公式如下：

$$\bar{x} = \sqrt[n]{x_1 \cdot x_2 \cdots x_n}$$

其中，$\bar{x}$ 为平均发展速度，$x_1, x_2, \cdots, x_n$ 为时间序列样本，n 为期数。

若时间序列中的预测对象的各期发展水平为 $a_0, a_1, a_2, \cdots, a_n$，则其平均发展速度还可表示为：

$$\bar{x} = \sqrt[n]{x_1 \cdot x_2 \cdots x_n} = \sqrt[n]{\frac{a_1}{a_0} \cdot \frac{a_2}{a_1} \cdots \frac{a_n}{a_{n-1}}} = \sqrt[n]{\frac{a_n}{a_0}}$$

其中，a_n / a_{n-1} 为环比发展速度，是报告期发展水平与前一时期发展水平之比。

(2) 建立预测模型，进行预测。

$$\hat{x}_{n+T} = a_n(\bar{x})^T$$

其中，$\hat{x}_{n+T}$ 为第 $n+T$ 期的预测值，T 为预测期与最后观察期的间隔期数，a_n 为时间序列中第 n 期的发展水平，$\bar{x}$ 为平均发展速度。

【例 5-3】我国的某类矿产资源储量丰富，占全球储量的三分之一。2020—2023 年该类矿产资源产量逐年递增，具体如表 5-5 所示。试用几何平均数法计算该类矿产资源产量的平均增长速度，并预测 2024 年、2025 年的产量。

表 5-5　矿产资源 2020—2023 年的产量及增长速度

年份	产量/万吨	环比增长速度
2020	5500	—
2021	5800	1.0545
2022	6200	1.0690
2023	6400	1.0323

(1) 平均增长速度有两种计算方法，利用公式求得：

$$\bar{x} = \sqrt[n]{x_1 \cdot x_2 \cdots x_n} = \sqrt[3]{1.0545 \times 1.0690 \times 1.0323} \approx 1.0518$$

或者：

$$\bar{x} = \sqrt[n]{\frac{a_n}{a_0}} = \sqrt[3]{\frac{6400}{5500}} \approx 1.0518$$

(2) 得出平均增长速度后，利用公式预测 2024 年、2025 年的产量。

预测 2024 年的产量：

$$x_{n+T} = a_n(\bar{x})^T = 6400 \text{ 万台} \times 1.0518 = 6731.52 \text{ 万台}$$

预测 2025 年的产量：

$$x_{n+T} = a_n(\bar{x})^T = 6400 \text{ 万台} \times 1.0518^2 = 7080.21 \text{ 万台}$$

二、移动平均法

移动平均法是由远及近，对时间序列中的观测值按一定跨越期计算平均值的方法。它保持平均的期数不变，随着观察期向后推移，平均值也跟着向后移动，形成一个由平均值组成的新的时间序列，最后一个移动平均值是预测值计算的依据。

该类方法适用于既有长期趋势变动又有季节型变动的时间序列。其准确程度主要取决于跨越期的选择，在实际应用中由预测人员根据经验和试验选定跨越期。常用的移动平均法有一次移动平均法和二次移动平均法。

1. 一次移动平均法

一次移动平均法是直接以本期移动平均值作为下期预测值的方法。假设由 n 个观测值组成的时间序列为 $x_1, x_2, \cdots, x_{t-1}, x_t, x_{t+1}, \cdots, x_n$，其中，$x_t$ 为第 t 期的数据（$t=1, 2, \cdots, n$），则连续 N 个观察

期对应的 $t+1$ 期的预测值 $\widehat{x}_{t+1}$ 的计算公式如下：

$$\widehat{x}_{t+1} = M_1^{(t)} = \frac{x_t + x_{t-1} + \cdots + x_{t-N+1}}{N}$$

【例 5-4】某生鲜超市货品齐全，品质较好，很受当地居民的欢迎。现已将该生鲜超市 12 个观察期内的销售额填入表 5-6 的第二列中，试用一次移动平均法预测第 13 期的销售额。

表 5-6 生鲜超市销售额预测表

观察期 t	销售额 x_t / 万元	$M_1^{(t)}$（$N=3$）/ 万元	$M_1^{(t)}$（$N=4$）/ 万元
1	210	—	—
2	190	—	—
3	208	(210+190+208)/3=202.67	—
4	189	(190+208+189)/3=195.67	(210+190+208+189)/4=199.25
5	170	(208+189+170)/3=189.00	(190+208+189+170)/4=189.25
6	160	(189+170+160)/3=173.00	(208+189+170+160)/4=181.75
7	180	(170+160+180)/3=170.00	(189+170+160+180)/4=174.75
8	200	(160+180+200)/3=180.00	(170+160+180+200)/4=177.50
9	220	(180+200+220)/3=200.00	(160+180+200+220)/4=190.00
10	230	(200+220+230)/3=216.67	(180+200+220+230)/4=207.50
11	215	(220+230+215)/3=221.67	(200+220+230+215)/4=216.25
12	200	(230+215+200)/3=215.00	(220+230+215+200)/4=216.25

根据公式，当 $N=3$ 时，第 13 期的预测值计算如下：

$$\widehat{x}_{13} = M_1^{(12)} = \frac{x_{12}+x_{11}+x_{10}}{3} = \frac{200+215+230}{3} \text{ 万元} = 215 \text{ 万元}$$

当 $N=4$ 时，第 13 期的预测值计算如下：

$$\widehat{x}_{13} = M_1^{(12)} = \frac{x_{12}+x_{11}+x_{10}+x_9}{4} = \frac{200+215+230+220}{4} \text{ 万元} = 216.25 \text{ 万元}$$

2. 二次移动平均法

二次移动平均法是在一次移动平均的基础上再进行一次移动平均的方法，其计算公式如下：

$$M_2^{(t)} = \frac{M_1^{(t)} + M_1^{(t-1)} + \cdots + M_1^{(t-N+1)}}{N}$$

其中，$M_2^{(t)}$ 为第 t 期的二次移动平均值，$M_1^{(t)}$ 为第 t 期的一次移动平均值，N 为移动平均数的跨越期。

二次移动平均法适用于时间序列数据呈线性变化的情况。采用这种方法时，一次移动平均值和二次移动平均值并不直接用于预测，只是用以求出线性预测模型的系数和修正值偏差。其模型的计算公式如下：

$$\widehat{x}_{t+T} = a_t + b_t T$$

其中

$$a_t = 2M_1^{(t)} - M_2^{(t)}$$

$$b_t = \frac{2\left[M_1^{(t)} - M_2^{(t)}\right]}{N-1}$$

式中　$\hat{x}_{t+T}$——第 $t+T$ 期的预测值；

T——预测期与最后观察期的期数间隔；

a_t, b_t——待定参数；

$M_2^{(t)}$——二次移动平均值；

$M_1^{(t)}$——一次移动平均值；

N——移动平均数的跨越期。

也就是说，二次移动平均预测模型的截距和斜率的确定是以一次和二次移动平均值为依据的，且各期的截距、斜率是变化的。

【例 5-5】现已将某社区小型超市 2016—2023 年的销售额填入表 5-7 的第三列中，试用二次移动平均法预测该超市 2024 年、2025 年的销售额。

表 5-7　某社区小型超市销售额预测表

年份	t	销售额 / 万元	$M_1^{(t)}$（N=3）/ 万元	$M_2^{(t)}$（N=3）/ 万元
2016	1	125	—	—
2017	2	130	—	—
2018	3	135	130.00	—
2019	4	139	134.67	—
2020	5	140	138.00	134.22
2021	6	143	140.67	137.78
2022	7	148	143.67	140.78
2023	8	150	147.00	143.78

【解】

取 $N=3$，首先计算出 $M_1^{(8)} = 147$（万元），$M_2^{(8)} = 143.78$（万元），据此得：

$$a_8 = 2M_1^{(8)} - M_2^{(8)} = 150.22 \text{（万元）}$$

$$b_8 = 2[M_1^{(8)} - M_2^{(8)}]/(3-1) = 3.22 \text{（万元）}$$

利用预测模型的计算公式，得：

$$\hat{x}_9 = a_8 + b_8 \times 1 = 150.22 + 3.22 \times 1 = 153.44 \text{（万元）}$$

$$\hat{x}_{10} = a_8 + b_8 \times 2 = 150.22 + 3.22 \times 2 = 156.66 \text{（万元）}$$

该超市 2024 年的销售额预测值为 153.44 万元，2025 年的销售额预测值为 156.66 万元。

三、指数平滑法

指数平滑法又称"指数加权平均法"，是指以某指标的本期实际观测值和本期预测值为基础，引入一个简化的加权因子(即平滑系数)，再加以平均的方法。指数平滑法具有所需资料少、计算方便、短期预测精确度高等优点,是市场预测中常用的一种预测方法。按平滑次数不同,指数平滑法分为一次指数平滑法和二次指数平滑法。

1. 一次指数平滑法

假设由 n 个观测值组成的时间序列为 $x_1, x_2, \cdots, x_{t-1}, x_t, x_{t+1}, \cdots, x_n$,其中 x_t 为第 t 期的数据 ($t=1, 2, \cdots, n$)。α 为平滑系数($0 \leqslant \alpha \leqslant 1$),$s_1^{(t-1)}$ 为第 $t-1$ 期的一次指数平滑值,则一次指数平滑值的计算公式如下:

$$s_1^{(t)} = \alpha x_t + (1-\alpha) s_1^{(t-1)}$$

α 其中,第 t 期的一次指数平滑值是第 $t+1$ 期的预测值。假设 $t+1$ 期预测值为 $\widehat{s_1^{(t+1)}}$,则 $\widehat{s_1^{(t+1)}} = s_1^{(t)} = \alpha x_t + (1-\alpha) s_1^{(t-1)}$,即下期预测值 $= \alpha \times$ 本期观测值 $+ (1-\alpha) \times$ 本期预测值。

一次指数平滑法在计算每一个平滑值时,只要用一个实际观测值和一个上期的平滑值就可以了,计算简便。一次指数平滑法的关键是确定 α。α 的值越小,说明本期的实际值对预测值的贡献越小;α 的值越大,说明本期的实际值对预测值的贡献越大。α 的取值应由预测人员根据时间序列的变化程度和自身经验来选定,也可同时选择几个 α 值进行测算,然后分别测算各 α 值预测结果的误差,最后从中选择预测误差较小的 α 值。

【例5-6】现已将某中小型钢铁厂2012—2023年钢铁产量填入表5-8的第三列中,试用一次指数平滑法预测该中小型钢铁厂2024年的产量。

表5-8 某中小型钢铁厂钢铁产量预测表1

年份	t	产量 x_n/万吨	$\alpha=0.7$		$\alpha=0.5$	
			指数平滑值 $s_1^{(t)}$/万吨	绝对误差/万吨	指数平滑值 $s_1^{(t)}$/万吨	绝对误差/万吨
2012	1	200	200.00	—	200.00	—
2013	2	250	235.00	15.00	225.00	25.00
2014	3	260	252.50	7.50	242.50	17.50
2015	4	280	271.75	8.25	261.25	18.75
2016	5	270	270.53	0.53	265.63	4.37
2017	6	290	284.16	5.84	277.81	12.19
2018	7	300	295.25	4.75	288.91	11.09
2019	8	320	312.57	7.43	304.45	15.55
2020	9	330	324.77	5.23	317.23	12.77
2021	10	340	335.43	4.57	328.61	11.39
2022	11	350	345.63	4.37	339.31	10.69
2023	12	360	355.69	4.31	349.65	10.35
合计	—	—	—	67.78	—	149.65
平均	—	—	—	6.16	—	13.60

【解】

第一步,确定平滑系数。本例中的时间序列呈明显的上升趋势,且近期的数据对预测结果的影响较大,故选取 $\alpha=0.7$ 和 $\alpha=0.5$。

第二步，确定一次平滑初始值 $s_1^{(0)}$。$s_1^{(0)}$ 值一般由预测人员根据个人经验确定或简单估算。当时间序列的数据较多（如 $n \geq 10$）时，初始值对以后预测值的影响较小，可以直接选用第一期的实际观测值作为初始值；反之，$n < 10$ 时，则初始值对以后预测值的影响较大，一般采用最初几期的实际算术平均数作为初始值。本例中共有 12 个序列数据，假设 $s_1^{(0)} = x_1 = 200$（万吨）。

第三步，计算一次指数平滑值。

当 $\alpha = 0.7$ 时，

$$s_1^{(1)} = \alpha x_1 + (1-\alpha)s_1^{(0)} = 0.7 \times 200 + (1-0.7) \times 200 = 200 \text{（万吨）}$$
$$s_1^{(2)} = \alpha x_2 + (1-\alpha)s_1^{(1)} = 0.7 \times 250 + (1-0.7) \times 200 = 235 \text{（万吨）}$$
$$s_1^{(3)} = \alpha x_3 + (1-\alpha)s_1^{(2)} = 0.7 \times 260 + (1-0.7) \times 235 = 252.5 \text{（万吨）}$$
$$\vdots$$
$$s_1^{(12)} = \alpha x_{12} + (1-\alpha)s_1^{(11)} = 0.7 \times 360 + (1-0.7) \times 345.63 = 355.69 \text{（万吨）}$$

故当 $\alpha = 0.7$ 时，2024 年的产量预测值为 355.69 万吨。

当 $\alpha = 0.5$ 时，

$$s_1^{(1)} = \alpha x_1 + (1-\alpha)s_1^{(0)} = 0.5 \times 200 + (1-0.5) \times 200 = 200 \text{（万吨）}$$
$$s_1^{(2)} = \alpha x_2 + (1-\alpha)s_1^{(1)} = 0.5 \times 250 + (1-0.5) \times 200 = 225 \text{（万吨）}$$
$$\vdots$$
$$s_1^{(12)} = \alpha x_{12} + (1-\alpha)s_1^{(11)} = 0.5 \times 360 + (1-0.5) \times 339.31 = 349.65 \text{（万吨）}$$

故当 $\alpha = 0.5$ 时，2024 年的产量预测值为 349.65 万吨。

第四步，比较当 $\alpha = 0.7$、$\alpha = 0.5$ 时，预测误差的大小。

当 $\alpha = 0.7$ 时，平均绝对误差 $= \dfrac{|250-235|+|260+252.5|+\cdots+|360-355.69|}{11} = 6.16 \text{（万吨）}$

当 $\alpha = 0.5$ 时，平均绝对误差 $= \dfrac{|250-225|+|260+242.5|+\cdots+|360-349.65|}{11} = 13.60 \text{（万吨）}$

通过比较，当 $\alpha = 0.7$ 时，平均绝对误差较小，所以选择 $\alpha = 0.7$ 时的预测值，即预测 2024 年的年产量为 355.69 万吨。

2. 二次指数平滑法

二次指数平滑法是计算两次平滑值，然后在此基础上建立线性趋势模型进行预测的方法。

（1）二次指数平滑法的计算公式如下：

$$s_2^{(t)} = \alpha s_1^{(t)} + (1-\alpha)s_2^{(t-1)}$$

其中，$s_2^{(t)}$ 是第 t 期的二次指数平滑值，$s_1^{(t)}$ 是第 t 期的一次指数平滑值，α 是平滑系数，$s_2^{(t-1)}$ 是第 $t-1$ 期的二次指数平滑值。

（2）二次指数平滑法的预测模型。二次指数平滑法的预测原理与二次移动平均法类似，都是利用平均值的滞后规律来建立预测模型，其预测模型的计算公式如下：

$$\hat{x}_{t+T} = a_t + b_t T$$

其中

$$a_t = 2s_1^{(t)} - s_2^{(t)}$$

$$b_t = \frac{\alpha}{1-\alpha}\left[s_1^{(t)} - s_2^{(t)}\right]$$

式中 $\hat{x}_{t+T}$——第 $t+T$ 期的预测值；

T——预测期与最后观察期的期数间隔；

a_t, b_t——待定参数；

$s_2^{(t)}$——第 t 期的二次指数平滑值；

$s_1^{(t)}$——第 t 期的一次指数平滑值；

α——平滑系数。

【例 5-7】以例 5-6 中的相关数据为例，用二次指数平滑法预测该中小型钢铁厂 2024 年的产量，具体如表 5-9 所列。

表 5-9 中小型钢铁厂钢铁产量预测表 2

年份	t	产量 x_t/万吨	一次指数平滑值 $s_1^{(t)}$/万吨	二次指数平滑值 $s_2^{(t)}$/万吨
2012	1	200	200.00	200.00
2013	2	250	235.00	224.50
2014	3	260	252.50	244.10
2015	4	280	271.75	263.46
2016	5	270	270.53	268.41
2017	6	290	284.16	279.43
2018	7	300	295.25	290.51
2019	8	320	312.57	305.95
2020	9	330	324.77	319.12
2021	10	340	335.43	330.54
2022	11	350	345.63	341.10
2023	12	360	355.69	351.31

【解】计算步骤如下。

第一步，确定平滑系数，取 $\alpha=0.7$。

第二步，确定平滑初始值。二次平滑初始值确定原则与一次平滑初始值确定原则相同，$s_1^{(0)} = s_2^{(0)} = 200$（万吨）。

第三步，根据一次指数平滑值计算二次指数平滑值。

$s_2^{(1)} = 0.7 s_1^{(1)} + (1-0.7) s_2^{(0)} = 0.7 \times 200 + (1-0.7) \times 200 = 200$（万吨）

$s_2^{(2)} = 0.7 s_1^{(2)} + (1-0.7) s_2^{(1)} = 0.7 \times 235 + (1-0.7) \times 200 = 224.5$（万吨）

$$\vdots$$

$s_2^{(12)} = 0.7 s_1^{(12)} + (1-0.7) s_2^{(11)} = 0.7 \times 355.69 + (1-0.7) \times 341.10 = 351.31$（万吨）

所以，$s_1^{(12)} = 355.69$（万吨），$s_2^{(12)} = 351.31$（万吨）。

第四步，计算 a_t 与 b_t 的值。

$$a_t = 2s_1^{(t)} - s_2^{(t)} = 2 \times s_1^{(12)} - s_2^{(12)} = 2 \times 355.69 - 351.31 = 360.07（万吨）$$

$$b_t = \frac{\alpha}{1-\alpha}\left[s_1^{(t)} - s_2^{(t)}\right] = \frac{0.7}{1-0.7}\left[s_1^{(12)} - s_2^{(12)}\right] = \frac{0.7}{1-0.7}(355.69 - 351.31) = 10.22（万吨）$$

第五步，根据预测模型求出预测值。

$$\hat{x}_{13} = 360.07 + 10.22 \times 1 = 370.29（万吨）$$

该中小型钢铁厂 2024 年的产量预测值为 370.29 万吨。

四、季节指数法

季节指数法是预测季节变化对销售量影响的方法。许多商品受季节影响会出现销售淡季和旺季，如空调、冷饮、四季服装、啤酒等都属于这类商品。利用商品的季节型变动规律可以预测该类商品的销售量。

测定季节型变动大致有两种方法：一种是不考虑长期趋势的影响，直接根据原序列计算，常用的方法是按季（或月）平均法；另一种是将原序列中的长期趋势及循环变动趋势剔除后，再进行测定，常用的方法是移动平均趋势剔除法。采用上述方法进行预测时，需要用连续五年的分季（或月）资料，才能比较客观地预测销售量的季节型变动。

1. 按季（或月）平均法

按季（或月）平均法是用算术平均值直接计算各季或各月的季节指数（或称"季节比例"）的一种方法。按季（或月）平均法计算简单，但预测精确度不高。其计算步骤如下。

（1）计算历年同季（或同月）观测值的平均数。

（2）计算历年所有季度（或月份）观测值的平均数。

（3）计算各季度（或各月）的季节指数，即历年同季（或月）观测值的平均数除以所有季度（或月份）观测值的平均数，其计算公式如下：

$$S_t = \frac{A_t}{B}$$

其中，S_t 为各季度（或各月）的季节指数，A_t 为历年同季（或同月）观测值的平均数，B 为历年所有季度（或月份）观测值的平均数。

（4）理论上各季度的季节指数之和等于 400%，各月的季节指数之和等于 1200%。实际计算中如存在误差，应对季节指数进行修正。修正后季节指数的计算公式如下：

$$S_t' = S_t \times \frac{400\%}{S_1 + S_2 + S_3 + S_4}$$

其中，S_t' 为修正后的季节指数，S_1、S_2、S_3、S_4 为各季度的季节指数。

（5）利用季节指数进行预测。假设现已知新年度的计划销售量，则各季度的平均销售量为该数值除以 4，各季度的销售量预测值为各季度平均销售量乘以各季节指数。

【例5-8】现已将某服装企业2015—2019年的销售资料填入表5-10中。假设以2019年的销售额为基数,2020年的销售额将在此基础上增长10%。试预测该服装企业2020年各季度的销售额。

表5-10 服装企业各季度销售额预测计算表

年份	第一季度销售额/万元	第二季度销售额/万元	第三季度销售额/万元	第四季度销售额/万元	合计/万元
2015	60	30	40	50	180
2016	70	35	46	60	211
2017	85	45	55	75	260
2018	95	50	60	80	285
2019	110	60	68	95	333
季度销售额平均值/万元	84	44	53.8	72	63.45
季节指数	1.3239	0.6935	0.8479	1.1348	4
销售额预测值/万元	121.24	63.50	77.65	103.91	366.3

【解】第一步,计算历年对应季度的销售额平均值。

历年第一季度的销售额平均值:$A_1 = (60+70+85+95+110)/5 = 84$(万元)

依次类推,计算出历年第二、三、四季度的销售额平均值,得出 $A_2=44$(万元),$A_3=53.8$(万元),$A_4=72$(万元)。

第二步,计算各年所有季度的销售额平均值。

$$B = (180+211+260+285+333)/5/4 = 63.45(万元)$$

第三步,计算各季度季节指数。

第一季节的季节指数:$S_1 = A_1/B = 84/63.45 = 1.3239$

以此类推,第二、三、四季节的季节指数分别为 $S_2=0.6935$,$S_3=0.8479$,$S_4=1.1348$。

由于各季度的季节指数之和为 $S_1+S_2+S_3+S_4=4$,因此,各季节指数基本不需要修正。

第四步,利用季节指数进行预测。

本例中,已知2020年的增长率为10%,则2020年的全年销售额 $=(110+60+68+95)\times(1+10\%)=366.3$(万元),平均每季度的销售额 $=366.3/4=91.575$(万元),那么:

2020年第一季度销售额预测值 $=91.575 \times 1.3239=121.24$(万元)

2020年第二季度销售额预测值 $=91.575 \times 0.6935=63.51$(万元)

2020年第三季度销售额预测值 $=91.575 \times 0.8479=77.65$(万元)

2020年第四季度销售额预测值 $=91.575 \times 1.1348=103.92$(万元)

该企业可根据预测的销售额及服装销售额季节型变动的规律,合理安排商品库存。

2. 长期趋势剔除季节指数法

长期趋势剔除季节指数法是指在时间序列观测值既有季节周期变化又有长期趋势变化的情况下,首先求得移动平均值,然后在移动平均值的基础上求得季节指数,最后建立数学模型进行预测的方法。长期趋势剔除季节指数法的计算步骤如下。

(1) 剔除季节因素的影响。一般用四个季度的平均值来表示剔除季节影响后的数值。

(2) 计算各季度趋势值。用相邻的两个移动平均数的平均值(中心化移动平均值)作为各季度的趋势值。

(3) 计算各季度的季节指数。用实际值除以趋势值得到各个时期的季节指数,以剔除时间序列的长期趋势的影响。

(4) 计算同季的季节指数平均值(平均季节指数)。可将季节指数的数值按季排列,再按季求季节指数的平均值。

(5) 调整平均季节指数。算出的平均季节指数之和应等于400%,否则,就需要对平均季节指数进行调整。调整平均季节指数的计算公式如下:

$$S_t' = \frac{4\overline{S_t}}{\overline{S_1}+\overline{S_2}+\overline{S_3}+\overline{S_4}}$$

其中,S_t'为调整后的季节指数,$\overline{S_t}$为各季度的平均季节指数。

(6) 确定预测期的趋势值。确定直线趋势方程 $y_t = a + bt$,计算出预测期的趋势值。

(7) 通过预测模型进行预测。预测模型的计算公式如下:

$$\hat{X}_t = T_t S_t$$

其中,$\hat{X}_t$为t时的预测值,T_t为t时的趋势值,S_t为t时的季节指数。

【例5-9】现已将某食品企业2019—2023年的销售资料填入表5-11的第四列中。试考虑季节变动,预测2024年该食品企业各季度产品的销售额。

表5-11 食品企业各季度销售额预测计算表

年份	季度	期数 t	销售额 y /万元	四个季度移动平均数 /万元	中心化移动平均值 /万元	季节指数 S_t	季节指数平均值 $\overline{S_t}$	调整后季节指数 S_t'	趋势值 /万元
2019	1	1	24.1	—	—	—	0.8807	0.8797	27.40
	2	2	27.2	—	—	—	1.0245	1.0233	26.58
	3	3	29.1	27.93	28.36	1.0261	1.0250	1.0238	28.42
	4	4	31.3	28.78	29.38	1.0654	1.0743	1.0731	29.17
2020	1	5	27.5	29.98	30.23	0.9097	—	—	31.26
	2	6	32.0	30.48	30.88	1.0363	—	—	31.27
	3	7	31.1	31.28	31.41	0.9901	—	—	30.38
	4	8	34.5	31.53	31.73	1.0873	—	—	32.15
2021	1	9	28.5	31.93	32.31	0.8821	—	—	32.40
	2	10	33.6	32.68	32.94	1.0200	—	—	32.83
	3	11	34.1	33.20	33.39	1.0213	—	—	33.31
	4	12	36.6	33.58	33.89	1.0800	—	—	34.11

续表

年份	季度	期数 t	销售额 y /万元	四个季度移动平均数 /万元	中心化移动平均值 /万元	季节指数 S_t	季节指数平均值 S_1	调整后季节指数 S_1	趋势值 /万元
2022	1	13	30.0	34.20	34.75	0.8633	—	—	34.10
	2	14	36.1	35.30	35.63	1.0132	—	—	35.28
	3	15	38.5	35.95	36.24	1.0624	—	—	37.61
	4	16	39.2	36.53	36.83	1.0643	—	—	36.53
2023	1	17	32.3	37.13	37.22	0.8678	—	—	36.72
	2	18	38.5	37.30	37.43	1.0286	—	—	37.62
	3	19	39.2	37.55	—	—	—	—	38.29
	4	20	40.2	—	—	—	—	—	37.46

【解】第一步,制作销售额散点图,如图5-4所示。该散点图反映了销售额随时间变化而增加、随季节变化而变动的特征,因此,可以按长期趋势剔除季节指数法进行预测。

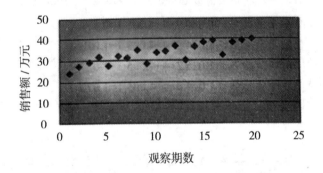

图5-4 某企业2019—2023年销售额散点图

第二步,为了消除季节影响,计算四个季度的销售额移动平均值,并前移一行,见表第5列。

2019年1—4月的移动平均值:$(24.1+27.2+29.1+31.3)/4=27.93$(万元)

2019年2月—2020年1月的移动平均值:$(27.2+29.1+31.3+27.5)/4=28.78$(万元)

$\vdots$

2023年1—4月的移动平均值:$(32.3+38.5+39.2+40.2)/4=37.55$(万元)

第三步,计算中心化移动平均值。将第5列的相邻两个数相加后除以2,并前移一行,见表第6列。第6列已经接近实际趋势值。

2019年3月的中心化移动平均值:$(27.93+28.78)/2=28.36$(万元)

2019年4月的中心化移动平均值:$(28.78+29.98)/2=29.38$(万元)

$\vdots$

2023年2月的中心化移动平均值:$(37.30+37.55)/2=37.43$(万元)

第四步,计算各季节的季节指数。

$$2019 年 3 月的季节指数:29.1/28.36 = 1.0261$$
$$2019 年 4 月的季节指数:31.3/29.38 = 1.0654$$
$$\vdots$$
$$2023 年 2 月的季节指数:38.5/37.43 = 1.0286$$

第五步,分别计算历年的季节指数平均值,放在第 8 列。

历年第一季度的季节指数平均值:$(0.9097 + 0.8821 + 0.8633 + 0.8678)/4 = 0.8807$。

同理,历年第二季度的季节指数平均值为 1.0245,历年第三季度的季节指数平均值为 1.0250,历年第四季度的季节指数平均值为 1.0743。

第六步,由于各季节指数平均值之和为 4.0045,因而还需对季节指数进行调整。调整后的季节指数见表第 9 列,用以预测时使用。

第一季度的调整后季节指数为 $0.8807 \times 4/4.0045 = 0.8797$。同理,第二季度的调整后季节指数为 1.0233,第三季度的调整后季节指数为 1.0238,第四季度的调整后季节指数为 1.0731。

第七步,计算趋势值。由于季节指数 = 实际值 / 趋势值,可得趋势值 = 实际值 / 季节指数,因而用销售额除以对应的季节指数,可求得销售额趋势值,见表第 10 列。

$$2019 年 1 月的销售额趋势值:24.1/0.8797 = 27.40(万元)$$
$$2019 年 2 月的销售额趋势值:27.2/1.0233 = 26.58(万元)$$
$$\vdots$$
$$2023 年 4 月的销售额趋势值:40.2/1.0731 = 37.46(万元)$$

第八步,观察期的销售量经过移动平均及中心化后,在很大程度上消除季节型变动和不规则变动的影响,使修均后的趋势值呈现线性化趋势。

确定直线趋势方程,$y_t = a + bt$,根据第 10 列的 20 个趋势值及第 3 列的期数,进行回归分析,可确定 a,b 的值。

$$b = \frac{n\sum t y_t - \sum t \sum y_t}{n\sum t^2 - (\sum t)^2} = \frac{20 \times 7355.87 - 210 \times 662.89}{20 \times 2870 - 210^2} = 0.595$$

$$a = \frac{\sum y_t - b\sum t}{n} = \frac{662.89 - 0.595 \times 210}{20} = 26.90$$

所以,$y_t = 26.90 + 0.595t$。

可以依据此公式预测 2020 年各季度的销售额趋势值,已知 $t = 21、22、23、24$。

2024 年第一季度的销售额趋势值:$y_{21} = 26.90 + 0.595 \times 21 = 39.395(万元)$

2024 年第二季度的销售额趋势值:$y_{22} = 26.90 + 0.595 \times 22 = 39.99(万元)$

2024 年第三季度的销售额趋势值:$y_{23} = 26.90 + 0.595 \times 23 = 40.585(万元)$

2024 年第四季度的销售额趋势值:$y_{24} = 26.90 + 0.595 \times 24 = 41.18(万元)$

第九步,由季节指数 = 实际值 / 趋势值可得实际值 = 趋势值 × 季节指数,根据预测模型的计算公式求得各季度的预测值。

> 2024 年第一季度的销售额预测值：39.395 × 0.8797 = 34.66（万元）
> 2024 年第二季度的销售额预测值：39.99 × 1.0233 = 40.92（万元）
> 2024 年第三季度的销售额预测值：40.585 × 1.0238 = 41.55（万元）
> 2024 年第四季度的销售额预测值：41.18 × 1.0731 = 44.19（万元）

五、回归预测法

回归预测法是在分析自变量和因变量之间的相关关系的基础上，选择合适的数学模型模拟预测变量之间关系的方法。

所谓相关关系，是指变量之间有着密切的关系，但不是严格的对应关系。例如，产品的销售量与产品价格之间的关系就属于相关关系，产品的价格是自变量，产品的销售量是因变量。一般情况下，产品的价格越低，产品的销售量越高，但是两者不是唯一确定的关系，产品的销售量还受当地居民的收入水平、企业营销策略等因素的影响。而函数关系是指变量之间有严格的确定性依存关系，其表现为某一变量发生变化，另一变量也随之发生变化，而且有确定的值与之对应。例如，圆的面积与圆的半径之间的函数关系为 $S=\pi r^2$。

根据自变量个数的多少，可以将回归预测分为一元线性回归预测和多元线性回归预测。

一元线性回归预测是指研究一个自变量和一个因变量之间的线性关系，并根据自变量的变动来预测因变量平均发展趋势的方法。其计算步骤如下。

(1) 确定因变量 y 和自变量 x。

(2) 根据变量绘制散点图，利用模型找出两个变量之间的线性关系。模型的计算公式如下：

$$y = a + bx$$

式中：y 为因变量，a 为回归常数，b 为回归系数，x 为自变量。

(3) 求 a、b 的值。用最小二乘法确定参数 a 和 b，即选择的参数 a、b 要使因变量的观测值与预测值之间的离差平方和最小，用公式表示为 $\min \sum_{i=1}^{n}(y_i - \hat{y}_i)^2 = \min \sum_{i=1}^{n} e_i^2$。通过验证得知，要使其平方和最小，$a$、$b$ 必须满足如下条件：

$$\begin{cases} \sum y_i = na + b\sum x_i \\ \sum x_i y_i = a\sum x_i + b\sum x_i^2 \end{cases}$$

解方程组，求得 a、b 的值：

$$b = \frac{n\sum x_i y_i - \sum x_i \sum y_i}{n\sum x_i^2 - (\sum x_i)^2}$$

$$a = \bar{y} - b\bar{x}$$

其中，x_i 为自变量 x 的第 i 个观测值，y_i 为因变量 y 的第 i 个观测值，n 为观测值的个数，$\bar{x}$ 为 x_i 的平均值，$\bar{y}$ 为 y_i 的平均值。

(4) 检验模型。用回归模型进行预测前，应先对其进行统计检验。常用的方法有 F 检验、t 检验和相关系数检验。下面主要介绍相关系数检验。

相关系数检验能够精确地描述两个变量之间的线性关系及密切程度。相关系数的计算公式如下：

$$r = \frac{n\sum_{i=1}^{n} x_i y_i - \sum_{i=1}^{n} x_i \sum_{i=1}^{n} y_i}{\sqrt{n\sum_{i=1}^{n} x_i^2 - \left(\sum_{i=1}^{n} x_i\right)^2} \sqrt{n\sum_{i=1}^{n} y_i^2 - \left(\sum_{i=1}^{n} y_i\right)^2}}$$

其中，r 为相关系数，x_i 为自变量 x 的第 i 个观测值，y_i 为因变量 y 的第 i 个观测值，n 为观测值的个数。

相关系数 r 具有以下特点：

① r 的取值范围为 $-1 \leq r \leq 1$。$r > 0$ 表示两个变量正相关，即 y 随 x 的增大而增大；$r < 0$ 表示两个变量负相关，即 y 随 x 的增大而减少；$r = 0$ 表示两个变量不相关，没有线性相关关系。

② r 的绝对值越接近 1，说明两个变量的相关性越强；r 的绝对值越接近 0，说明两个变量的相关性越弱。

(5) 进行预测。经过相关分析后，便可利用回归模型进行预测。

【例 5-10】以"实训七 数据的相关分析"为例，分析公司广告费用对销售额有无显著影响，假设该公司 7 月份准备投入广告费用 30 万元，请预测 7 月份的销售额。

【解】第一步，绘制散点图，初步判断相关关系。设广告费用为自变量 x，销售额为因变量 y，根据前 6 个月的观察资料制作散点图，如图 5-5 所示。

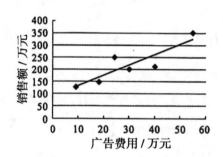

图 5-5　广告费用与销售额散点图

从散点图中可以看出，y 随 x 的增加而增加，并呈线性增长趋势，因此可以建立回归模型：

$$y = a + bx$$

第二步，参数的计算数据如表 5-12 所列，求 a、b 的值。

表 5-12　回归分析中参数的计算数据

月份	广告费用 x/万元	销售额 y/万元	xy	x^2	y^2
1	40	210	8400	1600	44100
2	55	350	19250	3025	122500
3	24	250	6000	576	62500

续表

月份	广告费用 x/万元	销售额 y/万元	xy	x^2	y^2
4	30	200	6000	900	40000
5	18	150	2700	324	22500
6	9	130	1170	81	16900
合计	176	1290	43520	6506	308500

$$b = \frac{n\sum x_i y_i - \sum x_i \sum y_i}{n\sum x_i^2 - (\sum x_i)^2} = \frac{6 \times 43520 - 176 \times 1290}{6 \times 6506 - 176^2} = 4.2283$$

$$a = \bar{y} - b\bar{x} = \frac{1290}{6} - 4.2283 \times \frac{176}{6} = 90.97$$

回归方程为 $y = 90.97 + 4.2283x$。

第三步,利用相关系数检验模型进行检验。

$$r = \frac{n\sum_{i=1}^{n} x_i y_i - \sum_{i=1}^{n} x_i \sum_{i=1}^{n} y_i}{\sqrt{n\sum_{i=1}^{n} x_i^2 - \left(\sum_{i=1}^{n} x_i\right)^2} \sqrt{n\sum_{i=1}^{n} y_i^2 - \left(\sum_{i=1}^{n} y_i\right)^2}} = \frac{6 \times 43520 - 176 \times 1290}{\sqrt{(6 \times 6506 - 176^2)(6 \times 308500 - 1290^2)}} = 0.88$$

显然,y 与 x 具有高度相关的线性关系。

第四步,进行预测。

7月份预计支出广告费用 30 万元,代入模型得:

$$y = 90.97 + 4.2283 \times 30 = 217.82(万元)$$

实训平台

(1) 一次移动平均法实训:借助例 5-10 中的数据,用一次移动平均法分别计算当 $N=3$ 和 $N=5$ 时的预测值分别是多少。

(2) 二次移动平均法实训:借助例 5-10 中的数据,用二次移动平均法分别计算当 $N=4$ 时,下一年度 1 月份和 2 月份的预测值。

(3) 借助例 5-10 中的数据,用一次指数平滑法分别计算当平滑指数 $\alpha=0.3$、$\alpha=0.5$、$\alpha=0.7$ 时,下一年度 1 月份的预测值,并确定合适的平滑指数,给出最终的预测值。

任务 4　图表预测法

任务导航

随着我国经济的不断发展和人们生活水平的不断提高,女装电商行业也得到了快速发展,市场规模持续增长。如果行业处于衰退期,则说明该行业已经危机四伏,需谨慎进入。市场容量即市场规模,是目标行业在指定时间内的销售额。市场容量分析对于电商企业的运营非常重要,一方面,有利于电商企业了解选定的行业前景如何;另一方面,有利于电商企业制订销售计划,确定销售目标。市场容量的大小决定了行业的天花板,销售目标太高会导致积压库存、占用资金;销售目标太低可能错过市场机会,不利于电商企业的成长。需要明确的是,市场的发展是动态的,要实时监控并分析市场容量的变化。那么,我们该如何监控市场容量的变化呢?

任务分析

要了解市场的动态变化,首先要明确分析需求。明确分析需求即通过市场容量分析想要达成的目标,既要了解行业市场容量历年来的变化趋势,还要预测未来 1 年的市场容量,据此制订发展计划并确定目标。其次,整合数据资源。为了保证分析数据的客观性和科学性,需要整合不同来源渠道的数据。最后,进行市场容量分析。根据采集及整合的数据进行市场容量预测分析。可以采用图表预测法进行预测,图表预测法也是数据预测的方法之一,图表预测法的实质就是通过分析数据源,创建预测图表,并在图表中插入趋势线,通过趋势线预测数据的走向。

工作步骤

步骤 1　根据网店的实际运营情况创建成交量分析图

利用 WPS 软件,以网店的实际成交量为数据源创建表格,并且对表格进行分析,见图 5-6。

月份	成交量	宝贝成本	推广成本	固定成本	合计
1月	369	9463	1245	11397	
2月	412	8599	983	10412	
3月	185	6542	671	9822	
4月	204	7246	802	10462	
5月	351	10349	1279	13029	
6月	342	9877	1073	11734	

图 5-6　创建表格

步骤 2　计算上半年每个月总成本

在最右边的空白单元格中输入计算公式"=SUM(　　)",括号内框选第二行的所有成本数值,按Enter键即可得到 1 月份的总成本,再向下复制公式,即可得到网店上半年每个月的总成本,见图 5-7。

月份	成交量	宝贝成本	推广成本	固定成本	合计
1月	369	9463	1245	11397	22105
2月	412	8599	983	10412	19994
3月	185	6542	671	9822	17035
4月	204	7246	802	10462	18510
5月	351	10349	1279	13029	24657
6月	342	9877	1073	11734	22684

图 5-7　求和

步骤 3　插入图表

选中"合计"一列单元格区域,单击"插入"选项卡,单击"图表",弹出对话框,单击"XY(散点图)"选项卡,选择"散点图",返回工作表即可看到图表,如图 5-8 所示。

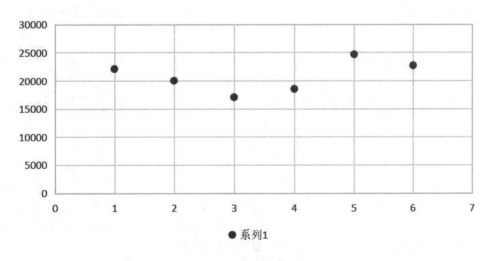

图 5-8　散点图

步骤 4　添加并设置趋势线

(1)选中图表,单击右上角"设计"选项卡,在图表布局中单击添加图表元素,然后在展开的下拉列表中单击"趋势线"右侧的小三角,在展开的子列表中选择"线性",即可看到图表中添加的趋势线,如图 5-9 所示。选中趋势线并单击鼠标右键,在弹出的快捷菜单中选择"设置趋势线格式"命令,勾选"显示公式"和"显示 R 平方值"复选框,如图 5-10 所示。

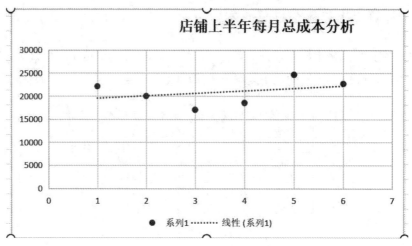

图 5-9　添加趋势线

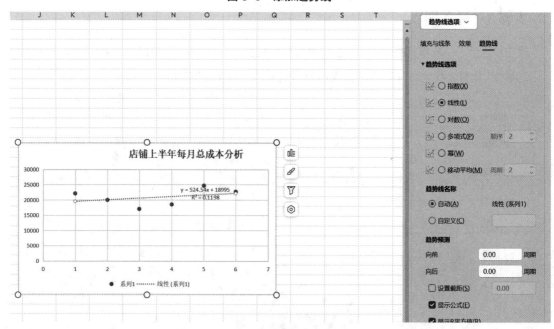

图 5-10　设置趋势线格式

（2）创建线性趋势线预测区域，根据图表中显示的线性公式 $y=524.54x+18995$ 与 R^2 值，在单元格中输入线性公式，代入月份即可得到各月预测的总成本。

步骤 5　图表预测法

如果网店的成交均价为 98.88 元，预计下半年总成交量为 3100，卖家根据图表预测法可以分别求出网店上半年的利润和下半年的预计总销售额、预计总成本以及预计利润。

网店上半年的总销售额：$1863×98.88=184213.44$（元）。

网店上半年的总成本：$52076+6053+66856=124985$（元）。

网店上半年的利润：$184213.44-124985=59228.44$（元）。

网店下半年的预计总销售额:3100×98.88=306528(元)。

网店下半年的预计总成本:143868.78元。

网店下半年的预计利润:306528-143868.78=162659.22(元)。

图表预测法是直接利用网店的各项已知总成本对下半年的总成本进行预测,卖家能够直观地根据预测的数据结果分析网店的盈利情况。这种方法适合增长或降低速率比较稳定的商品。

实训平台

小刘新入职一家电商企业,该企业发展平稳,销售额连年攀升,如表5-13所示。公司领导需要在年终报告中总结近几年来企业的发展状况,要求小刘制作相应的图表,并使用图表预测法完成未来三年的销售额预测。

表5-13 企业历年销售额

年份	2015年	2016年	2017年	2018年
销售额/万元	896.6	975.42	1002.5	1521.4

思想火炬

编制和实施国民经济和社会发展五年规划,是中国共产党治国理政的重要方式。从2021年开始,中国进入"十四五"时期,这是我国全面建成小康社会、实现第一个百年奋斗目标之后,乘势而上开启全面建设社会主义现代化国家新征程、向第二个百年奋斗目标进军的第一个五年。

那么,"十四五"规划是如何编制的呢?习近平总书记对"十四五"规划编制工作做出重要指示强调,五年规划编制涉及经济和社会发展方方面面,同人民群众生产生活息息相关,要开门问策、集思广益,把加强顶层设计和坚持问计于民统一起来,鼓励广大人民群众和社会各界以各种方式为"十四五"规划建言献策,切实把社会期盼、群众智慧、专家意见、基层经验充分吸收到"十四五"规划编制中来,齐心协力把"十四五"规划编制好。

调研提供依据

国民经济和社会发展五年规划的前期研究包括进行基础调查、信息收集、课题研究及纳入规划重大项目的论证等,其中一项主要工作就是前期调研。

从2018年底开始,天津市发展改革委就面向公众和35个市级部门公开征集"十四五"规划前期研究选题120余个,涵盖经济发展、公共服务、基础设施、社会事业等方面。在此基础上,又借鉴国家和有关省市选题方向,突出新发展理念和天津特色,最终确定了31个研究课题。2019年6月初,天津市公布"十四五"规划前期研究重大课题,面向社会公开遴选研究单位。经专家严格评审,到2019年6月15日,最终确定30家在国内外具有较大影响、相关领域研究经验丰富的机构承担课题研究。

较早启动"十四五"规划编制工作的还有重庆市。2019年7月29日,重庆市召开"十四五"规划编制工作会议,确定该项工作将历时两年,分三个阶段进行。其中,2019年6月至2020年3月为基本思路阶段,主要是组织开展重大问题前期研究,形成全市发展规划基本思路。2020年4月至2020年9月为市委建议阶段,将形成全市发展规划纲要草案初稿,形成市级专项规划、区域规划初稿,开展规划衔接,组织社会各界参与论证,形成市委规划建议(代拟稿),按程序提交市委全委会审议。2020年9月至2021年2月为规划纲要阶段,将形成全市发展规划纲要草案,全面征求各方意见,按程序依次审定后提交2021年初的市人民代表大会审议。

不难看出,要形成一份最终的规划方案,前期调研和论证非常重要。没有调查就没有发言权。正确的规划离不开对发展大势的清醒认知,也离不开对基层情况的扎实调研。

坚持集思广益

集思广益的一个重要体现是"开门编规划"原则。

例如,2020年重点流域水生态环境保护"十四五"规划首次尝试面向全社会全过程"开门编规划"。2020年7月27日,重点流域水生态环境保护"十四五"规划编制工作推进会召开,强调规划编制将坚持问题在哪里、症结在哪里、对策在哪里、落实在哪里等"四个在哪里"工作方法,注重实地调研和"开门编规划"。

为健全发展规划专家咨询论证制度,提高发展规划制定实施的科学化水平,许多地方还成立专家委员会、召开专家座谈会等,规格很高。

有关方面也在通过多种形式征求干部群众、专家学者等对"十四五"规划的意见和建议,各方人士均就自己了解的领域提出了观点和看法。

此外,各地"'十四五'规划等您建良言献良策"等征集意见的通知在群众中广泛传播,广大群众可以通过登录省份发展改革委门户网站、电子邮件、邮寄信件等方式建言献策,这也是为了在最大程度上让规划汇聚民智、反映民意、凝聚民心。

(资料来源:中国共产党新闻网《"十四五"规划如何布局谋篇?》,有删改)

项目六　撰写市场调查报告

【项目描述】

　　撰写市场调查报告是整个市场调查工作的最后环节,是将调查过程及分析预测结果以文字的形式表现出来,从而为企业决策者提供参考依据。市场调查报告的质量直接反映了整个市场调查工作的质量。本项目主要介绍市场调查报告的基本结构、撰写步骤及技巧。

【项目情景】

　　市场调查报告是在调查人员对获取的信息进行分析并得出预测结论之后形成的书面报告。它是调查活动的产物,也是调查过程的历史记录和总结。

　　某市场咨询公司受本地区最大的一家糖果企业的委托执行一项市场调查任务,调查员李华及其项目组成员进行了大约6个月的艰苦调查,最后用心撰写了一篇长达250页的市场调查报告,该报告包含各种图表和统计数据,以及若干条开发新市场和产品创新的建议。

　　在向糖果企业总经理做口头汇报时,李华信心百倍,认为自己的市场调查报告近乎完美。然而,在进行了近1个小时的汇报后,糖果企业总经理站起来说道:"打住吧,伙伴!我听到的只是一堆枯燥无聊的数字,完全被搞糊涂了,我想我并不需要一份比字典还厚的报告。明天早晨8点前请务必把一份言简意赅、重点突出的摘要放到我办公桌上。"说完就离开了会议室。

　　请你思考,李华撰写的市场调查报告有什么问题?

【项目分解】

　　任务1:市场调查报告基本认知——明确市场调查报告的目的、特点、基本结构。
　　任务2:市场调查报告撰写步骤——学会撰写市场调查报告的具体步骤。

【任务清单】

　　完成一项学习任务后,请在对应的方框中打钩。

目标	完成情况	具体学习任务
知识目标	☐	了解撰写市场调查报告的目的
	☐	掌握市场调查报告的特点和基本结构
	☐	掌握市场调查报告的撰写步骤
	☐	掌握市场调查报告的撰写技巧
实训目标	☐	对健身行业消费市场有一定的了解
	☐	了解本地健身行业消费市场现状
	☐	能提出本地健身行业消费市场存在的问题

续表

目标	完成情况	具体学习任务
技能目标	☐	能够根据搜集到的信息和资料撰写市场调查报告
	☐	能够对所撰写的市场调查报告进行评价
思政目标	☐	拥有理性的认知和健康的心态
	☐	遵守市场调查人员职业道德,具有强烈的职业认同感和职业荣誉感

任务1　市场调查报告基本认知

任务导航

伴随着中国经济的高速发展和人民生活水平的不断提高,旅游越来越受到消费者的青睐。大学生作为旅游消费群体中的主力军,其地位日益凸显。大学生具备一定的经济条件和独立生活能力,有相对宽松的时间,他们热衷于旅游,但很少选择旅行社这条途径。其中的原因是什么呢?

我国的旅行社遍布全国,行业竞争非常激烈,各个旅行机构都想深入挖掘市场,争抢大学生旅游消费市场份额。鉴于上述情况,有关机构开展了大学生旅游消费市场调查,希望通过本次调查,为旅行机构开发大学生旅游市场提供参考。

任务分析

如何撰写本次市场调查报告?市场调查报告一般包括哪些部分?撰写市场调查报告的目的是什么?

工作步骤

步骤1　明确市场调查报告的目的

撰写市场调查报告的目的主要包括以下两个方面。

一是集中体现调查成果。调查机构需要搜集足够多的信息和资料,然后对信息和资料进行整理、筛选和分析,据此得出符合实际的结论与建议,最终才能形成反映这些主要信息资料的市场调查报告。

二是为决策者提供信息和决策依据。通过对大量的信息和资料进行技术分析,调查人员可以发现数据之间隐含的关系及其背后的市场规律,从而得出决策者需要的结论与建议,以更好地指导企业开展生产经营活动。

步骤2　知晓市场调查报告的特点

1. 针对性

针对性主要表现为突出市场调查的主题、明确阅读对象。其一,市场调查报告应突出市场调查的主题,围绕该主题选择信息和资料,并加以分析;其二,调查报告应明确阅读对象,根据阅读对象确定市场调查报告的主要内容,一般来说,阅读对象最关心结论与建议,因此这部分内容应尽量翔实。

2. 创新性

创新性是指调查人员应从独特的视角去进行调查和分析,市场调查报告应反映市场活动的新动向、新问题,并提出新观点,这样才能为企业决策者提供新思路。

课堂互动

某牙膏生产企业的销售额连续十年保持10%~20%的增长率,然而之后两年却停滞不前。调查人员通过市场调查发现该牙膏生产企业增加了单支牙膏的容量,一支可以使用很久,便提出建议:将现有的牙膏开口扩大1毫米,以增加牙膏的使用量。该企业采纳意见后,当年的销售额增加了近25%。

3. 时效性

市场信息瞬息万变,经营者的机遇也是稍纵即逝。如果市场调查滞后,就会失去其存在的意义,因此,执行市场调查任务时,要在保证质量的前提下尽早完成。调查人员在撰写市场调查报告时,应及时地总结调查报告中最有价值的内容,以供企业决策者参考,从而帮助其在竞争中获胜。

4. 科学性

市场调查报告不仅要反映客观事实,还要对客观事实进行分析,探究市场发展和变化的规律,得出科学的、可信的结论。这要求调查人员掌握科学的分析方法,具备一定的专业素养,能够在调查的基础上提出解决问题的措施。

步骤3 搭建市场调查报告的基本结构

市场调查报告的结构并没有统一的规定,可以根据阅读对象的需求进行调整。市场调查报告的基本结构一般包括封面、目录、摘要、引言、正文、结论与建议、附件等。

知识平台

1. 封面

封面通常单独占一页纸,其内容包括市场调查报告的标题,委托方的名称,调查机构的名称、地址、电话及电子邮箱,市场调查报告完成日期等,如图6-1所示。

其中,标题是市场调查报告的题目,它必须准确揭示市场调查报告的主题,使阅读对象通过标题即可推断报告的大致内容。常见的标题形式主要有以下三类。

(1)直叙式标题。直叙式标题是反映市场调查主题或指出调查地点、调查项目的标题,如《北京商品房的市场需求调查》《中国汽车租赁产业的调查与投资分析》等。

(2)表明观点式标题。表明观点式标题是直接阐明观点、看法,或对事物做出判断、评价的标题,如《抓住王老吉的软肋,发展自身品牌》《中小企业的品牌策划带来市场机遇》等。

(3)提出问题式标题。提出问题式标题是以设问、反问等形式,突出问题的焦点,吸引读者阅读、思考的标题,如《物流快递品牌如何崛起》《城市居民为何热衷于储蓄而不消费》等。

```
……（调查机构名称）……
……市场调查报告……


    调查报告标题



调查机构名称：…………………，
调查机构地址：…………………，
调查机构电话及电子邮箱：…………，
委托方名称：……………………，
完成日期：………………………。
```

图6-1 市场调查报告封面示例

2. 目录

目录是整个报告的检索部分，应当完整地罗列报告各章节的标题、附件及其页码等，以便阅读对象对报告结构有清晰的了解，并能够迅速地确定自己想看的资料的页码，如图6-2所示。

```
                                    目录
                           目录

调查人员声明 ............................................................. 1
第一部分  项目总论 ..................................................... 2
  1.1 项目背景 .......................................................... 2
  1.2 项目概况 .......................................................... 3
  1.3 可行性研究报告编制依据 ........................................... 7
  1.4 可行性研究结论及建议 ............................................. 7
第二部分  市场研究 ..................................................... 9
  2.1 宏观环境分析 ...................................................... 9
  2.2 全国房地产行业发展分析 ........................................... 9
  2.3 本市房地产市场分析 ............................................... 9
  2.4 板块市场分析 .................................................... 11
  2.5 项目定位 ........................................................ 13
第三部分  项目开发方案 ............................................... 15
  3.1 项目地块特性与价值分析 ......................................... 15
  3.2 规划设计分析 .................................................... 16
  3.3 产品设计建议 .................................................... 17
  3.4 项目实施进度 .................................................... 21
  3.5 营销方案 ........................................................ 22
  3.6 机构设置 ........................................................ 23
  3.7 合作方式及条件 .................................................. 24
```

图6-2 市场调查报告目录示例

3. 摘要

摘要是市场调查报告的内容提要,是对市场调查目的、对象、内容、方法、调查成果及结论的综合论述。一般来说,通过阅读摘要,阅读对象就能大致了解"调查什么""如何调查""得到的结果""结果说明什么"等内容。撰写摘要时,要求内容简洁、高度概括,语言文字通俗、精练,尽量避免使用太多专业术语。

参考示例

中国汽车消费市场调查报告(摘要)

我国的汽车消费市场未来有巨大的增长空间。我国的汽车车型很多,激烈的竞争环境给汽车厂家发展带来了机会,也给汽车厂家细分市场、进行市场定位带来了挑战。

汽车厂家只有了解消费者的需求和特点,才能有的放矢,研发出更适合消费者的产品。基于此,本机构在全国重点城市(北京、上海、深圳、广州、武汉、郑州、合肥等24个城市)对不同类型的消费者进行了抽样调查。调查主要采用电话访问、网络调查、街头拦截访问的形式,共发放问卷6000份,回收有效问卷5200份。本机构对所收集的信息资料进行整理和分析,得出如下结论。

(1) 在消费者人均收入较高且汽车普及较早的城市,消费者趋向于选择高端品牌。

(2) 消费者对汽车质量要求非常严格,他们更关注汽车的品质和所采用的先进技术,而合资品牌在这些方面相对比较成熟,因而这些品牌是消费者首选。

(3) 近九成的消费者都对新能源汽车有浓厚的兴趣,未来必将掀起新一轮的购车热潮。

(4) 消费者对油耗及用车成本的关注程度首次超过了车价,因此,厂家在新产品研发上,要致力于降低消费者的用车成本。

4. 引言

一般来说,引言应当对调查背景、发展状况、文献综述、调查意义等内容做详细的介绍,而对调查目的和内容可以做简略的介绍,引言主要包括以下内容。

(1) 调查背景,如某调查对象整体呈现的水平和发展状况。

(2) 对相关领域的文献进行回顾和综述,包括历史调查成果、已经解决的问题,以及对该部分内容进行适当的评价。

(3) 介绍目前尚未解决的问题或亟须解决的问题,以及解决这些问题的方法和思路,进而引出调查目的与意义。

5. 正文

正文是市场调查报告的主体部分,通常包括调查方案的执行情况和分析预测。

1) 调查方案的执行情况

(1) 调查区域:说明调查区域,以及选择该区域的理由。

(2) 调查对象:说明调查对象及其特征,以及选择该对象作为样本的理由。

(3) 样本容量:说明样本容量及确定样本容量时考虑的因素。

(4) 样本结构:说明抽样方法、样本结构及特点、样本是否具有代表性等。

(5)调查方法:说明采用访问调查法、观察调查法、实验调查法还是其他方法。
(6)实施过程及问题处理:说明调查活动如何实施,遇到的问题及解决问题的方法。
(7)调查人员介绍:说明调查人员的基本情况、任职要求等。
(8)资料处理方法:说明采用的资料分析和统计的工具、方法等。
(9)访问完成情况:说明访问完成率、未完成部分及未完成的原因。
2)分析预测

分析预测主要说明审核、整理、统计和分析数据的过程。要想写好分析预测部分,调查人员首先要客观、全面地进行分析,其次要合理安排内容,灵活使用文字、统计表、统计图等,使内容层次清楚、条理分明。分析预测部分常见的结构安排为以调查问题为主线逐个进行分析,阐述事物发展的过程。

6. 结论与建议

结论与建议是阅读对象最关注的部分。编写结论部分时,调查人员应用简洁明了的语言对委托方所提出的问题做出明确答复。编写建议部分时,调查人员应针对调查结论提出具有可行性和可操作性的对策。结论与建议常见的结构安排为:首先层层剖析,综合说明调查报告的主要观点,然后在此基础上提出建议和可行性方案,最后展望未来的发展前景。

7. 附件

调查人员通常将比较重要的原始资料、调查问卷、统计数据、图表、参考资料等集中附在报告的末尾。它是对正文报告的补充和详尽说明,注意每一份附件都应当编号。附件一般包括:①访问提纲;②调查问卷;③有关抽样的补充说明;④工作进度安排;⑤原始资料的来源;⑥原始数据图表。

任务2 市场调查报告撰写步骤

任务导航

近日,某研究机构对某市果汁饮料市场进行了一次市场调查,根据统计数据,研究机构对调查结果进行了简要的分析。

追求绿色、天然、营养成为消费者喝果汁饮料的主要目的。品种多、口味多是果汁行业的显著特点。调查显示,每家大型超市内,果汁饮料的品种都在120种左右,厂家达十几家,竞争十分激烈;果汁的品质及创新成为果汁企业获利的关键因素;大型品牌饮料的淡旺季销量无明显区别。具体调查结果如下。

(1)目标消费群体。调查显示,在选择果汁饮料的消费群体中,15~24岁年龄段的人占了34%,25~34岁年龄段的人占了28.4%,其中,以女性消费者居多。

(2)影响购买因素。酸甜味道的果汁饮料销量最好;低糖营养型果汁饮品是市场需求的主力军;家庭消费首选750mL和1L装的塑料瓶大包装果汁饮品;260mL的小瓶装和利乐包装果汁饮品为消费者旅游时的首选;礼品装果汁饮品是家庭消费者送礼时的首选;新颖别致的杯型果汁饮品因喝完饮料后瓶子可二次使用,也受到了部分消费者的欢迎。

(3) 饮料种类选择习惯。71.2%的消费者表示不会仅限于喝一种饮料;有什么饮料就喝什么饮料的消费者占了20.5%;表示只喝一种饮料的有8.3%。

(4) 品牌选择习惯。调查显示,习惯于多品牌选择的消费者有54.7%;习惯单一品牌的有13.1%;因品牌忠诚度做出单品牌选择的有14.2%;价格导向选择的占了2.5%;追求方便而选择的占了15.5%。

(5) 饮料品牌认知渠道。通过广告知道的消费者占58.5%;自己喝过后才知道的占24.5%;从卖饮料的地方知道的占11.0%;亲友介绍的占6.0%。

(6) 购买渠道选择。在超市购买的消费者占61.2%;随时购买的占2.4%;个体商店购买的占28.4%;从批发市场购买的占2.5%;从大中型商场购买的占5.4%。也有部分消费者从酒店、快餐厅等餐饮场所购买。

(7) 一次购买量。选择喝多少就买多少的消费者占62.5%;选择一次性批发很多的消费者占7.6%;多买一点存着的消费者占29.9%。

任务分析

上述调查报告还缺少什么重要部件吗?如果让你对其进行修改,你应该如何进行?

在市场调查与预测项目基本完成以后,相关人员应当考虑撰写市场调查与预测报告。提供一份完善的市场调查与预测报告是市场调查与预测工作的最后环节,是整个市场调查工作最终成果的集中表现。

工作步骤

调查人员撰写市场调查报告时,应当保证以客户需求为导向,做到实事求是、突出重点、精心安排,其步骤一般包括确定主题、整理资料、拟定提纲、撰写成文、修改定稿,如图6-3所示。

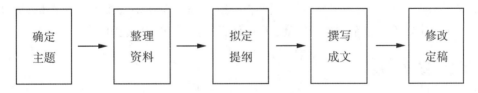

图6-3 撰写市场调查的步骤

步骤1 确定主题

主题是市场调查报告的中心思想,一般通过市场调查报告的标题呈现出来。俗话说"题好一半文"。选好主题是写好市场调查报告的关键步骤之一。在确定主题时,调查人员必须对市场调查资料进行反复、深入的研究,抓住事物的本质,结合调查对象和调查目的确立主题。一般来说,调查的主题就是市场调查报告的名称。

步骤2　整理资料

整理资料是围绕市场调查报告的主题,对获得的资料进行筛选和整理的过程。在整理资料时应注意以下几点:①对调查资料做全面的分析和比较,以获取真实、充分和完整的资料;②根据主题进行筛选,舍弃与主题无关的或关系不大的资料。

课堂互动

小张是某企业的市场调查人员,他需要搜集资料,预测网上开店的市场前景。在对搜集到的资料进行整理分析时,他发现有些调查对象填写问卷的随意性很大。小张没有考虑到这种特殊情况,也没有对这种有问题的问卷进行筛查,最终导致预测结果与预期相差很大。这时小张才想到检查数据质量,他删除了一些不合格数据并再次进行分析,获得了新的预测结果。他没有检查该预测结果,也没有向上司说明整理数据的过程就直接将预测结果呈给了上司。请问小张的做法是否符合市场调查人员的职业道德要求?他是否履行了市场调查人员的义务?请同学们自由讨论,说说自己的看法。

步骤3　拟定提纲

提纲是市场调查报告的框架,具有纲要性、条理性和层次性。调查报告的提纲有以下两种形式:①观点式提纲,即调查人员将自己的观点按逻辑关系进行罗列;②条目式提纲,即按照章、节、目的层次对报告内容进行罗列。在实际拟定过程中,也可以将这两种提纲结合起来使用,一般先列出报告的章、节、目,再列出各章节所包含的主要观点。

步骤4　撰写成文

撰写成文是调查报告的行文阶段。调查人员要根据主题、资料和提纲,有条不紊地撰写。在撰写时要注意:①结构合理,一份完整的市场调查报告应包括封面、目录、摘要、引言、正文、结论与建议、附件等部分;②表述准确,通俗易懂,使用调查数据、专业名词术语时要注意核实和查证,保证准确;③灵活使用图表,对于繁杂的数据尽量运用统计表、统计图等加以说明。

步骤5　修改定稿

调查人员应当认真修改市场调查报告初稿,主要是对报告的主题、资料、结构、语言文字和标点符号等进行检查,并进行增、删、改、调。在完成必要的市场调查报告修改工作之后,才能定稿并向委托方报送或发表。

知识平台

一、撰写调查报告的技巧

要想写出逻辑清晰、通俗易懂的市场调查报告,需要掌握一定的市场调查报告撰写技巧,主要包括叙述技巧、说明技巧、议论技巧和用词技巧。

1. 叙述技巧

叙述技巧主要用于市场调查报告的摘要和引言部分,如在开头概略地陈述调查目的、过程和结果等,使阅读对象对调查报告有一个整体的、宏观的认识,无须对事件的细枝末节详加介绍。在具体叙述时,应按照时间顺序,如分别叙述调查对象的历史、现状及未来的发展状况等。

2. 说明技巧

说明技巧包括数字说明、图表说明、分类说明、对比说明和举例说明。

1) 数字说明

市场调查报告离不开数字,数字往往更能直观、准确地反映调查对象的情况和市场发展的规律,还能增强调查报告的精确度和可信度。

2) 图表说明

在说明市场现象、某种相关关系及其变化趋势等情况时,图表比文字更形象、简洁、效果更好。因此,撰写调查报告时,要充分利用图表进行分析说明。

3) 分类说明

通过市场调查获取的资料往往杂乱无章,调查人员可以根据实际需要,将资料按一定标准进行分类,然后分别予以说明。例如,按问题性质对资料进行分类,对每一类分别冠以小标题进行说明。

4) 对比说明

在明确事物的可比性的前提下,市场调查报告可以采用对比形式对调查情况、数据做切合实际的比较。对比说明可以更全面深入地反映市场的变化情况。例如,通过对企业近两年的经营成果进行比较,可以掌握该企业的收入、成本变化情况。

5) 举例说明

为说明某一事物的显著特征,可以在市场调查报告中列举具体的、典型的事例。在市场调查实施过程中,调查人员会搜集大量事例,可以从中选取具有代表性的事例加以说明。

3. 议论技巧

1) 归纳论证

市场调查报告是在分析大量资料的前提下得出结论的。因此,市场调查报告的结论是从具体事实中归纳出来的。

2) 局部论证

市场调查报告无须对市场调查工作进行全面论证,只需围绕市场调查报告的主题进行局部论证即可,如对当前情况进行分析、对未来发展进行预测等。常用的局部论证方法是对调查对象的几个重要方面进行分析,每一个方面都有对应的论证过程和论证结论,应用数据、图表等论据加以证明。

4. 用词技巧

撰写市场调查报告时,在用词方面需要注意以下几点。

(1) 尽量使用数据说明问题。市场调查报告离不开数据支持,很多时候通过数据说明问题,更能达到清楚准确的论证效果。当然,应当保证数据准确无误、客观真实,不可随意篡改。

(2) 合理使用专业术语。为了使语言表达准确,调查人员需要熟悉相关专业术语,在特定情况下,对不常见的、理解难度较大的专业术语应加注释进行说明。

(3) 在行文时,尽量避免使用"我认为""我的意见"等带有第一人称的表述。使用第一人称会使阅读对象认为市场调查报告不是在阐述事实,而是在表达调查人员的主观意见,一般应从第三人称的角度出发,采用"调查表明""结果显示"等表述方式。

(4)依据事实出具结论,避免使用似是而非的词,防止概念混淆或模糊不清,如避免使用"也许""可能""估计"等词。

二、撰写调查报告应注意的问题

1. 篇幅要适当

市场调查报告并非篇幅越长、论证越详细越好。实际上,对于篇幅冗长的调查报告,阅读对象往往难以把握重点。好的市场调查报告应能让阅读对象迅速、清楚地了解市场调查的真实情况。因此,撰写市场调查报告时,要力求简明扼要、重点突出。

2. 避免只列图表,不做解释

在用图表说明问题时,要对图表进行简要、准确的解释,这样才能使阅读对象快速了解图表所要说明的问题。如果只将图表展示出来而不做解释,可能会使阅读对象产生误解。

3. 实事求是,尊重客观事实

市场调查报告的内容必须真实、准确、全面,符合客观实际。调查人员要有职业道德,不能为了迎合委托方的需求,故意篡改或删除数据,也不能只提供部分信息,误导阅读对象。

课堂互动

如果市场调查报告中回避了现实存在的负面信息,会带来什么后果?

4. 引用他人的资料时应进行注释

在市场调查报告中引用他人的资料时,应进行注释并指出资料的来源,一方面便于阅读对象查证,另一方面表达了对他人成果的尊重。注释内容应详细准确,应包括作者姓名、书刊名称、所属页码、出版单位、时间等信息。

5. 版面设计合理

市场调查报告的版面应大方、美观,方便阅读。市场调查报告的版面设计包括设计字体的类型、大小、颜色、间距,以及空白位置、插图、配色等。另外,市场调查报告的打印和装订都要符合规范,以增强市场调查报告的专业性。

思想火炬

实践出真知

习近平在2021年秋季学期中央党校(国家行政学院)中青年干部培训班上发表重要讲话。

习近平强调,中国共产党成立一百年来,始终是有崇高理想和坚定信念的党。这个理想信念,就是马克思主义信仰、共产主义远大理想、中国特色社会主义共同理想。理想信念是中国共产党人的精神支柱和政治灵魂,也是保持党的团结统一的思想基础。党员干部有了坚定理想信念，才能经得住各种考验，走得稳、走得远；没有理想信念，或者理想信念不坚定，就经不起风吹浪打，关键时刻就会私心杂念丛生，甚至临阵脱逃。形成坚定理想信念，既不是一蹴而就的，也不是一劳永逸的，而是要在斗争实践中不断砥砺、经受考验。年轻干部要牢记，坚定理想信念是终身课题，需要常修常炼，要信一辈子、守一辈子。

习近平指出，理想信念坚定和对党忠诚是紧密联系的。理想信念坚定才能对党忠诚，对党忠诚是对理想信念坚定的最好诠释。检验党员干部是不是对党忠诚，在革命年代就要看能不能为党和人民事业冲锋陷阵、舍生忘死，在和平时期也有明确的检验标准。比如，能不能坚持党的领导，坚决维护党中央权威和集中统一领导，自觉在思想上政治上行动上同党中央保持高度一致；能不能坚决贯彻执行党的理论和路线方针政策，不折不扣把党中央决策部署落到实处；能不能严守党的政治纪律和政治规矩，做政治上的明白人、老实人；能不能坚持党和人民事业高于一切，自觉执行组织决定，服从组织安排，等等，都是对党忠诚的直接检验。组织上安排年轻干部去艰苦边远地区工作，是信任更是培养，年轻干部应该以此为荣、争先恐后。刀要在石上磨、人要在事上练，不经风雨、不见世面是难以成大器的。

习近平强调，坚持一切从实际出发，是我们想问题、作决策、办事情的出发点和落脚点。坚持从实际出发，前提是深入实际、了解实际，只有这样才能做到实事求是。要了解实际，就要掌握调查研究这个基本功。要眼睛向下、脚步向下，经常扑下身子、沉到一线，近的远的都要去，好的差的都要看，干部群众表扬和批评都要听，真正把情况摸实摸透。既要"身入"基层，更要"心到"基层，听真话、察真情，真研究问题、研究真问题，不能搞作秀式调研、盆景式调研、蜻蜓点水式调研。要在深入分析思考上下功夫，去粗取精、去伪存真，由此及彼、由表及里，找到事物的本质和规律，找到解决问题的办法。

习近平指出，坚持从实际出发、实事求是，不只是思想方法问题，也是党性强不强问题。从当前干部队伍实际看，坚持实事求是最需要解决的是党性问题。干部是不是实事求是可以从很多方面来看，最根本的要看是不是讲真话、讲实话，是不是干实事、求实效。年轻干部要坚持以党性立身做事，把说老实话、办老实事、做老实人作为党性修养和锻炼的重要内容，敢于坚持真理，善于独立思考，坚持求真务实。

习近平强调，干事担事，是干部的职责所在，也是价值所在。党把干部放在各个岗位上是要大家担当干事，而不是做官享福。改革发展稳定工作那么多，要做好工作都要担当作为。担当和作为是一体的，不作为就是不担当，有作为就要有担当。做事总是有风险的。正因为有风险，才需要担当。凡是有利于党和人民的事，我们就要事不避难、义不逃责，大胆地干、坚决地干。

习近平指出，坚持原则是共产党人的重要品格，是衡量一个干部是否称职的重要标准。对共产党人来说，"好好先生"并不是真正的好人。奉行好人主义的人，没有公心、只有私心，没有正气、只有俗气，好的是自己，坏的是风气、是事业。共产党人讲党性、讲原则，就要讲斗争。在原则问题上决不能含糊、决不能退让，否则就是对党和人民不负责任，甚至是犯罪。大是大非面前要讲原则，小事小节中也有讲原则的问题。党的干部都要有秉公办事、铁面无私的精神，讲原则不讲面子、讲党性不徇私情。

习近平强调，当前，世界百年未有之大变局加速演进，中华民族伟大复兴进入关键时期，我们面临的风险挑战明显增多，总想过太平日子、不想斗争是不切实际的。要丢掉幻想、勇于斗争，在原则问题上寸步不让、寸土不让，以前所未有的意志品质维护国家主权、安全、发展利益。共产党人任何时候都要有不信邪、不怕鬼、不当软骨头的风骨、气节、胆魄。

习近平指出,讲规矩、守底线,首先要有敬畏心。心有所畏,方能言有所戒、行有所止。干部一定要知敬畏、存戒惧、守底线,敬畏党、敬畏人民、敬畏法纪。严以修身,才能严以律己。一个干部只有把世界观、人生观、价值观的总开关拧紧了,把思想觉悟、精神境界提高了,才能从不敢腐到不想腐。我们共产党人为的是大公、守的是大义、求的是大我,更要正心明道、怀德自重,始终把党和人民放在心中最高位置,做一个一心为公、一身正气、一尘不染的人。

习近平强调,我们处在前所未有的变革时代,干着前无古人的伟大事业,如果知识不够、眼界不宽、能力不强,就会耽误事。年轻干部精力充沛、思维活跃、接受能力强,正处在长本事、长才干的大好时期,一定要珍惜光阴、不负韶华,如饥似渴学习,一刻不停提高。要发扬"挤"和"钻"的精神,多读书、读好书,从书本中汲取智慧和营养。要结合工作需要学习,做到干什么学什么、缺什么补什么。要学习马克思主义理论特别是新时代党的创新理论,学习党史、新中国史、改革开放史、社会主义发展史,学习经济、政治、法律、文化、社会、管理、生态、国际等各方面基础性知识,学习同做好本职工作相关的新知识新技能,不断完善履职尽责必备的知识体系。

习近平指出,实践出真知,实践长真才。坚持在干中学、学中干是领导干部成长成才的必由之路。同样是实践,是不是真正上心用心,是不是善于总结思考,收获大小、提高快慢是不一样的。如果忙忙碌碌,只是机械做事,陷入事务主义,是很难提高认识和工作水平的。

(资料来源:中央人民政府网,《习近平在中央党校(国家行政学院)中青年干部培训班开班式上发表重要讲话》,2021年9月1日)

  课后作业

一、单选题

(1)下列选项中,不属于市场调查报告特点的是(　　)。
A. 针对性　　　　B. 合法性　　　　C. 时效性　　　　D. 创新性

(2)市场调查报告在营销活动中最主要的作用是(　　)。
A. 衡量调查人员的工作质量　　　　B. 证明合同双方的合作关系
C. 为委托方经营决策提供数据支持　　　　D. 作为历史资料供企业以后参考

(3)下列选项中,属于撰写调查报告的语言要求的是(　　)。
A. 篇幅要足够长
B. 尽量多用专业术语
C. 尽量少用"我认为""我的意见"等带有第一人称的表述
D. 尽量多用"可能""也许""估计"等词,避免表达太过绝对

(4)下列关于撰写市场调查报告的说法中,表述不正确的是(　　)。
A. 市场调查报告引用他人的资料时,应当详细注释
B. 市场调查报告的主题不宜过大,应小而集中,这样才能做到观点鲜明
C. 市场调查报告的主题通常是市场调查的主题,两者应保持一致

D. 市场调查报告一般包括封面、目录、摘要、引言、正文、结论与建议和附件

二、简答题

(1) 简述市场调查报告的撰写步骤。
(2) 如何对说明技巧加以运用?
(3) 如何理解市场调查报告的创新性?
(4) 简述撰写市场调查报告需要注意的问题。

参 考 文 献

[1] 袭宝仁,曾祥君. 市场调查与预测 [M]. 北京:航空工业出版社,2012.
[2] 辛磊,王倩,孙膑. 市场调查与预测 [M]. 上海:上海交通大学出版社,2021.
[3] 黄静,谢彬,纪作慧. 市场调查与预测 [M]. 北京:清华大学出版社,2014.
[4] 王若军,吴嫦娥. 市场调查与预测 [M].2 版. 北京:中国人民大学出版社,2015.
[5] 李雨静. 市场调查与分析实务 [M]. 北京:北京理工大学出版社,2017.